Deutsch

D

Kirstin Casemir · Christian Fischer

Deutsch

Die Geschichte unserer Sprache

Die Herausgabe des Werkes wurde durch die Vereinsmitglieder
der WBG ermöglicht.
Layout, Satz und Prepress: Lohse Design, Heppenheim
Umschlagabbildung: © Fotolia/arsdigital
Umschlaggestaltung: Finken & Bumiller, Stuttgart
Gedruckt auf säurefreiem und alterungsbeständigem Papier
Printed in Germany

Besuchen Sie uns im Internet: www.wbg-wissenverbindet.de

Inhalt

Vorwort 7

I. Die deutsche Sprache in Raum und Zeit 11

1. Deutsch – was ist das eigentlich? 11
2. Wie teilt man die deutsche Sprachgeschichte ein? 17
3. Wo wurde und wird Deutsch gesprochen? 48
4. Latein, Jiddisch, Englisch: Wie beeinflussen andere Sprachen das Deutsche? 60

II. Der Wandel der deutschen Sprache und ihrer Formen 72

1. Sprache ändert sich: mal schneller, mal langsamer, mal gar nicht. Warum? 72
2. Vom *apful* zum *Apfel*: Der Wandel von Lauten und Formen 83
3. Schreib, wie du sprichst, aber sprich nicht wie gedruckt 92
4. Lange Sätze gab's auch schon im Mittelalter: Eigenheiten des deutschen Satzbaus 104
5. Weder Schall noch Rauch: Namen als wesentlicher Teil der Sprachgeschichte 116

III. Die wichtigsten Faktoren der Sprachentwicklung 127

1. Der Glaube versetzt Berge: Wie formt die Kirche die Sprache? 127
2. Fürstenlob und Wahlpropaganda: Wie beeinflussen Politik und Gesellschaft die Sprache? 137
3. Deutsch macht Schule oder macht Schule Deutsch? 148
4. Erfindung, Empfehlung, Vorschrift: Wie wird das Deutsche geschrieben? 157
5. Was die Sprache trägt und prägt: Medien vom Pergament zum LCD-Schirm 176

IV. Die Sprachentwicklung in der Gegenwart 192

1. Die Sprachen der Fächer: Wie kommen Wissenschaft und Technik zur Sprache? 192
2. Technik macht Sprache: Der Einfluss von Technik und neuen Medien auf die Sprache 210
3. *Tempo* = Taschentuch? Wie Namen zu Wörtern werden und Wörter zu Namen 220
4. Von *geil* und *weil*: Jüngere und jüngste Entwicklungen. 230

V. Wege und Umwege der deutschen Sprachgeschichte 241

Literaturverzeichnis 261
Register und Glossar 267

Vorwort

Die deutsche Sprache ist als Medium der Kommunikation täglich im Gebrauch. Sie ist vielfach gegliedert und weist in ihren Teilsystemen große Unterschiede auf. Deutsch wird heute von ca. 105 Millionen Menschen als Muttersprache gesprochen und gilt als die zehntgrößte Sprache der Welt.

Wandel und Veränderungen der Sprache ergeben sich durch ihren Gebrauch. In diesem Buch, das eine historische Perspektive einnimmt, steht der sprachliche Wandel im Zentrum der Darstellung. Dabei werdenausgesuchte Aspekte der deutschen Sprachgeschichte untersucht und beschrieben. Ganz ähnlich den Stationen einer Bahnfahrt sind manche der gewählten Haltepunkte groß und bedeutsam. Andere sind möglicherweise weniger prominent, doch gerade sie können besonders reizvoll und interessant sein. Sie können die Reise durch die Geschichte der deutschen Sprache zu einem Erlebnis machen, das eben nicht nur aus einer Fahrt auf dem direktesten Weg von A nach B besteht. Wir haben uns bemüht, um beim Bild der Bahnfahrt zu bleiben, mit diesem kleinen Buch eine möglichst ein ladende Reisebeschreibung vorzulegen. Zwar sind die Fakten wissenschaftlich geprüft und abgesichert, gewissermaßen zuverlässig wie ein Kursbuch. Doch weil Kursbücher und Fahrpläne nur für wenige eine kurzweilige Lektüre darstellen, soll dieses Buch über die rein sachbezogene Wiedergabe hinausgehen. Wir wollen auf besondere Sehenswürdigkeiten hinweisen und zum Verweilen einladen. Dabei sollen auch reizvolle Umwege und Verzweigungen nicht außer Acht gelassen werden. Besonders lehrreichen, interessanten oder unterhaltsamen Aspekten geben wir Raum, auch wenn sie möglicherweise nicht von ganz zentraler Bedeutung für die deutsche Sprachgeschichte sind. Auf der anderen Seite nehmen wir uns die Freiheit, schwer zugängliche und komplexe Entwicklungen nur kurz zu erwähnen, selbst wenn sie noch so bedeutsam sind. Das erscheint uns vertretbar, weil es bereits viele ausgezeichnete fachwissenschaftliche Darstellungen zur deutschen Sprachgeschichte gibt. Auf diese Arbeiten wird gegebenenfalls am Ende des Bandes verwiesen. Auf Anmerkungen und exakte Quellennachweise wird mit Rücksicht auf die Gestaltungsprinzipien der Buchreihe verzichtet. Die Literaturhinweise haben deshalb eine doppelte Funktion. Sie dienen einerseits als Nachweise für die wichtigsten der Darstellung zu Grunde liegenden Arbeiten. Anderseits sollen die Literaturhinweise eine Anregung zu einer vertiefenden Lektüre darstellen. Das zusammenfassende Literaturverzeichnis am Ende des Bandes enthält alle für die weitere Recherche erforderlichen bibliographischen Angaben.

Damit das Buch auch für diejenigen verständlich ist, die sich bisher gar nicht mit sprachwissenschaftlichen Gegenständen beschäftigt haben, wird auf Fachausdrücke weitgehend verzichtet. Wo dies nicht möglich ist, werden die Fachausdrücke so in den erklärenden Text eingebunden, dass die Verständlichkeit gegeben ist. Außerdem bietet das Register am Ende des Bandes neben den Verweisen auf die Textabschnitte, in denen die mit dem Stichwort zusammenhängenden Inhalte behandelt werden, an vielen Stellen auch kurze Erläuterungen zu sprachwissenschaftlichen Fachtermini. Es kann dadurch wie ein Glossar benutzt werden.

Etwas über die eigene Sprache zu sagen, stellt eine besondere Herausforderung dar, denn anders als bei anderen Themen überlagern sich der Gegenstand und das Medium der Darstellung. Damit der Gegenstand sichtbar wird, müssen (ähnlich wie bei der Abbildung eines weißen Gegenstandes vor weißem Hintergrund) bestimmte Hervorhebungen gemacht werden. In diesem Buch geschieht dies, wie in der Sprachwissenschaft allgemein üblich, durch die *Kursivierung* von Belegwörtern (zum Beispiel „... das mittelhochdeutsche Wort *wîp* ...") und die Markierung von Bedeutungsangaben mit einfachen Anführungszeichen (zum Beispiel „... mittelhochdeutsch *wîp* hat die Bedeutung 'Frau'").

Das Buch ist in fünf Kapitel gegliedert, von denen sich vier wiederum aus mehreren kleineren Abschnitten zusammensetzen. Dabei folgt die Darstellung dem Weg vom Allgemeinen zum Besonderen. Während in den beiden ersten Kapiteln dargelegt wird, was die deutsche Sprache ausmacht und wie sie sich verändert, geht es im dritten Kapitel um die wichtigsten Faktoren, die den sprachlichen Wandel bedingen. Weil diese Zusammenhänge in den meisten sprachgeschichtlichen Darstellungen mit Blick auf weit zurückliegende Sprachstufen behandelt werden, beschäftigen wir uns in unserem vierten Kapitel ausdrücklich mit Entwicklungen in der Gegenwart bzw. in der jüngsten Geschichte. Solange eine Sprache verwendet wird, so lange verändert sie sich fortwährend. Aus der Sicht der Sprachgeschichtsforschung bedeutet dies, dass Sprachgeschichte niemals aufhört. Unser Buch, dessen Manuskript im Spätsommer 2012 abgeschlossen wurde, weist dadurch schon bei seinem Erscheinen im Jahr 2013 eine Lücke auf. Im fünften Kapitel haben wir, um dies zu verdeutlichen, den sicheren Grund der Realität zumindest zeitweise verlassen und uns auf Hypothesen nach dem Muster „was wäre, wenn?“ eingelassen. Auf spielerische Weise soll so verdeutlicht werden, dass der Gang der Entwicklung kaum vorauszusehen ist und dass viele verschiedene Faktoren beteiligt sind, wenn Sprache sich verändert.

An den ersten konzeptionellen Überlegungen und beim Entwickeln der Kapitelstruktur war Jürg Niederhauser (Bern) maßgeblich beteiligt. Auf Vorarbeiten von seiner Hand basieren einige Passagen. Uwe Ohainski hat mehrere Abbildungen gestaltet und sich sehr intensiv an den Korrekturarbeiten beteiligt. Auch einige andere Personen haben durch Anregungen, Kritik und andere Formen der Unterstützung dazu beigetragen, dass das Buch in dieser Form erscheinen kann: Otto A. Fischer, Dagmar Hüpper, Jürgen Macha, Niels Petersen, Michael Schlaefer, André Stappert. Ihnen gebührt unser herzlicher Dank.

Münster im August 2012
Kirstin Casemir und Christian Fischer

Die deutsche Sprache in Raum und Zeit

I.

1. Deutsch – was ist das eigentlich?

Im alltäglichen Gebrauch ist die Bezeichnung „Deutsch" oder „deutsche Sprache" für alle Sprecher etwas Selbstverständliches. Schwierigkeiten, den Gegenstand genau zu bestimmen, ergeben sich erst bei näherem Hinsehen. Schlägt man im Wörterbuch nach, so findet man dort Angaben wie 'zu Deutschland gehörig', 'Deutschland betreffend', 'aus Deutschland stammend' oder auch 'in Deutschland hergestellt'. So lässt sich die Bedeutung des Wortes in gebräuchlichen Konstruktionen wie *deutsche Bevölkerung, deutsche Geschichte, deutsche Urlauber* oder *deutsche Industrieprodukte* erfassen und beschreiben. Für die spezielle Bedeutung des Wortes *deutsch* im Bezug auf die *deutsche Sprache* jedoch reicht keine der angeführten Angaben aus dem Wörterbuch aus. Der Gegenstand ist nicht leicht einzugrenzen, und die für den alltäglichen Sprachgebrauch allgemeinste Bedeutungsangabe 'zu Deutschland gehörig' ist sofort zu ergänzen durch den Zusatz, dass die deutsche Sprache auch zu Österreich und zur Schweiz gehört. Außerdem wird Deutsch selbstverständlich in vielen anderen Ländern gesprochen, und zwar nicht nur als Muttersprache, sondern auch als Fremdsprache. Von den ca. 185

Millionen Sprechern, die sich für das Deutsche in der Gegenwart ermitteln lassen, sind nur ungefähr 105 Millionen Muttersprachler. Mit der genannten Zahl von ca. 185 Millionen Sprechern insgesamt ist Deutsch unter den 5000 bis 6000 Sprachen, die insgesamt auf der Welt gesprochen werden, zwar deutlich weniger verbreitet als Englisch (1,5 Milliarden Sprecher), Chinesisch (1,1 Milliarden) oder Arabisch (300 Millionen), aber gebräuchlicher als etwa Japanisch (128 Millionen) oder Koreanisch (78 Millionen). Deutsch ist also nicht nur eine Sprache, die „in Deutschland" oder „von den Deutschen" gesprochen wird. Hinzu kommt die historische Dimension.

Sehr groß und sehr vielfältig ist die Variationsbreite der Sprachformen, die unter der Überschrift „Deutsch" zusammengefasst werden. Da gibt es Berndeutsch, einen in der Stadt Bern und in Teilen des gleichnamigen Kantons gesprochenen schweizerischen Dialekt. Da gibt es Plattdeutsch (vor allem in den norddeutschen Küstenregionen gesprochen), Schülerdeutsch, Amtsdeutsch, Hochdeutsch, Mittel- und Oberdeutsch, Umgangsdeutsch und Schriftdeutsch – um nur einige Bezeichnungen aus der Gegenwart anzuführen. Alles das gehört zum Deutschen, auch wenn die Unterschiede zum Teil so groß sind, dass eine Verständigung zwischen den Sprechern der genannten Sprachformen in manchen Fällen ausgeschlossen erscheint. Es gibt mindestens eine Gemeinsamkeit, die allen eigen ist, denn alle genannten Sprachformen enthalten das Element „Deutsch".

Aufschlussreich ist es, auf die Entstehung des Wortes *Deutsch* und auf seine ursprüngliche Bedeutung zu blicken: Es gehört zum germanischen Stamm *þeudo* (mit einem Reibelaut wie beim englischen Wort *thick* am Anfang). Dieses alte germanische Wort bedeutet 'Volk'. Die Vorstufe des Wortes *deutsch* war als Adjektiv davon abgeleitet und bedeutete 'zum Volk gehörig' oder 'dem Volk gemäß'. Das Adjektiv wurde zunächst nur im Zusammenhang mit Sprache verwendet, eine „Deutsche Eiche“ oder einen „Deutschen Schäferhund“ konnte man also ursprünglich nicht so benennen. Interessanterweise ist der früheste bekannte Beleg für das Wort *Deutsch* latinisiert (*teodisce*) und bezieht sich gar nicht auf die deutsche Sprache. Vielmehr meinte Georg von Ostia, als er in seiner Eigenschaft als päpstlicher Nuntius im Jahr 786 zum ersten Mal das Wort *teodiscus* verwendete, die englische Sprache! Das ist vor dem Hintergrund zu verstehen, dass die Gelehrten- und Schriftsprache dieser Zeit das Lateinische war. *Teodisca lingua* bezeichnet in diesem Zusammenhang die ‘volkstümliche’ (eben nicht lateinische) Sprache, und das konnte aus der Sicht römischer Gelehrter sogar eine mit dem Lateinischen eng verwandte romanische Mundart sein. Einige Jahrzehnte später war die Bedeutung bereits eingeschränkt; es finden sich nur noch Belege für germanische Volkssprachen (wie etwa das Altenglische, von dem Georg von Ostia schrieb). Im 10. und 11. Jahrhundert konnte mit dem Wort *deutsch* bzw. seinen Vorstufen eine Reihe von kontinentalgermanischen Sprachen bezeichnet werden. So findet man *dietsc* in Flandern oder *duutsc* in Holland, und das englische Wort *dutch* bezeichnet bis heute nicht das Deutsche, sondern das Niederländische. Gleichzeitig weitete sich die Verwendbarkeit des neuen Wortes aus. Es konnte nun mehr und mehr auch für die Bezeichnung von Land und Leuten gebraucht werden. Der erste Beleg dieser Art findet sich im „Annolied“ (um 1100). Dort heißt es: *in diutschemi lande* ‘in deutschem Lande’, *diutischiu liute* ‘deutsche Leute’ und *diutschi man* ‘deutsche Männer’.

Die Zitate aus dem „Annolied“ müssen für heutige deutsche Leser übersetzt, zumindest erläutert werden. Aber die Sprache dieses anonymen, vermutlich im rheinischen Siegburg entstandenen Textes über den Kölner Erzbischof Anno II. ist Deutsch. Genau genommen handelt es sich um ein Sprachdenkmal aus frühmittelhochdeutscher Zeit. Es weist sprachlich noch einige Merkmale des Althochdeutschen (750–1050) auf, wird aber bereits zum Mittelhochdeutschen (1050–1350) gerechnet.

Grundsätzlich sind zwei Motivierungen des Wortes *Deutsch* zu unterscheiden. Einerseits handelt es sich (wie gerade beschrieben) um eine allgemeinsprachliche Bezeichnung für Sprache, Land, Leute usw. Anderseits ist *Deutsch* ein sprachwissenschaftlicher Fachterminus. Er bezeichnet die Sprachformen, die ab einer gewissen Zeit in einem bestimmten Raum gesprochen und später auch geschrieben wurden. „Althochdeutsch" ist die früheste Phase der deutschen Sprachgeschichte. Offenbar gibt es Gründe, für die Zeit davor nicht von „Deutsch" zu sprechen. Dabei handelt es sich vor allem um lautliche Kriterien, die an anderer Stelle in diesem Buch behandelt werden. Zunächst soll hier nur ein erster Eindruck davon vermittelt werden, wie sich die ersten deutschen Texte von denen der vorausgehenden Periode unterscheiden. Die Phase der Herausbildung typisch hochdeutscher Sprachmerkmale lässt sich wegen der erst beginnenden Tradition, längere Texte in der Volkssprache zu schreiben, nicht genau bestimmen. Davor finden sich nur einzelne volkssprachliche Wörter in lateinischen Texten oder in Runeninschriften. Diese meist relativ kurzen und in Stein geritzten Inschriften wurden wohl vor allem zu kultischen Zwecken angefertigt.

Eine Besonderheit in der Überlieferung früher germanischer Belegformen bildet die Bibelübersetzung des Bischofs Wulfila. Zu Missionierungszwecken übersetzte er die Bibel bereits im vierten Jahrhundert ins Gotische, eine ostgermanische Sprache. Das Gotische ist seit der frühen Neuzeit ausgestorben. Auch wenn es keine unmittelbare Vorstufe des Deutschen darstellt, lassen sich an gotischen Beispielen sehr gut die Unterschiede zwischen der germanischen und der althochdeutschen Laut-

Errata

Trotz aller Sorgfalt sind bei der Erstellung dieses Buches bedauerlicherweise einige redaktionelle Fehler übersehen worden. Wir bitten dies zu entschuldigen. Die Fehler gehen ausnahmslos zu Lasten des Verlages.

Richtig muss es heißen:

Seite 6
Weiterführende Literatur zu den einzelnen Abschnitten 257 [zu ergänzen]
Abbildungsnachweis 288 [zu ergänzen]

Seite 7
Zeile 9: werden ausgesuchte
Zeile 16: dem direkten
Zeile 18: einladende

Seite 13
Zeile 4: *deutsch*

Seite 22
Zeile 30: Otfrids Werk ist allerdings so selbstständig, dass ...

Seite 26
Zeile 3: ... mit den Namen der Planeten bzw. der zugeordneten Gottheiten. In den germanischen Sprachen wurde dies nachgebildet: ...
Zeile 27: 'Tag des Jupiter'

Seite 27
Zeile 11: 'Tag des Saturn'

Seite 28
Zeile 5: Wolframs von Eschenbach „Willehalm" und Heinrichs von Veldeke „Eneit"

Seite 46
Zeile 20: Wortschatz

Seite 50
Zeile 20: Ábteil, bísher, Hórnisse, Lábor

Seite 62
Zeile 5: *Chauvinismus*

Seite 65
Zeile 12: *Late-Night-Show*

Seite 66
Zeile 10: So geht die Pluralbildung ...

Seite 72
Zeile 17: Johann Michael Moscherosch

Seite 73
Zeile 26: initiieren

Seite 74
Zeile 5: ... dass deutsche Stämme wie in ...

Seite 78
Zeile 14: vollzogenen

Seite 84
Zeile 19: genauso wenig
Zeile 26: *Mûse*

Seite 85
Zeile 9: sogenannten Affrikaten
Zeile 11: *machen.*

Seite 91
Zeile 29: ... verbunden sind.

Seite 92
Zeile 27: *n neues Auto*

Seite 94
Zeile 8: im Sinne von 'von ausgesuchter Qualität'
Zeile 13: Letzterem

Seite 101
Zeile 16: ... in dem der Übergang ...

Seite 107
Zeile 28: ... sandte'.

Seite 110
Zeile 20: (Objekt oder andere Angaben)

Seite 114
Zeile 23: sondern stattdessen

Seite 115
Zeile 7: Weise
Zeile 23: „Erec", „Iwein" oder „Parzival"

Seite 116
Zeile 16: ... den Althochdeutsch schreibenden Notker († 1022) ...
Zeile 23: viele

Seite 136
Zeile 1: ... („Zweifel von der deutschen Sprache") belegt: *„Eine Seite Deutschlands ...*
Zeile 20: ... *verlassen."*

Seite 137
Zeile 10: „Straßburger Eiden"

Seite 138
Zeile 17: *Ludh-uuuige*
Zeile 28: „Monumenta Germaniae Historica")

Seite 139
Zeile 9: Evangelienbuches
Zeile 20: Treueide

Seite 155
Zeile 21: zusätzliche Erschwernis

gestalt zeigen. Im „Vaterunser“ findet sich in der gotischen Bibel zum Beispiel der Satz *aflet uns þatei skulans sijaima* ‘vergib uns unsere Schuld’. In einer althochdeutschen Fassung des Vaterunsers, die sich in der um 830 entstandenen Bearbeitung des „Tatian“ findet, heißt es an der entsprechenden Stelle *furlaz uns unsara sculdi*. Die Formen *aflet* und *furlaz* stehen beide für eine Bildung mit dem Verb *lassen*. Während der gotische Text im Auslaut ein *-t-* aufweist, steht im Althochdeutschen das Zeichen *-z-*, das das stimmlose *-s-* (wie in neuhochdeutsch *Straße* oder *Hast*) symbolisiert. Dieser Unterschied zwischen dem alten germanischen und dem „modernen“ althochdeutschen Lautstand wird durch die sogenannte Zweite Lautverschiebung markiert, die auch althochdeutsche Lautverschiebung genannt wird, weil ihre charakteristischen Merkmale im Althochdeutschen zum ersten Mal belegt sind. Auch im Vergleich mit anderen germanischen Sprachen, zum Beispiel dem Englischen, dem Niederländischen oder dem Schwedischen, werden die Unterschiede deutlich, die sich aufgrund dieser typisch hochdeutschen Lautentwicklung herausgebildet haben. Betroffen von der Lautverschiebung sind neben dem germanischen *-t-* auch die Laute *-p-* und *-k-*. So korrespondieren zum Beispiel englisch *hope* bzw. schwedisch *hoppas* mit dem deutschen Wort *hoffen* oder das englische Adjektiv *awake* mit der deutschen Form *wach* usw. Die Zweite Lautverschiebung verlief regional gestaffelt und über einen längeren Zeitraum. Erst in althochdeutscher Zeit kam der Lautwandelprozess zum Stillstand. Alle Sprachformen, die die Kennzeichen dieses Lautwandels in sich tragen, werden „hochdeutsch“ genannt. Im Unterschied etwa zu einem lateinischen oder griechischen Vaterunser weist der gotische Text zahlreiche Ähnlichkeiten mit dem althochdeutschen Text auf. Beide Sprachen sind germanisch, gehen (ähnlich wie bei näher verwandten Arten in der Tier- und Pflanzenwelt) auf vergleichsweise junge gemeinsame Vorstufen zurück. Die früheste gemeinsame Vorstufe ist das Indogermanische. Dieser großen Sprachfamilie, deren Urform für die Zeit um 3000 vor Christus rekonstruiert wird, gehören neben den germanischen die baltischen, die slawischen, die romanischen, die keltischen, die indischen und persischen sowie einige kleinere Einzelsprachen (darunter das Griechische) an.

Wie der Vergleich mit dem Gotischen und anderen germanischen Sprachen gezeigt hat, sind es vor allem lautliche Merkmale, die in der frühen Zeit die Zuordnung von Sprachformen zum Deutschen ermöglichen. Diese lautlichen Kennzeichen hängen eng zusammen mit räumlichen Gegebenheiten, denn eine Sprache existiert nur in Verbindung mit ihren Sprechern. Sprachliche Neuerungen breiten sich deshalb nicht aus wie Gewitterfronten oder andere Naturereignisse. Sie sind vielmehr gebunden an Verkehrs- und Kulturgemeinschaften. Aus diesem Grund sind Handelswege, politische und religiöse Verbindungen von jeher wichtig und prägend für sprachliche Gemeinsamkeiten und Unterschiede. Dort, wo engere Kontakte bestehen oder gepflegt werden, gleicht man sich auch sprachlich an. Dagegen verstärkt sich der sprachliche Kontrast zu Gruppierungen, mit denen wenig Austausch besteht.

Deutsch – was ist das eigentlich? Die in der Überschrift aufgeworfene Frage ist mit einer bündigen Definition nicht zu beantworten. Festzuhalten bleibt in jedem Fall, dass *Deutsch* heute eine große, international verwendete Sprache mit einer schriftsprachlichen Norm und einer an dieser Norm orientierten gesprochenen Standardsprache ist. Zu diesem Gebilde aus Schriftsprache und Standardsprache gehören jedoch viele weitere Formen der deutschen Sprache. Dies sind neben den deutschen Dialekten, die kleinräumig verbreitet sind und vor allem in informellen Situationen verwendet werden, auch regionale

Umgangssprachen, Gruppensprachen, Fach- und Sondersprachen. Sie weisen bei aller Verschiedenheit eine Reihe fundamentaler Gemeinsamkeiten hinsichtlich Lautgestalt, Formenbildung, Wortschatz und Satzbau auf. Der Zusammenhalt dieses komplexen und in sich fein differenzierten Gebildes ist nicht zuletzt durch die Sprachgeschichte begründet. Eine umfassende Bestimmung der deutschen Sprache muss deshalb deren historische Dimension berücksichtigen. *Deutsch* ist in diesem Sinne eine Sprache, die trotz vielfältiger Wandelprozesse in der Tradition der ersten überlieferten Sprachzeugnisse steht. Der Zeitraum, um den es dabei geht, umfasst nahezu 1400 Jahre.

2. Wie teilt man die deutsche Sprachgeschichte ein?

Jede Einteilung verlangt Kriterien, nach denen eine Abgrenzung der einzelnen Abschnitte vorgenommen werden kann. Das ist nicht immer einfach und erfordert Festlegungen, die in der Regel auf Absprachen oder Konventionen basieren. Die Schwierigkeit besteht zumeist darin, einen in sich eher durch weiche Übergänge gekennzeichneten Gegenstand mit einer exakten Skala in Verbindung zu bringen. Im Alltag wird man beispielsweise bestenfalls nach längerer Diskussion Einigkeit darüber herstellen können, ab welcher Körpermasse von Übergewicht zu sprechen ist, welche Radio-Lautstärke zu einer bestimmten Tageszeit als angemessen anzusehen ist oder welcher Orange-Ton dem roten und welcher dem gelben Farbspektrum zuzuordnen ist. Auch die Sprachgeschichtsschreibung kommt nicht ohne Festlegungen dieser Art aus, wenn sie den langen Zeitraum der Entwicklung des Deutschen in Perioden einteilt. Je nach Gewichtung der verschiedenen Kriterien ergeben sich abweichende Periodisierungsmodelle, doch gehen die meisten dieser Modelle von einer Gliederung in drei Abschnitte aus und unterscheiden dabei jeweils eine frühe, eine mittlere und eine späte Phase.

Es liegt zunächst nahe, für die Einteilung der Sprachgeschichte auf die historisch überlieferten Daten der politischen Geschichte und der Geistes- bzw. Kulturgeschichte zurückzugreifen. So kommt man relativ leicht zu Epocheneinteilungen wie früh-, hoch- oder spätmittelalterlich bzw. neuzeitlich, kann Verbindungen zu gesellschaftlich relevanten Wandel- und Entwicklungsprozessen wie zum Beispiel Christianisierung, Buchdruck oder Reformation herstellen. Doch sosehr sich eine solche Orientierung wegen der vielfältigen Anknüpfungspunkte auch anbietet, muss eine modellierende Periodisierung doch auf den eigenen Strukturmerkmalen der Sprache aufbauen. In einem zweiten Schritt können dann Parallelen, aber eben häufig auch deutliche Unterschiede zur außersprachlichen Geschichte herausgearbeitet werden.

Die erste Phase der deutschen Sprachgeschichte beginnt mit dem Aufkommen der schriftlichen Überlieferung in der Volkssprache um die Mitte des 8. Jahrhunderts. Die Sprache dieser Zeit wird Althochdeutsch genannt. Nach einer weit verbreiteten und allgemein akzeptierten Einteilung reicht die Periode des Althochdeutschen bis in die Mitte des 11. Jahrhunderts, sie umfasst also einen Überlieferungszeitraum von ca. 300 Jahren. Auch für die nächste Periode der deutschen Sprachgeschichte, das Mittelhochdeutsche, wird ein Zeitraum von 300 Jahren angesetzt. Diese Epoche reicht also bis zur Mitte des 14. Jahrhunderts. An diese Periode schließt sich wieder eine Phase von ca. 300 Jahren Dauer an, das Frühneuhochdeutsche, das bis ungefähr 1650 reicht. Setzt man im Anschluss daran wieder eine 300 Jahre währende Phase an, so müsste um die Mitte des 20. Jahrhunderts eine weitere Epochengrenze verlaufen. Die Begriffe sind noch nicht endgültig gefestigt, und auch über die Kriterien besteht unter Sprachwissenschaftlern noch keine Einigkeit. Fest steht, dass man für die Zeit ab 1650 von Neuhochdeutsch spricht. Solange keine weitere Epochengrenze in Sicht ist, kann bis auf weiteres für die Zeit nach 1950 der Begriff Gegenwartssprache verwendet werden. Sowohl räumlich als auch im Hinblick auf strukturelle Merkmale lässt sich das Niederdeutsche dem Hochdeutschen gegenüberstellen. Hier werden eine alte, eine mittlere und eine neue Sprachstufe unterschieden (Alt-, Mittel- und Neuniederdeutsch). Welche sprachlichen Merkmale die genannten Epochen kennzeichnen, soll in den folgenden Abschnitten kurz dargestellt werden.

Das Althochdeutsche (750–1050)

Ist die Bezeichnung *deutsch* noch relativ unspezifisch, so wird das Althochdeutsche durch die Zusätze *alt* und *hoch* in Zeit und Raum situiert. Der Zeitraum beginnt mit den frühesten überlieferten althochdeutschen Textzeugen um die Mitte des achten Jahrhunderts, doch kann aufgrund zahlreicher Indizien als sicher angenommen werden, dass schon davor althochdeutsche Dialekte gesprochen wurden. Das lässt sich etwa aus Ortsnamenbelegen und anderen verstreut überlieferten Quellen erschließen, deren Entstehungszeit z. T. bis ins sechste Jahrhundert zurückreicht. Um 1050 sind in der volkssprachlichen Schriftlichkeit deutliche Veränderungen festzustellen. Hier verläuft nach den gängigen Periodisierungsmodellen die Grenze zwischen dem Althochdeutschen und dem Mittelhochdeutschen.

Als althochdeutscher Sprachraum kann die Region betrachtet werden, aus der althochdeutsche Texte überliefert sind. Dabei handelt es sich um ca. 20 Schreiborte zwischen Trier im Westen und Salzburg im Osten, zwischen Fulda im Norden und St. Gallen im Süden. *Althochdeutsch* ist also viel eher eine Sam-

melbezeichnung für verwandte und ähnliche Dialekte als für eine einheitliche Sprache.

In der althochdeutschen Zeit entstand etwas für die deutsche Sprachgeschichte bahnbrechend Neues, denn zum ersten Mal wurden längere und zusammenhängende Texte in der Volkssprache geschrieben. Bis dahin war der Bereich der Schriftlichkeit der Gelehrtensprache Latein vorbehalten. Wer lesen konnte, der beherrschte auch Latein. Ein Großteil der Bevölkerung kam mit Schriftlichkeit jedoch nie in Berührung. So ist ein Nebeneinander von gesprochenen althochdeutschen Dialekten und geschriebenem Latein anzunehmen.

Für die Verschriftlichung der Volkssprache gab es keine Regeln und zunächst nicht einmal ein geeignetes Alphabet. Den ersten Schriftzeugnissen ist deutlich anzusehen, mit welchen massiven Schwierigkeiten die Schreiber zu kämpfen hatten. So enthielt etwa das lateinische Alphabet kein *-w-*.

Blickt man nur auf die schriftliche Überlieferung des Althochdeutschen, dann wird damit lediglich ein geringer Anteil dessen erfasst, was in dieser Sprache insgesamt ausgedrückt wurde. Auch thematisch bleibt ein großer Teil des kommunikativen Spektrums ausgeblendet. Denn statt allgemeiner Äußerungen über alltägliche Dinge wie Kindererziehung, Haushalt oder Ackerbau sind aus althochdeutscher Zeit vor allem Texte aus dem Bereich des religiösen Lebens überliefert. Diese Texte entstanden in der Regel in Klöstern, denn nur dort gab es Lese- und Schreibkundige sowie das nötige Material. Insgesamt umfasst die althochdeutsche Überlieferung weniger als 100 Texte in etwas mehr als 100 Handschriften. Eine Sammlung aller althochdeutschen Texte findet in einem relativ kleinen Bücherregal Platz.

Zu Beginn der althochdeutschen Schriftlichkeit ging es den Schreibern vor allen Dingen um einen Zugang zum Latein bzw. zu den Texten in lateinischer Sprache. Charakteristisch für diese Zeit sind die sogenannten Glossen, volkssprachliche Eintragungen zwischen den Zeilen (interlinear), im Text (Kontextglossen) oder am Rand (marginal). So findet sich etwa im Codex Sancti Galli (Anfang 9. Jahrhundert) die althochdeutsche Eintragung *allero selono* 'Allerseelen' über der lateinischen Passage *omnium animarum*. Der nächste Schritt war die systematische Erschließung des Wortschatzes in Wörtersammlungen, den sogenannten Glossaren. Das älteste deutsche Wörterbuch, zugleich das älteste Buch in deutscher Sprache überhaupt, steht ganz im

Dienste des Lateins und setzt – selbstverständlich – seine Stichwörter in lateinischer Sprache an. Es ist nach seinem ersten Stichwort – *Abrogans* – benannt, was mit althochdeutsch *dheomodi* ‘demütig’ übersetzt wird.

Die Klöster waren Orte der Gelehrsamkeit und der (zunächst überwiegend lateinischen) Schriftkultur. Hier waren die Voraussetzungen dafür gegeben, dass auch althochdeutsche Texte entstehen konnten. Zugleich boten die Klöster mit ihren Bibliotheken und Sammlungen die Bedingungen dafür, dass der Handschriftenbestand über Jahrhunderte hinweg erhalten blieb. Die Klöster waren also für die volkssprachliche Überlieferung in doppelter Hinsicht unverzichtbar. Ihre Gründungen standen im Zusammenhang mit der Missionierung des Fränkischen Reichs. Dabei lassen sich drei Missionswellen unterscheiden: Ungefähr ab dem Jahr 600 zogen irische Mönche in den oberdeutschen Raum (zum Beispiel Emmeram in Regensburg, Kilian in Würzburg oder Gallus im nach ihm benannten St. Gallen). Etwa 100 bis 150 Jahre später kam mit Bonifatius die angelsächsische Mission in den mitteldeutschen und fränkischen Raum (vor allem nach Mainz, Fulda und Würzburg). Ebenfalls im achten Jahrhundert wurden im Zuge der westgotisch-fränkischen Mission durch Pirmin die Klöster auf der Reichenau und in Murbach gegründet.

Bei den Bemühungen der Missionare, den Althochdeutsch sprechenden Heiden den christlichen Glauben zu vermitteln, waren lateinische Texte keine große Hilfe. Es mussten Übersetzungen in die Volkssprache angefertigt werden. So entstand (vor 800) eine althochdeutsche Übersetzung aus theologischen Schriften Isidors von Sevilla (560–636) oder (zwischen 863 und 871) das Evangelienbuch Otfrids von Weißenburg. Otfrids Evangelienbuch allerdings ist so selbstständig, dass hier besser von einer Umdichtung als von einer Übersetzung gesprochen

Im Anfang war … ein Wörterbuch

Der „Abrogans“ – das älteste Werk in deutscher Sprache

Wörterbücher stehen am Anfang der Geschichte der deutschen Schriftsprache. Das älteste erhaltene Textzeugnis in deutscher Sprache ist ein Wörterbuch. Um das Jahr 770 entstand der sogenannte „Abrogans“, ein lateinisch-althochdeutsches Wörterverzeichnis. Es handelt sich dabei um eine Wort-für-Wort-Übersetzung einer alphabetisch geordneten lateinischen Sammlung von Wörtern mit gleicher oder zumindest sehr ähnlicher Bedeutung. Das erste lateinische Stichwort dieses Wörterverzeichnisses lautet *Abrogans*. Nach diesem ersten Stichwort hat das Wörterverzeichnis seinen Namen erhalten.

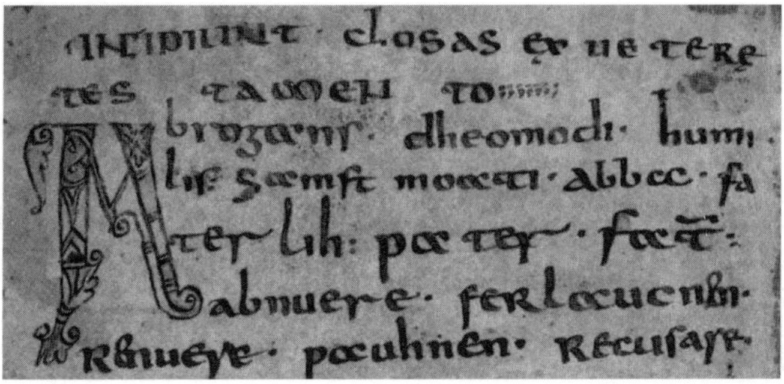

Die erste Zeile gibt in lateinischer Sprache eine kurze Inhaltsangabe: *Incipiunt closas ex uetere testamento* (‘Hier beginnen die Glossierungen aus dem Alten Testament’). Den Anfang bildet das erste Stichwort, *Abrogans,* mit Zierinitiale, dem das deutsche Wort folgt: *dheomodi* (‘demütig’), die althochdeutsche Übersetzung des lateinischen *abrogans.*

Der „Abrogans“ befindet sich heute in der Stiftsbibliothek des Klosters St. Gallen.

werden kann. Sehr deutlich spricht der Verfasser aus, welchen Stellenwert er seiner Muttersprache zumisst und mit welchem Anspruch er seine literarische Arbeit versieht. Er schreibt in der (lateinischen) Widmungsvorrede an den Abt Liutbert von Mainz: „In der Tat habe ich … die Teile der Evangelien auf Fränkisch zusammengestellt, damit derjenige die heiligen Worte in seiner eigenen Sprache aufnehmen kann, den die Unverständlichkeit der fremden Sprache abschreckt.“ Zwar sei die deutsche Sprache „unkultiviert und … ungeeignet, durch grammatische Regularien gezügelt zu werden“ und außerdem durch ihre Lautgestalt schwierig zu schreiben. Doch wolle er in seiner Muttersprache eine würdige und der Bedeutung der Franken angemessene Dichtung schaffen.

Um im Zuge der Missionierung den Sprechern der althochdeutschen Dialekte die ihnen völlig unbekannten und fremdartigen christlichen Ideen und Sitten zu vermitteln, wurden nicht nur (in der mündlichen Vermittlung eingesetzte) Texte in der Volkssprache benötigt. Damit überhaupt Texte in der Volkssprache entstehen konnten, mussten zunächst zahlreiche neue Ausdrücke gefunden werden. Dafür gab es (wie auch heute noch) verschiedene Möglichkeiten. Grundsätzlich besteht der einfachste Weg in der Übernahme neuer Wörter aus der fremden Sprache, in der es bereits einen ausgebauten Wortschatz zum Thema gibt. Für die Missionierungsarbeit war dieses Verfahren nur bedingt geeignet. Denn mit dem neuen Wort war häufig eine abstrakte Vorstellung verbunden, die keinen Platz in der bisherigen Lebenswelt derjenigen hatte, die missioniert werden sollten. Deshalb wurden vor allem Bezeichnungen für konkrete Gegenstände oder Personen auf diesem Wege als Lehnwörter aus dem Lateinischen oder aus dem Griechischen übernommen: althochdeutsch *pater* ‘Pater’ (aus lateinisch *pater*) für den Geistlichen, althochdeutsch *kelih* ‘Kelch’ (aus lateinisch *calix*) oder althochdeutsch *biscof* 'Bischof' (aus griechisch *episkopos*). Mussten im Bereich der abstrakten Vorstellungen neue Wörter gebildet werden, so war das Verfahren der Lehnprägung geeigneter, denn dabei wurden entweder, im Sinne einer Lehnbedeutung, bestehende Wörter nach dem Vorbild der Gebersprache um eine neue Bedeutung erweitert (zum Beispiel nach lateinisch *gratia* die althochdeutsche Form *ginada* 'göttliche Gunst, Gnade' – ursprünglich neutraler 'Wohlwollen'), oder im Sinne einer Lehnbildung neue volkssprachliche Formen durch z. T. wörtliche Nachahmung der Konstruktion der Gebersprache gebildet (zum Beispiel mittelhochdeutsch *miteliden* 'Mitleid' nach lateinisch *com-passio*). Für die Sprecher haben Lehnprägungen den Vorteil, dass ihre Bedeutung zu erschließen ist.

Das Mittelhochdeutsche (1050–1350)

Wenn man vom Althochdeutschen sagen kann, dass es sich dabei im Grunde um verschiedene Schreibdialekte handelt, die von wenigen Klosterbrüdern ganz im Dienste der bis dahin ausschließlich in lateinischer Sprache fixierten christlichen Inhalte zu Missionierungszwecken verwendet wurden, so haben wir es beim Mittelhochdeutschen (1050–1350) mit gänzlich anderen Rahmenbedingungen zu tun. Selbstverständlich wurden auch weiterhin religiöse Texte in der Volkssprache geschrieben. Doch es kam mit der Ausbreitung der literarischen Kultur an den Adelshöfen ein völlig neues Moment hinzu, das für die mittelhochdeutsche Zeit als besonders kennzeichnend gelten kann. *Ein riter so geleret was*, schreibt Hartmann von Aue um das Jahr 1200 in seiner Versdichtung vom Armen Heinrich, *daz er an den buochen las, swaz er daran geschriben vant*: Ein Ritter war so gelehrt, dass er in den Büchern las, was er darin geschrieben fand. Dass ein Ritter lesekundig war, ist demnach für die mit-

Die Bezeichnungen der Wochentage

In den klassischen Sprachen der Antike folgten die Bezeichnungen der Wochentage orientalischem Vorbild mit den Namen der Planeten bzw. der ihnen zugeordneten Gottheiten. In den germanischen Sprachen wurde dies später mit eigenen sprachlichen Mitteln nachgebildet:

Montag: Der Name des ersten Tags der Woche ist in der Schreibung *mantac* zum ersten Mal im 11. Jahrhundert belegt. Er stellt eine Lehnübersetzung des lateinischen *dies lunae* ('Tag des Mondes') dar.

Dienstag: Die heute in der hochdeutschen Standardsprache gebräuchliche Variante geht auf mittelniederdeutsch *dingestach* zurück, was mit einem (allerdings nur singulär in einer Inschrift bezeugten) germanischen Gott *Mars Thingsus* oder aber dem Wort *Thing* 'Gerichtstag' in Verbindung gebracht wird. Die in einigen oberdeutschen Mundarten bis heute gebräuchliche Form *Ziestag* dagegen lässt sich gut an den germanischen Götternamen *Teiwa* anschließen. Fortsetzungen finden sich z. B. in englisch *tuesday* und schwedisch *tisdag*.

Mittwoch: Die lateinische Form *Mercurii dies* ('Tag des Merkur') wurde durch die Übertragung in germanische Sprachen zum „Wotanstag" (englisch *wednesday*, niederländisch *woensdach*). Im Deutschen dagegen finden sich seit dem 11. Jahrhundert Bezeichnungen wie *mittewoche*, die auf die jüdisch-christliche Bezeichnung der Wochenmitte zurückgehen (griechisch *media hebdomas*).

Donnerstag: Hier liegt die lateinische Bezeichnung *Iovis dies* ('Tag des Jupiters') zu Grunde. Der antike Himmelsgott wurde durch den germanischen Wetter- und Donnergott *Donar* ersetzt. So heißt es schon im Althochdeutschen *donarestag*, im Mittelhochdeutschen *donerstac*. Auch englisch *thursday*, niederländisch *donderdach* und schwedisch *torsdag* gehören hierher.

Freitag: Die althochdeutsche Form *frijatag* lässt gut erkennen, dass der Name der germanischen Gottheit *Freia* enthalten ist. Die germanische Form, die sich im Übrigen auch im englischen *friday* oder dem schwedischen *fredag* findet, bildet das lateinische *Veneris dies* ('Tag der Venus') nach.

Samstag bzw. **Sonnabend**: Im Althochdeutschen findet sich für den Tag vor dem Sonntag die Bezeichnung *sambaztag*, die aus dem lateinischen *sabbatum* entlehnt ist. Die lateinische Form wiederum geht auf hebräisch *šabbat* 'Ruhetag' zurück. Daneben gab es im Lateinischen die Bezeichnung *Saturnis dies* 'Tag des Saturns'. Sie wurde in mehrere germanische Sprachen entlehnt und findet sich z. B. im Englischen (*saturday*) oder auch im Niederländischen (*saterdag*). Im norddeutschen Raum ist die Variante *Sonnabend* verbreitet, für die es auch bereits in althochdeutscher Zeit Belege gibt (*sunnunabund*). Sie bedeutet ursprünglich 'Tag vor dem Sonntag'.

Sonntag: Auch die Bezeichnung des Sonntags ist eine Lehnübersetzung aus dem Lateinischen. Dort heißt es *dies solis* ('Tag der Sonne'). Im Althochdeutschen heißt der Tag *sunnuntag*, im Mittelhochdeutschen *sunnentac*.

telhochdeutsche Zeit eine Besonderheit. Auch wenn für die Adelshöfe ein literarischer Betrieb auf zum Teil hohem Niveau angenommen werden kann, so heißt das nicht, dass Lesen und Schreiben dabei eine große Rolle gespielt hätten. Mittelhochdeutsche Dichtung war vielmehr eine Form der Vortragskunst, und oft genug wird sie ohne schriftliche Vorlage ausgekommen sein.

Die Zahl der Höfe und Burgen, an denen in dieser Zeit Dichter durch literaturbegeisterte Fürsten und andere Mäzene gefördert wurden, ist groß. Landgraf Hermann I. von Thüringen ist in diesem Zusammenhang an erster Stelle zu nennen, denn während der Zeit seiner Herrschaft war sein Hof der Mittelpunkt der mittelhochdeutschen höfischen Dichtung. Walther von der Vogelweide zählte sich zeitweise zu den Gefolgsleuten Hermanns, Wolfram von Eschenbachs „Willehalm" und Heinrichs von Veldekes „Eneit" waren Werke, die Hermann in Auftrag gegeben hatte. Auch Heinrich von Morungen wird sich zeitweise am Hof Hermanns I. aufgehalten haben und von ihm gefördert worden sein. Die Vorstellung, dass auf der Wartburg, dem Ort des berühmten Sängerkrieges, auch im wirklichen Leben die Dichter untergebracht waren, wird von der neueren Forschung in Frage gestellt. Weitere wichtige Orte literarischen Lebens in mittelhochdeutscher Zeit waren der Hof der Babenberger Leopolds V. und Leopolds VI. sowie Friedrichs I. und Friedrichs II. in Wien, der Staufische Hof in Schwaben und der Welfenhof Heinrichs des Löwen in Braunschweig. Die Inhalte der mittelhochdeutschen Literatur sind in zunehmendem Maße weltlicher Art. Es geht um Rittertugenden und höfische Liebe (*Minne*), zunächst ausschließlich in Versform, später immer häufiger auch in Prosa.

Ist das höfische Leben auf Burgen oder anderen Adelssitzen der Ort, an dem in dieser Zeit Literatur entstand und rezipiert wurde, so nahm im hohen Mittelalter auch die Bedeutung der Stadt für das literarische Leben zu. Zwischen 1200 und 1500 verfünffachte sich die Zahl der deutschen Städte. Gleichzeitig stiegen überall deren Einwohnerzahlen. Trotzdem lebten ca. 90 % der Bevölkerung auf dem Land (heute sind es ca. 15 %). Die zahlreichen neuen Städte entstanden einerseits im bereits von Deutschen besiedelten Raum (sogenannte Binnenkolonisation), anderseits wurden in dieser Zeit im Rahmen der Ostkolonisation auch im ursprünglich slawischsprachigen Raum östlich der Elbe deutsche Städte gegründet. Dadurch entstand ein gegenüber der althochdeutschen Zeit deutlich größerer Sprachraum mit einer annähernd fünfmal so großen Sprecherzahl – Schätzungen gehen von ca. 15 Millionen Einwohnern in der Zeit zwischen 1000 und 1350 aus. Das arbeitsteilige Leben in den Städten verlangte Institutionen, die das Leben auf engem Raum regelten. Es brachte darüber hinaus einen Ausbau des Wortschatzes mit sich, denn die erforderlichen Regelungen mussten sprachlich bewältigt werden. So gab es in mittelhochdeutscher Zeit bereits Fachliteratur in der Volkssprache: Anleitungen für medizinische Behandlungen, Vokabulare für den Lateinunterricht, Aufzeichnungen zur Tier- und Pflanzenwelt und nicht zuletzt Kodifizierungen von Rechtstexten. Das darf jedoch nicht darüber hinwegtäuschen, dass bis weit ins 14. Jahrhundert hinein immer noch das Lateinische als Schriftsprache der Verwaltung überwog. Erst zum Ende der mittelhochdeutschen Zeit hatte die Zahl der volkssprachigen Urkunden im gesamten Raum die 50 %-Marke überschritten. In einigen Bereichen (zum Beispiel in der kirchlichen Verwaltung) blieb das Lateinische noch deutlich länger in Gebrauch.

In vielen Darstellungen ist die Rede davon, dass das Mittelhochdeutsche bereits eine relativ einheitliche Schriftsprache gewesen sei. Erste Blicke ins Wörterbuch, in eine mittelhochdeutsche Grammatik oder eine Textausgabe vermitteln ebenfalls diesen Eindruck. Doch die scheinbare Einheitlichkeit geht auf die Arbeit der ersten Germanisten im 19. Jahrhundert zurück. Sie waren um die Erschließung der mittelhochdeutschen Überlieferung bemüht und rekonstruierten in vielen Fällen die sprachliche Urform auf der Grundlage der in der Regel allein in deutlich jüngeren Handschriften erhaltenen Textzeugen. Inzwischen hat die germanistische Sprachwissenschaft ein deutlich differenzierteres Bild von der Vielfalt der mittelhochdeutschen Schreibsprachen. Diese sind wesentlich durch die Zugehörigkeit zu einer bestimmten Region und damit zu einem Dialektraum geprägt. Bis weit in die Neuzeit hinein gab es keine einheitliche deutsche Schriftsprache, doch kann man bei geübten Autoren davon ausgehen, dass sie zur Erweiterung des Adressatenkreises (und damit letztlich zur Vergrößerung ihres Erfolgs) auf spezifische Merkmale kleinräumiger Schreibsprachen verzichteten.

Charakteristisch für die Überlieferung in mittelhochdeutscher Sprache ist die Dichtung. Dabei lassen sich die Heldendichtung und die Liebeslyrik als besonders bedeutsam hervorheben.

Swer ze der minne ist so frůt,
das er der minne dienen kan
vnd er dvrch minne pine tv̊t,
wol im, derst ein selig man!
von minne kvmt vns alles gv̊t,
duͥ minne machet reinen mv̊t;
was sold ich svnder minne dan?

‘Wer zur Minne so tüchtig ist,
dass er der Minne dienen kann
und er durch Minne Schmerz erfährt,
wohl ihm, der ist ein seliger Mann!
Von der Minne kommt alles Gute,
die Minne verhilft zu reiner Gesinnung;
was wäre ich ohne die Minne?’

Heinrich von Veldeke, 2. Hälfte 12. Jahrhundert. Nach der Großen Heidelberger Liederhandschrift (Codex Manesse). Universitätsbibliothek Heidelberg.

Du bist min, ih bin din,
des solt du gewis sin.
du bist beslossen in minem herzen,
verlorn ist daz sluzzelin:
du most och immer dar inne sin.

'Du bist mein, ich bin dein,
dessen sollst du gewiss sein.
Du bist eingeschlossen in meinem Herzen,
verloren ist das Schlüsselein;
du musst für immer darinnen sein.'

Unbekannter Verfasser, Mitte 12. Jahrhundert. Handschrift Clm 536. Bayerische Staatsbibliothek. München.

Uns ist in alten mæren wunders vil geseit
von heleden lobebæren von grozer arebeit
von frevde vn hochgeciten von weinen vnde klagen
von kvner recken striten mvget ir nv wunder horen sagen.

'Uns wird in alten Erzählungen wunders viel berichtet
von lobenswerten Helden und von großer Mühsal,
von Freude und Festlichkeiten, von Weinen und Klagen,
von Kämpfen kühner Recken sollt ihr nun Unglaubliches
sagen hören.'

Nibelungenlied (unbekannter Verfasser): um 1200.
Nach Handschrift C, Badische Landesbibliothek, Karlsruhe.

Das Frühneuhochdeutsche (1350–1650)

Die Grenze zwischen dem Mittelhochdeutschen und dem Frühneuhochdeutschen lässt sich anhand der Veränderungen im Vokalismus nachzeichnen: *min nüwes* (geschrieben *niuwes*) *hus* gegenüber *mein neues Haus*. Auch auf den Ebenen von Wortschatz, Formen- und Satzlehre gibt es zahlreiche Neuerungen, die sich um die Mitte des 14. Jahrhunderts häufen. Das Frühneuhochdeutsche hat an vielen Stellen bereits große Ähnlichkeit mit der modernen Standardsprache, unterscheidet sich anderseits aber auch deutlich von dieser durch das Fehlen einer einheitlichen und allgemein akzeptierten Norm. Vielmehr ist die gesamte Epoche des Frühneuhochdeutschen durch große sprachliche Heterogenität, durch ein gleichberechtigtes Nebeneinander unterschiedlicher regionaler Schreibsprachen und kleinräumiger Dialekte gekennzeichnet. Das Frühneuhochdeutsche ist die Phase der deutschen Sprachgeschichte, in der sich die Gestalt der modernen Gegenwartssprache herausbildet. Doch darf man sich diesen Prozess nicht als geradlinige Entwicklung vorstellen, die zielgerichtet auf einen einzigen Punkt hinausläuft. Viel zutreffender ist das Bild von einer Zeit des Umbruchs, des Übergangs und der Widersprüche. Ein wichtiger Faktor für diesen Verlauf der Entwicklung ist die im Gegensatz zu europäischen Nachbarländern wie England und Frankreich nicht auf ein kulturelles Zentrum ausgerichtete historische Entwicklung. Immer wieder waren es partikulare Interessen und vergleichsweise kleinräumige Orientierungen, die in dieser Zeit die Herausbildung einer überregionalen Standardsprache verhinderten. Erst um die Mitte des 17. Jahrhunderts waren die überregionalen Ausgleichsprozesse so weit fortgeschritten, dass man von einer Leitvarietät sprechen kann. Durch diesen Einschnitt ist in der traditionellen Periodisierung der deutschen Sprachgeschichte der Übergang vom Frühneuhochdeutschen zum Neuhochdeutschen markiert. Allerdings sind insbesondere im oberdeutschen Raum noch bis zur Mitte des 18. Jahrhunderts zum Teil sehr deutliche Eigenheiten der schreibsprachlichen Entwicklung zu beobachten.

Der Beginn der frühneuhochdeutschen Zeit fällt mit der Großen Pest zusammen, die in der zweiten Hälfte des 14. Jahrhunderts in Mitteleuropa wütete. Nach neueren Schätzungen fiel etwa ein Drittel der Bevölkerung dieser Seuche zum Opfer. Insbesondere in den Städten breitete sich die Krankheit, gegen die es keine Heilmittel gab, angesichts der katastrophalen hygienischen Verhältnisse sehr schnell aus. Die Überlebenden waren mit erschwerten wirtschaftlichen Umständen konfrontiert. Auch in der Mentalität der Zeitgenossen machten sich die Erfahrungen der Pestzeit deutlich bemerkbar. Dies ist unter anderem daran abzulesen, dass der Tod und die Auseinandersetzung mit dem Sterben in der Literatur dieser Zeit viel Raum einnehmen. Gesellschaftlich und kulturell ist die Periode des Frühneuhochdeutschen durch die weitere Zunahme der Bedeutung des städtischen Lebens und die damit verbundene Vielfalt gekennzeichnet. Die Zahl der Lese- und Schreibkundigen nahm stetig zu, immer wichtiger wurde der Schriftgebrauch für den Alltag. Einige Forscher sprechen in Bezug auf diese Entwicklung von der Verschriftlichung des Lebens. Direkt im Zusammenhang damit steht der Ausbau der Textsorten: Vieles, was vorher entweder gar nicht oder auf Latein verschriftlicht wurde, schrieb man nun in der Volkssprache: Rechtstexte, Chroniken, Legendensammlungen, Lieder- und Gebetbücher und auch alltägliche Gebrauchstexte wie Sammlungen von Kochrezepten und Rechenbücher für den Schulunterricht. Erleichtert und möglicherweise auch befördert wurde der Prozess der Verschriftlichung des Lebens durch die Verbreitung des Papiers. Trotzdem blieb der Umgang mit schriftlichen Zeugnissen bis weit in die Neuzeit hinein nur einer Minderheit vorbehalten. Dies gilt für die Stadtbewohner und in weit höherem Maße für die Landbevölkerung. Auch wenn es aus frühneuhochdeutscher Zeit Zeugnisse für Buchmanufakturen gibt wie etwa in der ersten Hälfte des 15. Jahrhunderts die Werkstatt von Diepold Lauber in Hagenau im Elsass, so darf dies nicht darüber hinwegtäuschen, dass es zunächst nur wenige waren, die regelmäßig mit geschriebenen Texten zu tun hatten. Buchbesitz war nach wie vor etwas Besonderes und fand sich, von wenigen Ausnahmen abgesehen, vor allem an den Orten des geistig-kulturellen Lebens. Bis ins 18. Jahrhundert hinein war vielfach die Bibel das einzige Buch in deutschen Haushalten.

Zwei Entwicklungen sind es, die in ganz besonders engem Zusammenhang mit der Herausbildung einer deutschen Standardsprache stehen: die Erfindung des Buchdrucks mit beweglichen Lettern durch Johannes Gutenberg um 1450 und die Reformation, insbesondere die Bibelübersetzung Martin Luthers in den Jahren 1522 (Neues Testament) und 1535 (Vollbibel). Buchdruck und Reformation hängen eng zusammen – ohne den Buchdruck ist die Verbreitung der reformatorischen und gegenreformatorischen Schriften kaum vorstellbar, und ohne den publizistischen Schub der Reformation hätte sich der Buchdruck möglicherweise nicht so schnell und wirkungsvoll ausgebreitet, wie es letztlich der Fall war: Im Verlauf eines Vierteljahrhunderts stieg die Zahl der deutschsprachigen Drucke von ca. 80 im Jahr 1500 auf mehr als das Zehnfache (990) im Jahr 1524 an. Martin Luther übersetzte die Bibel aus dem Hebräischen (Altes Testament) und dem Griechischen (Neues Testament). Seine Übersetzung war nicht die erste deutsche Bibel, aber sie ging mit dem Anspruch, *klar vnd gewaltiglich* zu *verteutschen*, einen völlig neuen Weg: Er wollte den Bibeltext, der in seinem theologischen Verständnis eine so zentrale Rolle einnahm, zugänglich machen und für seine Leserschaft erschließen. Dabei hatte er durchaus Laien im Blick. Das unterscheidet seinen Text etwa von der 1466 gedruckten Mentel-Bibel, die sich eng an die lateinische Vorlage anlehnt, oder von der niederdeutschen, 1494 in Lübeck gedruckten Bibel. Das Ziel, für einen möglichst großen Leserkreis verständlich zu schreiben, hatte für Luther einen sehr hohen Stellenwert. Seine Herkunft aus Eisleben im Kontaktbereich von

Niederdeutsch und Ostmitteldeutsch war ihm dabei gewiss eine Hilfe, denn ihm müssen dadurch zahlreiche sprachlandschaftliche Unterschiede bereits aus seiner Kindheit bekannt gewesen sein. Luthers Übersetzungsarbeit ist Gegenstand vieler sprachwissenschaftlicher Untersuchungen. Als eines der wichtigsten Ergebnisse ist festzuhalten, dass er fast immer die großräumiger verbreitete und häufig die südlichere Variante bevorzugte, zum Beispiel *Burg* statt *Borg, bringen* statt *brengen* oder *gewesen* statt *gewest* wählte. Hinzu kam seine entschiedene und treffsichere Verwendung von Metaphern und redensartlichen Elementen, zum Beispiel *Wer am wege bawet / der hat viel meister.* Der sprachlichen Gestalt seiner Texte kommt ein relativ großer Anteil an Luthers publizistischem Erfolg zu. Und die für die damalige Zeit außerordentlich große Verbreitung seiner Schriften wiederum trug maßgeblich zur Herausbildung einer zunehmend einheitlicheren Schreibsprache bei. Luthers Einfluss auf die deutsche Sprache war erheblich. Doch es gab bereits im 15. Jahrhundert, Jahrzehnte vor Luthers ersten Schriften, sprachliche Ausgleichsprozesse, und von einer einheitlichen Schriftsprache kann mindestens bis zur Mitte des 17. Jahrhunderts, also 100 Jahre nach Luthers Tod, noch keine Rede sein. Ihn als den „Schöpfer" der deutschen Standardsprache zu bezeichnen, wie es vor allem ältere Darstellungen zur deutschen Sprachgeschichte tun, ist aus heutiger Sicht der Forschung nicht angebracht. Wie groß die Differenzen und auch die Verständnisschwierigkeiten der deutschen Sprachräume untereinander waren, zeigt etwa die Tatsache, dass dem von Adam Petri in Basel im Jahr 1523 veröffentlichten Nachdruck von Luthers Übersetzung des Neuen Testaments eine fast 200 Wortformen umfassende Liste mit Übersetzungshilfen beigegeben wurde (das sogenannte Petri-Glossar, das im oberdeutschen Raum mehrfach nachgedruckt wurde und lange in Gebrauch war). Hier wurde etwa das von Luther gebrauchte Wort *bang* durch *engstich, lippen* durch *lefftzen, quelen* durch *peinigen* oder *ufer* durch *gestad* paraphrasiert.

Mit Luthers Übersetzungsarbeit und der großen Verbreitung seiner Schriften stieg auch die Wertigkeit der deutschen Sprache. Sie stand nun relativ gleichberechtigt neben dem Lateinischen, und deutschsprachige Texte wurden Gegenstand des Schulunterrichts. Dadurch entstand der Bedarf nach einem Regelwerk, das die Struktur der deutschen Sprache beschrieb und im muttersprachlichen Lese- und Schreibunterricht eingesetzt werden konnte. Eines der ersten Werke dieser Art stammt von dem Schulmeister Valentin Ickelsamer aus Rothenburg ob der Tauber. In der Vorrede seiner 1537 erschienenen „Teutschen Grammatica" zeigt sich, dass seine Arbeit nicht zuletzt auch religiös motiviert war. Er schreibt: *„Es ist one zweifel yetzt kaum ain werck* [...] */ die zůgleich zu Gottes ehr vnd vnehr / mehr gebraucht würdt / denn die lesekunst."* Eine Grammatik im eigentlichen Sinne stellt das Werk Ickelsamers nicht dar, sondern eher eine Handreichung für den Anfangsunterricht in der Muttersprache. Die durch das Nebeneinander verschiedener raumgebundener Varietäten begründete Vielfältigkeit der deutschen Sprache stellt Ickelsamer wie einige andere Grammatiker dieser frühen Zeit fest, ohne sie explizit zu bewerten. Die ersten Grammatiken, die umfassend in der Volkssprache die Struktur und die Regeln des Deutschen beschreiben, entstehen in der ersten Hälfte des 17. Jahrhunderts. Ihre Verfasser sind Wolfgang Ratke, Christian Gueintz, Georg Philipp Harsdörffer und Justus Georg Schottelius. So unterschiedlich die Arbeiten dieser vier Grammatiker auch sind, sie gehen alle von der Existenz einer umfassenden und allgemeinen deutschen Sprache aus. Diese als vorbildlich empfundene Form – Schottelius nannte sein Buch „Ausführliche Arbeit von der Teutschen Haubt Sprache" (Braunschweig

1663) – sollte durch das vorgelegte Regelwerk systematisch ausgebaut und stabilisiert werden. Damit ist das Ende der durch das Nebeneinander verschiedener Schreibsprachen gekennzeichneten frühneuhochdeutschen Periode markiert.

Das Neuhochdeutsche

Der Beginn der jüngsten Periode der deutschen Sprachgeschichte wird in der Mitte des 17. Jahrhunderts angesetzt. Auch in der Geschichtswissenschaft wird zum Ende des 30-Jährigen Krieges (1618–1648) eine Epochengrenze gesetzt. Die Periode des Absolutismus war – bei aller Verschiedenheit in der großen Zahl selbstständiger Territorien – insgesamt durch eine stärkere Zentralisierung der Staatsgewalt gekennzeichnet. Die schon vorher für den deutschen Sprachraum typische vielfältige Ausrichtung auf verschiedene kulturelle Zentren wurde dadurch noch verstärkt. Dieser Entwicklung traten verschiedene Personen und Institutionen bewusst entgegen. Die Vorstellung von einer vorbildlichen und in besonderem Maße über den landschaftlich gebundenen Schreibsprachen und Dialekten angesiedelten deutschen Hochsprache war spätestens durch das differenzierte und wissenschaftlich allgemein anerkannte Werk von Schottelius unter den gebildeten Schulmännern des ausgehenden 17. Jahrhunderts verbreitet. Konsequent wurde daraufhin an verschiedenen Stellen durch eigens gegründete Sprachgesellschaften der systematische Ausbau, die Pflege und die Verbreitung dieser Hochsprache vorangetrieben. Dabei war den Sprachpflegern zugleich an der Reinhaltung des Deutschen, vor allem an der Abwehr französischer Einflüsse gelegen. Sie traten damit der Tendenz entgegen, dass in kultivierten Kreisen des gehobenen Bürgertums und des Adels das Französische nicht nur als besonders vornehm galt, sondern von vielen in der alltäglichen Kommunikation verwendet wurde. Anfang des 18. Jahrhunderts wurde in Preußen die allgemeine Schulpflicht eingeführt, auch wenn sie erst zögernd umgesetzt wurde. Damit waren zwar noch nicht die Voraussetzungen für einen flächendeckenden und geordneten Sprachunterricht gegeben, doch die Entwicklung in Richtung einer ausgebauten, überregional anerkannten (und nun auch vermittelten) Hochsprache wurde dadurch weiter vorangebracht. Wichtig für diesen Prozess war neben einem grammatischen Regelwerk wie Schottelius' Arbeit auch ein umfassendes Wörterbuch des Deutschen. Die Sprachgeschichtsforschung ist sich einig, dass das zwischen 1774 und 1786 in Leipzig erschienene fünfbändige Wörterbuch des im pommerschen Anklam geborenen Johann Christoph Adelung unter den lexikographischen Werken des 18. Jahrhunderts eine besonders wichtige Stellung einnimmt. Adelung war nach seinem in Halle absolvierten Theologiestudium zunächst Lehrer am evangelischen Ratsgymnasium in Erfurt, bevor er herzoglicher Bibliothekar in Leipzig und Hofrat in Dresden wurde. In seinem Wörterbuch waren die Stichwörter erstmals vollständig alphabetisch angeordnet und damit (gegenüber dem älteren Anordnungsprinzip nach Wortstämmen) für jedermann leicht auffindbar. Außerdem verfasste er eine Schulgrammatik („Deutsche Sprachlehre", 1781) und eine ausführlichere zweibändige Fassung dieser Grammatik („Umständliches Lehrgebäude der Deutschen Sprache", 1782). Adelung nahm die Erträge der älteren Forschung auf und verband sie mit eigenen Erkenntnissen und Anschauungen. Große Anerkennung fand seine Arbeit unter gebildeten Zeitgenossen vor allem wegen ihrer gedanklichen Klarheit und wegen der Verbindung greifbarer praktischer Handreichungen mit einer wissenschaftlichen Fundierung. Die großen Autoren der Aufklärung und der deutschen Klassik nutzten Adelungs Wörterbuch und seine Grammatik regelmäßig. Zur Rechtschreibung in Goethes Schriften vereinbarte dieser mit seinem Verleger Goeschen, dass grundsätzlich den Vorgaben Adelungs zu folgen sei.

Hinsichtlich der Region, die sprachlich als besonders vorbildlich gelten sollte, gab es unter den Grammatikern und Sprachpflegern des 18. Jahrhunderts große Uneinigkeit. Adelung propagierte die Vorbildlichkeit des Meißnischen und stand damit in einer gewissen Tradition, denn auch Luther hatte bereits (in einer seiner Tischreden) erklärt, er richte sich *„nach der sächsischen Canceley, welcher nachfolgen alle Fürsten und Könige in Deutschland"*. Zeitgenössische Grammatiker aus dem süddeutschen Raum wie zum Beispiel Carl Friedrich Aichinger oder der aus Schwaben stammende Schriftsteller Christoph Martin Wieland führten deshalb einen öffentlichen Streit mit ihm. Sie wollten den Status ihres eigenen regionalen Heimatidioms nicht abgewertet wissen. Problematisch an der Diskussion dieser Zeit ist das Fehlen einer klaren Differenzierung zwischen geschriebener und gesprochener Sprache in der Argumentation. Für das 16. und 17. Jahrhundert ist anzunehmen, dass die Ebene der Schriftlichkeit gemeint ist, wenn von der Vorbildlichkeit des Meißnischen die Rede ist. Adelung unterscheidet hier bereits, wenn auch noch nicht in der Deutlichkeit, in der es die moderne Sprachwissenschaft tut. Hinsichtlich der Lautgestalt der von ihm propagierten Hochsprache hielt er die norddeutsche Leseaussprache für besonders vorbildlich – die Kombination, die sich (wie bei ihm selbst, der ja aus Pommern stammte) ergibt, wenn ein hochdeutscher Text von einem Sprecher mit niederdeutscher Muttersprache vorgelesen wird. Diese Leseaussprache war wegen der großen lautlichen und lexikalischen Unterschiede zwischen Hoch- und Niederdeutsch dem Schriftbild besonders verpflichtet. Auch wenn Adelungs Äußerungen in diesem Punkt nicht frei von Widersprüchen sind und er mehrfach die

Aussprache der gehobenen Kreise in Obersachsen lobt, ging es ihm letztlich um eine dem Schriftbild möglichst weitgehende Entsprechung in der Leseaussprache.

Im Laufe des 19. Jahrhunderts breitete sich die Hochsprache immer weiter aus. Das lag an der Zunahme gedruckter Medien und nicht zuletzt auch am immer feinmaschiger werdenden Schulwesen mit obligatorischem Lese- und Schreibunterricht, an dazugehörigen Fibeln und einer zunehmend professionalisierten Lehrerausbildung. Als primäre Muttersprache, die selbstverständlich in der Schule, in den ersten Schuljahren zweifellos auch im Unterricht gesprochen wurde, brachten die Kinder jedoch ihren kleinräumigen, ortsgebundenen Dialekt mit. Sie erlernten also das Hochdeutsche als Zweitsprache, zunächst vor allem für den schriftlichen Gebrauch. Wenige Jahre nach der Gründung des Deutschen Reichs begann der Sprachwissenschaftler Georg Wenker mit einer groß angelegten Untersuchung zu den deutschen Dialekten. In über 40 000 Schulorten ließ er durch die Lehrer Fragebogen ausfüllen, in denen vorgegebene Sätze von der Hochsprache in die Ortsmundart zu übersetzen waren. Die Lehrer sollten dabei nötigenfalls ihre Schüler als Gewährsleute befragen. Die auf diesem Wege erhobenen Daten wurden in sehr exakte Karten eingetragen, die seit einigen Jahren dank neuer elektronischer Verfahren sehr leicht zugänglich sind und ein äußerst differenziertes Bild von der Vielfalt der deutschen Dialekte zeigen (einen beeindruckenden und auch für Laien nachvollziehbaren Einblick bietet die Homepage des Forschungsinstituts „Deutscher Sprachatlas“ in Marburg). Bis weit ins 20. Jahrhundert hinein war ein Großteil der Sprecher in Deutschland im oben beschriebenen Sinne zweisprachig: Der Dialekt wurde als Erstsprache im Elternhaus erworben und in der alltäglichen Kommunikation verwendet. Daneben wurde in der Schule die hochdeutsche Schriftsprache erlernt, die bis heute mit einem relativ hohen Sozialprestige verbunden ist. Sie wird in zunehmendem Maße auch gesprochen und fungiert als Kommunikationsmedium in offiziellen und amtlichen Zusammenhängen und im Umgang mit Fremden.

Das 19. Jahrhundert ist gekennzeichnet durch die industrielle Revolution und die damit zusammenhängende enorme Expansion vieler Städte. In den Städten ergab sich durch das enge Zusammenleben von Menschen mit unterschiedlicher regionaler Herkunft eine grundsätzlich andere Situation als auf dem Land. In der Folge bildeten sich Umgangssprachen heraus, die eine Verständigung über Dialektgrenzen hinaus erlaubten und häufig auch Elemente der Hochsprache aufnahmen. Wegen des allgemein empfundenen kulturellen Vorsprungs der Städte und weil zugleich durch den Ausbau der Verkehrswege auch das Pendeln vom Umland in die Stadt möglich wurde, breiteten sich die städtischen Umgangssprachen häufig weiter aus. Stellenweise nahmen sie die Funktion der dadurch im Gebrauch zurückgehenden Dialekte ein.

Von einer deutschen Standardsprache mit einer verbindlichen Schreibnorm kann trotz aller vorausgegangenen Bemühungen um eine einheitliche Hochsprache erst seit dem Werk von Konrad Duden gesprochen werden. Duden legte im Jahr 1880 sein „Vollständiges Orthographisches Wörterbuch der deutschen Sprache“ vor. Er fasste darin die Ergebnisse der Berliner Orthographie-Konferenz von 1876 in alphabetischer Anordnung zusammen. 1901 trat erneut eine Konferenz zur Abstimmung orthographischer Fragen zusammen und verabschiedete mit gewissen Modifikationen gegenüber den Beschlüssen von 1876 ein auch in Österreich und der deutschsprachigen Schweiz in den Schulen und in anderen amtlichen Zusammenhängen verbindliches Regelwerk, das bis zur letzten Rechtschreibreform im Jahr 1998 ohne große Änderungen „maßgebend in allen Zweifelsfällen“ (Verlagswerbung bis 1996) war und wie nie zuvor für eine Festigung der sprachlichen Norm sorgte. Ob durch die Etablierung der Rechtschreibnorm im Jahr 1901 die Abtrennung einer neuen Sprachperiode („Normdeutsch“) innerhalb des Neuhochdeutschen angebracht ist, wird in der Sprachgeschichtsforschung unterschiedlich bewertet. Möglicherweise sind die Veränderungen, die sich nach dem Ende des Zweiten Weltkriegs ergaben, noch einschneidender. Denn einerseits wurde in der Folge des Krieges die deutsche Dialektlandschaft durch Flüchtlingsströme zum Teil massiv verändert. Anderseits spielte nun die gesprochene Standardsprache durch den Rundfunk (und etwas später das Fernsehen) im Alltag der Deutschen eine so große Rolle, wie es bis dahin nicht möglich gewesen war. Damit ergeben sich für die zweite Hälfte des 20. Jahrhunderts deutlich veränderte Voraussetzungen.

Das Niederdeutsche

Einen ganz eigenen Verlauf nahm die sprachgeschichtliche Entwicklung im norddeutschen Raum. Ausgangssituation ist hier im achten Jahrhundert das Altsächsische (Altniederdeutsche). In dieser Sprache sind nur wenige Schriftzeugnisse überliefert. Zum größten Teil stehen sie im Zusammenhang mit der Verbreitung des christlichen Glaubens: Altsächsische Taufgelöbnisse, Gebete und Segenssprüche weisen jeweils nur einen geringen Umfang auf. Im Wesentlichen beschränkt sich die altsächsische Überlieferung auf zwei Texte: den sogenannten „Heliand“, eine Evangelienharmonie in Stabreimversen, und die altsächsische Übersetzung der Genesis. Beide Texte stammen aus dem neunten Jahrhundert. Als Ort ihrer Entstehung wird Werden an der Ruhr angenommen. Im Vergleich zur althochdeutschen Literatur sind die altsächsischen Texte formal konservativer. Der soziologische Hintergrund und der situative Kontext dagegen sind ähnlich: Schriftlichkeit war im altniederdeutschen Sprachraum sehr eng mit Glaubensvermittlung und mit dem Klosterleben verbunden. Weitere wichtige Orte altsächsischer Schriftlichkeit waren Corvey an der Weser, Freckenhorst im Münsterland, Merseburg, Halle, Magdeburg und Bardowick bei Lüneburg. Die letzten Zeugnisse altsächsischer Schriftlichkeit stammen aus der Zeit um 1100. Danach reißt die schriftliche Überlieferung des Niederdeutschen für ca. 150 Jahre ab. Die aus dieser Zeit überlieferten in Norddeutschland geschriebenen Texte sind entweder auf Latein oder auf Mittelhochdeutsch verfasst. Allerdings darf aus dem heutigen Fehlen niederdeutscher Schriftzeugnisse aus dieser Zeit nicht geschlossen werden, dass es sie nicht gegeben hätte – sie waren vermutlich nicht besonders zahlreich und werden im Lauf der Jahrhunderte verloren gegangen sein.

Im ersten Viertel des 13. Jahrhunderts setzt die niederdeutsche Überlieferung wieder ein. Einer der frühesten Texte ist der „Sachsenspiegel" des Eike von Repgow, das bedeutendste Rechtsbuch des Mittelalters. Gegenüber den älteren Texten weist die Sprache deutliche Veränderungen auf. Nach der gängigen Periodisierung beginnt damit die Epoche des Mittelniederdeutschen. Auch im norddeutschen Raum nahm im Hochmittelalter die Zahl der Städte deutlich zu. Diese Entwicklung hängt eng mit den Handelsverbindungen zusammen, die zunächst zwischen Kaufleuten und später zwischen den Städten entstanden. Der große Erfolg beruhte auf einer gewissen Rechtsverbindlichkeit, die für Geschäftsabschlüsse innerhalb des „Hanse" genannten Bundes für Verlässlichkeit und Stabilität sorgte. Das Netz der Hanse-Kontore erstreckte sich über weite Teile Nordeuropas, reichte von London im Westen bis Nowgorod im Osten und von Bergen im Norden bis Köln im Süden. In diesem großen Raum wurde Mittelniederdeutsch (neben vielen anderen Sprachen) als Geschäftssprache verwendet. Zu ihrer Blütezeit gehörten der Hanse ca. 70 Städte an. Ihre Hauptstadt war Lübeck. Nach dem Frieden von Stralsund (1370) wurden die Protokolle der Hansetage, die sogenannten „Rezesse", weitestgehend auf Mittelniederdeutsch geschrieben. Auch der Großteil aller übrigen Verwaltungstexte im Hanseraum wie Stadtrechte, Zunftrollen, Urkunden aller Art, Kämmereiprotokolle, Stadtrechnungen usw. ist in mittelniederdeutscher Schreibsprache überliefert. Reichhaltig ist auch die mittelniederdeutsche Literatur. Sie umfasst geistliche Texte wie Perikopensammlungen und Gebetbücher, Legendare und geistliche Spiele zur Passions- und Weihnachtszeit. Erhalten sind daneben auch Reiseberichte und Volksbücher, Schwänke und Tierfabeln auf Mittelniederdeutsch. Zur letzten Gruppe zählt der wohl bekannteste Text in mittelniederdeutscher Sprache, der „Reynke de vos". Dabei handelt es sich um eine aus dem französischsprachigen Raum über das Niederländische nach Norddeutschland vermittelte Sammlung von Geschichten über den listenreichen Fuchs, die auch in hochdeutscher Sprache („Reineke Fuchs") äußerst populär wurde.

Im mittelniederdeutschen Raum waren die sprachlichen Unterschiede sehr groß. Neuere Forschungen zeigen, dass jede größere Stadt in dieser Zeit eine spezifische Kombination sprachlicher Merkmale aufweist, doch es gibt auch großräumigere Übereinstimmungen und Zusammenhänge in Form regionaler Schreibsprachen, zum Beispiel Ostfälisch (im Raum Braunschweig, Hildesheim, Göttingen, Goslar), Westfälisch (im Raum Soest, Münster, Osnabrück), Nordniederdeutsch (Hamburg, Bremen, Oldenburg, Lübeck) und Südmärkisch (Berlin).

Seit dem 15. Jahrhundert verlor die Hanse wegen zunehmender Selbstständigkeit der skandinavischen Staaten und der größer werdenden Macht der Landesfürsten im norddeutschen Raum an Einfluss. Gleichzeitig wurde die Konkurrenz durch süddeutsche Kaufleute größer, während der Seehandel zunehmend von Holland und England beherrscht wurde. Mit dem Niedergang der Hanse ging die Verbreitung der mittelniederdeutschen Schreibsprachen zurück. Hinzu kam, dass Ende des 15. Jahrhunderts mit dem Reichskammergericht eine auch für den norddeutschen Raum wichtige Gerichtsinstanz in Speyer und damit im hochdeutschen Sprachraum fest installiert wurde. Für die städtischen Kanzleien des niederdeutschen Raums wurde deshalb die Verwendung der hochdeutschen Schriftsprache immer wichtiger. Die mittelniederdeutsche Schriftlichkeit geriet mehr und mehr außer Gebrauch. Dieser Übergangsprozess begann um 1500 und dauerte bis zur Mitte des 17. Jahrhunderts. Niederdeutsch hat seitdem den Status als voll ausgebaute Sprache verloren. Gesprochenes Niederdeutsch (häufig *Platt* oder *Plattdütsch* bzw. *Plattdeutsch* genannt) ist heute als Dialekt unter dem kulturellen Dach der hochdeutschen Standardsprache einzustufen. Seit dem Sprachwechsel im 16. und 17. Jahrhundert wird im norddeutschen Raum als offizielle und amtliche Schriftsprache Hochdeutsch verwendet. Plattdeutsch als geschriebene Sprache findet sich daneben seit der Mitte des 19. Jahrhunderts in der regional sehr unterschiedlichen Mundartliteratur. Hier sind zum Beispiel die Werke des Mecklenburgers Fritz Reuter, des Holsteiners Klaus Groth oder des Westfalen Augustin Wibbelt zu nennen. Bis in die Gegenwart reicht die Verwendung niederdeutscher Dialekte als besonderes Ausdrucksmittel in der Literatur. Zwar überwiegen heitere Inhalte und Kleinformen wie die Kurzgeschichte, doch daneben gibt es auf Niederdeutsch ambitionierte und anspruchsvolle Arbeiten in nahezu allen Bereichen der Literatur. Möglicherweise ist das Sprachbewusstsein bei den Sprechern niederdeutscher Dialekte stärker ausgeprägt als in anderen deutschen Mundarträumen. Jedenfalls gibt es hier besonders intensive Bemühungen, den auch anderswo beobachtbaren Rückgang des Dialektgebrauchs aufzuhalten. Eigens gegründete Institutionen koordinieren diese Bemühungen, dokumentieren und sammeln mit wissenschaftlichem Hintergrund und staatlicher Förderung.

Strukturell hat das Niederdeutsche zwar auch Gemeinsamkeiten mit dem Hochdeutschen, es ist diesem zum Beispiel deutlich ähnlicher als das zur Familie der romanischen Sprachen zählende Italienische. Neben den Gemeinsamkeiten, die das Deutsche aber zumindest zum Teil auch mit anderen germanischen Sprachen wie etwa dem Englischen verbindet, gibt es im Bereich der Laut- und Formenlehre wie im Bereich des Wortschatzes ganz erhebliche Unterschiede zwischen dem Niederdeutschen und dem Hochdeutschen. So heißt es im Hochdeutschen zum Beispiel *Pfad* (gegenüber niederdeutsch *Patt* oder englisch *path*), es heißt hochdeutsch *Zahn* (gegenüber niederdeutsch *Tähn* oder niederländisch *tand*) und hochdeutsch *machen* (gegenüber niederdeutsch *maken* oder englisch *make*). Auf Unterschiede im Bereich der Vokale weisen die niederdeutschen Formen *Been, Boom, Huus, fien* (hochdeutsch *Bein, Baum, Haus, fein*). Zahlreich sind auch die Unterschiede im Wortinhalt, zum Beispiel *achtern, binnen, Deern, Mauen* (hochdeutsch *hinten, drinnen, Mädchen, Ärmel*). Möglicherweise haben die beschriebenen strukturellen Differenzen zwischen Hoch- und Niederdeutsch die Herausbildung einer dialektnahen Misch- oder Übergangsform verhindert, wie es sie in anderen Mundartregionen des deutschen Sprachraums gibt.

Niederdeutsch, im frühen Mittelalter die nur in wenigen Zeugnissen schriftlich überlieferte Sprache der im norddeutschen Raum westlich der Elbe siedelnden Sachsen, entwickelte sich im Hoch- und Spätmittelalter zu einer im gesamten Ostseeraum gebrauchten Schreibsprache mit zumindest zeitweise relativ weit entwickelter Homogenität. In der frühen Neuzeit

Wechsel der Schriftsprache in Norddeutschland

In der mittelniederdeutschen Epoche (ca. 1225–1650) steigt der Gebrauch der niederdeutschen Schreibsprachen zunächst stark an. Im 16. Jahrhundert wird in zunehmendem Maße die hochdeutsche Schriftsprache im niederdeutschen Sprachraum verwendet. Seit dem 19. Jahrhundert spielt Niederdeutsch im Bereich der geschriebenen Sprache nur noch eine untergeordnete Rolle. Die Texte seit dieser Zeit sind in verschriftlichter Mundart niedergeschrieben.

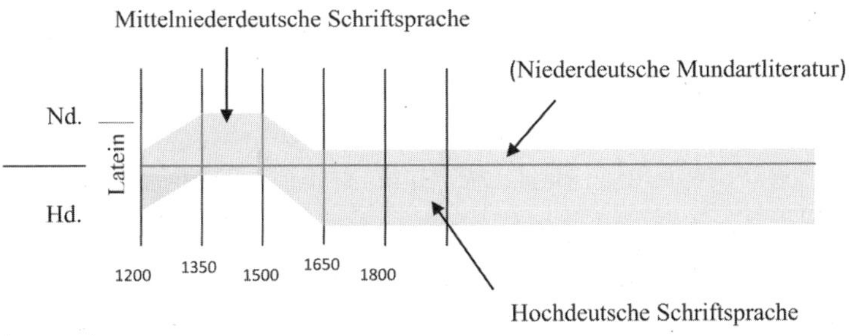

wurde im Bereich der Schriftlichkeit im niederdeutschen Sprachraum mehr und mehr die hochdeutsche Sprache übernommen. Seitdem bezeichnet „Niederdeutsch“ eine große Zahl von Dialekten mit sprachstrukturellen Gemeinsamkeiten im norddeutschen Raum. Sie sind in den Regionen des niederdeutschen Sprachraums in sehr unterschiedlichem Maße in Gebrauch. Während in ländlich geprägten und an der Peripherie liegenden Räumen wie Dithmarschen, Mecklenburg oder Ostfriesland bis ins 21. Jahrhundert ein relativ großer Bevölkerungsanteil regelmäßig Niederdeutsch spricht, geriet in anderen Gegenden wie etwa Ostfalen und großen Teilen Westfalens das Plattdeutsche bereits im 19. Jahrhundert weitgehend außer Gebrauch. Die Zahl der Sprecher, die über sehr gute Niederdeutsch-Kenntnisse verfügen und einen niederdeutschen Dialekt regelmäßig sprechen, liegt bei mehreren Millionen. Sie ist jedoch trotz institutionell gestützter Förderungsbemühungen rückläufig.

3. Wo wurde und wird Deutsch gesprochen?

Der Raum, in dem in der Gegenwart Deutsch gesprochen wird, ist nicht ganz einfach abzugrenzen. Häufig überlappen sich zum Beispiel die Verwendungsräume und -bereiche in den Zonen des Kontakts mit benachbarten Sprachen. Vielschichtig sind auch Ballungszentren, wo sich infolge wirtschaftlicher, religiöser oder kultureller Zusammenhänge ein Nebeneinander verschiedener Sprachen ergeben kann. Schließlich ist außerhalb des geschlossenen Sprachraums mit Sprechern in sogenannten „Sprachinseln" zu rechnen. Diese Phänomene kommen auch in der Gegenwart vor: Innerhalb einer gewissen Übergangszone wird jenseits der Staatsgrenze, etwa in den Niederlanden oder in Dänemark, in Geschäften mit entsprechendem Kundenanteil mehr oder weniger selbstverständlich auch Deutsch gesprochen. Blickt man nach Mallorca, dann findet man auf der liebsten Ferieninsel der Deutschen nicht nur Speisekarten und Werbetafeln, sondern auch Presseerzeugnisse und ein breit gefächertes Kulturprogramm in deutscher Sprache. In einzelnen Stadtteilen einiger deutscher Großstädte dagegen spielt die deutsche Sprache im Alltag der Bewohner nur eine untergeordnete Rolle, wenn etwa die Einkäufe beim Lebensmittelhändler oder der Schwatz mit dem Nachbarn ganz selbstverständlich in türkischer Sprache stattfinden.

Für die Verhältnisse in der Gegenwart mit ausgebauter Schriftlichkeit und zahlreichen politischen und behördlichen Instanzen hat sich die Differenzierung zwischen Standardsprache, Nationalsprache und Amtssprache bewährt. Dabei wird unter dem Begriff „Nationalsprache" die Verbindung zwischen einer standardisierten Sprache und einem Nationalstaat, mit dem Begriff „Amtssprache" die regelmäßige und gesetzlich legitimierte Verwendung der Sprache in behördlichen Zusammenhängen verstanden. Eine Standardsprache verfügt (im Gegensatz etwa zu einem Dialekt) über eine mehr oder weniger verbindliche und schriftlich kodifizierte Norm; sie wird nicht nur gesprochen, sondern auch als Schriftsprache verwendet. Deutsch ist im Jahr 2012 in vier Ländern nationale Amtssprache: Deutschland, Österreich, Schweiz und Liechtenstein. In Luxemburg hat Deutsch den Status einer Amtssprache, nicht aber den einer Nationalsprache. Im Osten Belgiens und in Südtirol schließlich hat Deutsch den Status einer regionalen Amtssprache.

Die deutsche Gegenwartssprache ist nicht nur nationale und regionale Amtssprache, sondern neben Englisch und Französisch eine der drei Arbeitssprachen der Europäischen Union. Die Arbeitssprachen sind offizielle und obligatorische Sprachen bei Verhandlungen und bei allen Veröffentlichungen der Europäischen Union. Rund 18 % der EU-Bevölkerung sprechen Deutsch als Muttersprache. Damit ist Deutsch die größte europäische Muttersprache (Englisch: 13 %, Französisch: 12 % der EU-Bevölkerung). Als Fremdsprache belegt Deutsch mit 12 % hinter Englisch (38 %) den Rang der am zweithäufigsten gesprochenen Sprache.

Bei näherem Hinsehen lassen sich zahlreiche Unterschiede zwischen den nationalen Ausprägungen der deutschen Standardsprache beobachten. So gibt es neben typisch deutschen Merkmalen, den sogenannten Teutonismen, auch Austriazismen (zum Beispiel *Schlagobers* 'Schlagsahne', *Karfiol* 'Blumenkohl', *Matura* 'Abitur' und *Paradeiser* 'Tomate'), die charakteristisch für die in Österreich gebräuchliche Variante der deutschen Standardsprache sind. Schließlich verfügt die Schweiz, wo neben dem Deutschen das Französische, das Italienische und das Rätoromanische als nationale Amtssprachen im Gebrauch sind, über ein eigenes Schweizer Hochdeutsch mit typischen Merkmalen, den sogenannten Helvetismen. Um diesen Umstand zu würdigen, wurde in Zusammenarbeit mit dem Schweizerischen Verein für deutsche Sprache im Jahr 2012 vom Duden-Verlag eine kleine Handreichung herausgebracht. Darin finden sich vor allem Besonderheiten im schweizerdeutschen Wortschatz (zum Beispiel *Abwart* 'Hausmeister', *Auffahrt* 'Christi Himmelfahrt', *Autocar* 'Reisebus', *hängig* 'unerledigt', *Pflichtenheft* 'Aufgabenbereich', *stoßend* 'ungerecht', *Tobel* 'enge Schlucht', *Unterbruch* 'Unterbrechung' und *zügeln* 'umziehen') und in der schweizerischen Orthographie (zum Beispiel Fehlen des *ß* – also regelgerechte Schreibungen wie *draussen* oder *Fuss*), aber auch Angaben zur Betonung, die im schweizerischen Hochdeutsch besonders häufig auf der ersten Wortsilbe liegt (zum Beispiel Ábteil, b́isher, H́ornisse, Ĺabor). Auch in der Formenlehre gibt es schweizerdeutsche Besonderheiten (zum Beispiel Plural *Departemente, Pärke, Spargeln* u. v. m.), und sogar im Bereich der Redensarten finden sich Helvetismen (zum Beispiel *weder Fisch noch Vogel* 'weder Fisch noch Fleisch' oder *die Faust im Sack machen* 'die Faust in der Tasche ballen').

Auch für die Sprachgeschichte sind Konstellationen mit vielschichtigen Sprachkontakten, Migrationsströmen und inselartiger Anordnung kleiner Sprachverwendungsräume in größeren Sprachlandschaften anzunehmen. Die Möglichkeit einer einfachen Abgrenzung ganz klarer Sprachverhältnisse stellt für die historischen Stufen und Vorstufen des Deutschen eher eine Ausnahme dar. Hinzu kommt, dass direkte Zeugnisse gesprochener Sprache vor der Erfindung der Aufnahmetechnik nicht konserviert werden konnten. Für die Zeit vor dem ausgehenden 19. Jahrhundert sind die Sprachhistoriker daher auf zeitgenössische Sprachbeschreibungen und auf die Erschließung lautlicher Gegebenheiten aus der schriftlichen Überlieferung angewiesen.

Der Beginn der deutschen Sprachgeschichte ist nicht genau zu bestimmen. Ab dem sechsten Jahrhundert dürften im fränkischen und alemannischen Raum althochdeutsche, im westfälischen, ostfälischen und niedersächsischen Raum altniederdeutsche Dialekte gesprochen worden sein. Diese Anfänge liegen vor dem Einsetzen der schriftlichen Überlieferung in deutscher Sprache. Sie lassen sich erschließen durch einzelne Wortbelege in lateinischen Texten. Die deutschen Dialekte dieser frühen Zeit dienten der Verständigung im unmittelbaren sozialen Umfeld der Sprecher. Sie bildeten keinen größeren zusammenhängenden Sprachraum, denn es gab weder Kommunikationswege noch in nennenswertem Umfang Anlässe, über die Grenzen des Familienverbandes oder der Dorfgemeinschaft hinausgehende Kontakte zu unterhalten. Innerhalb eines gewissen Umkreises war die Verständigung wegen der Ähnlichkeit der Mundarten vermutlich relativ leicht möglich. Dagegen dürfte die Verständigungsbarriere zu den Sprechern romanischer Idiome im Westen und Süden wie zu den im Osten angrenzenden slawischen Sprachen hoch gewesen sein. Im Nordwesten war die Distanz zu den friesischen Nachbaridiomen etwas geringer, und auch im Bereich der heutigen deutsch-dänischen Grenze könnte mit Sprechern des Altnordischen eine sehr elementare Verständigung funktioniert haben. Im hohen Mittelalter wurde der Raum östlich der Elbe von Sprechern deutscher Mundarten kolonisiert. Hier siedelten bis dahin vor allem Slawisch sprechende Polaben (*Labe* ist der slawische Name der Elbe). Es kam im Zuge der Ostkolonisation zu kriegerischen Auseinandersetzungen, doch gibt es gleichzeitig auch zahlreiche Indizien für ein friedliches Nebeneinander von Slawen und Germanen im Raum östlich der Elbe. Der Verbreitungsraum deutscher Dialekte jedenfalls wurde durch die Ostkolonisation stark ausgeweitet. Da die deutschsprachigen Siedler aus unterschiedlichen Herkunftsgebieten stammten, entstanden im Kolonialgebiet neue Dialekte, die einen Ausgleich bildeten. Das gilt für den mitteldeutschen Raum, wo die ostmitteldeutschen Mundarten (zum Beispiel Obersächsisch und Thüringisch) entstanden, wie für den niederdeutschen Raum, wo sich das Ostniederdeutsche (zum Beispiel Mecklenburgisch und Märkisch) herausbildete. Durch die Aktivitäten des Deutschen Ordens kam es im 13. und 14. Jahrhundert zu einer großen Zahl von Siedlungen im preußischen Raum und im Baltikum. Auch in das bis dahin dünn besiedelte Schlesien zogen zahlreiche deutschsprachige Siedler. Im Süden des Sprachraums erweiterte sich das Sprachgebiet bereits im 12. und 13. Jahrhundert als Folge von Neubesiedelung. Hier entstanden vielfach zunächst Sprachinseln, von denen manche bis heute erhalten sind: So wanderten in dieser Zeit deutschsprachige Siedler ins Burgenland und in einige norditalienische Gemeinden. Im südlichen Böhmen und Mähren ließen sich bayerische Auswanderer nieder. Am südöstlichen Rand der Hohen Tatra wurden in der Zips (heute zur Slowakischen Republik gehörend) im 12. Jahrhundert Bauern und im 13. Jahrhundert Bergleute aus dem deutschsprachigen Raum angesiedelt. In der Folge entwickelte sich in der Zips eine eigene Verwaltungsstruktur mit eigenem Recht und einem ausgebauten deutschen Schulwesen, das bis in das 20. Jahrhundert Bestand hatte. Zu Beginn des 14. Jahrhunderts kam es zu einer umfangreichen Besiedelung durch Kärntner und Tiroler in der Nähe der slowenischen Stadt Ljubljana.

Südlich ziehende Walser gründeten im Hochmittelalter deutschsprachige Siedlungen im Aostatal auf der Südseite der Alpen. Im heutigen Rumänien wurden seit dem 12. Jahrhundert Deutsche angesiedelt, die sogenannten Siebenbürger Sachsen, die vor allem aus dem mittelfränkischen Raum stammten. Sie wurden reformiert und gehören bis heute überwiegend der evangelischen Konfession an. Die Banater Schwaben dagegen, die sich im 18. Jahrhundert in dem seinerzeit zu Ungarn gehörenden, weiter westlich liegenden Raum niederließen, waren überwiegend katholisch. Sie stammten aus dem mitteldeutschen und dem oberdeutschen Raum.

Um die Mitte des 14. Jahrhunderts war die maximale Ausweitung des deutschen Sprachraums in Richtung Osten und Süden erreicht. Dabei waren nicht alle Regionen durch einen politischen oder kulturellen Zusammenhang miteinander verbunden. Kennzeichnend war im Gegenteil die große Vielfalt.

Heute wird Deutsch in vielen Teilen der Welt gesprochen. Die meisten Sprecher außerhalb des geschlossenen Sprachraums finden sich in den USA. Volkszählungen gegen Ende des 20. Jahrhunderts ergaben eine Zahl von über 49 Millionen US-Amerikanern mit deutscher Abstammung. Das ist (nach den Bürgern mit englischer Abstammung) die zweitgrößte nach ihrer Herkunft abgrenzbare Bevölkerungsgruppe der USA. Doch aus der Abstammung lässt sich nicht unmittelbar auf den Sprachgebrauch schließen, denn nur unter besonderen Bedingungen behalten Siedler über Generationen hinweg die Sprache ihres Herkunftslandes bei. Die wichtigsten Faktoren in diesem Zusammenhang sind die Besiedlungsform, die Besiedlungsdichte und die Pflege der kulturellen, insbesondere der religiösen Identität. So sicherte der dörfliche Zusammenhalt in Verbindung mit traditionellem Brauchtum und konfessionellen Besonderheiten an vielen Orten auch den Fortbestand der muttersprachlichen

Idiome. Die deutsche Standardsprache spielte dabei jedoch unter Umständen nur eine geringe oder auch gar keine Rolle. Noch im Jahr 1970 ergaben Befragungen, dass ca. 1,6 Millionen US-Amerikaner zu Hause Deutsch sprachen. Damit lag Deutsch (hinter Spanisch und Italienisch) an dritter Stelle. Bis heute gibt es acht deutschsprachige Zeitungen in den USA, darunter auch die älteste (1834 gegründete) „New Yorker Staats-Zeitung". Die größte deutschsprachige Zeitung der USA ist die in Chicago erscheinende „Amerika Woche" mit einer wöchentlichen Auflage von 50 000 Stück. Sie wurde erst 1956 gegründet und steht damit nicht in unmittelbarer Verbindung mit der Zeit der deutschen Masseneinwanderung in die USA im 19. Jahrhundert. Doch auch im 17. und 18. Jahrhundert wanderten bereits ca. 100 000 Deutsche, vor allem aus der Rheinebene, nach Amerika aus. Im 20. Jahrhundert emigrierten ca. 1,5 Millionen Deutsche in die USA. Die größten deutschstämmigen Bevölkerungsanteile gibt es in Kalifornien und Pennsylvania (nach Untersuchungen von 1985 jeweils ca. 8 % der Bevölkerung). Aus sprachhistorischer Sicht von besonderer Bedeutung ist auch die gezielte und konzentrierte Besiedelung durch deutsche Einwanderer in Texas um die Mitte des 19. Jahrhunderts. Es waren vor allem Elsässer, Rheinländer und Hessen, die sich hier niederließen. Vergleichsweise schnell entwickelte sich eine Ausgleichssprache, das sogenannte Texasdeutsch. Diese Varietät, die eigene grammatische Besonderheiten aufweist (zum Beispiel den Zusammenfall von Dativ und Akkusativ und einen relativ großen Anteil englischer Ausdrücke), wurde dabei als Verkehrssprache in Texas nicht nur von Sprechern deutscher Herkunft verwendet. In der Gegenwart spielt das Texasdeutsche im Alltag fast keine Rolle mehr. Es ist zum Gegenstand der Sprachpflege geworden und wird beinahe ausschließlich von älteren Sprechern verwendet.

Texasdeutsch

Well, ich hab da gewohnt bis ich fünf Jahre alt war. Und then mein Vater hat the Watkins Agency gehabt in Friederichsburg bevor das Gillespie County, das ganze County. Und wir haben die Watkins-Products gekauft in, in unserm Heim gehabt und ... verkauft für die Leute was in die Stadt gewohnt hat. Und mein Vater war die ganze Woch weg ... mit seine zwei cattle und nen Wagen und hat das alle verkauft. Und das war nicht viele Leute. Und dann ich war geboren und dann zwei Jahr später meine Swester. Und so meine Mutter ne jung verheiratete Frau da die ganze Woch immer allein mit die zwei Kinder. Auch denn noch die Leute in die Stadt kamen und haben Sachen gekauft. Ja, und well, das war nen bisschen zu viel for se.

Transkription nach einem Tondokument aus der zweiten Hälfte des 20. Jahrhunderts (http://www.tgdp.org/archive.php)

Pennsylvaniadeutsch

Der Piewie ('Kiebitz')
(von Henry Harbaugh, 1817–1867)

Piewie, Piewie, Piewittitie!
Ei, Piewie, bischt zerick?
Nau hock dich uff der Poschde hie
Un sing dei Mariyeschtick.

Hoscht lang verweilt im Summerland,
Bischt seit Oktower fatt;
Bischt drunne aardlich guud bekannt?
Wie geht's de Veggel datt?

Plautdietsch

Onns Foda em Himel!

Dien Nomen saul heilich jehoolen woaren.
Lot dien Rikj komen, en dien Welen opp Eaden jrod soo
jedonen woaren aus em Himel.
Jef onns daut Broot, daut wie fonnduog bruken.
Fejef onns onnse Schullt,
soo aus wie dee fejäwen dee sikj aun onns feschulldicht haben.
Brinj onns nich en Feseakjunk,
oba bewoa onns fa dän Beesen.
Dan daut Rikj
en de Krauft en de Harlichkjeit
sent eewich diene.
Amen.

(Aus: Daut Niehe Tastament Plautdietsch)

Auch in Pennsylvania bildete sich eine eigene dialektale Mischform auf der Grundlage des Pfälzischen und des Alemannischen heraus. Dies geschah bereits im 17. und 18. Jahrhundert. Pennsylvaniadeutsch wird bis heute gesprochen, die Sprecherzahl ist jedoch rückläufig. Dass die Sprache bis heute eine gewisse Verbreitung hat, hängt nicht zuletzt mit den Religions- und Lebensgemeinschaften der Amish People und der Mennoniten zusammen. In diesen Gruppen wird die Sprache nach wie vor gepflegt. So gibt es auch einen pennsylvaniadeutschen Ableger der Online-Enzyklopädie Wikipedia.

In Australien ist der Gebrauch der deutschen Sprache in den letzten Jahren deutlich zurückgegangen. Nach einer ersten deutschen Einwanderungswelle ab 1830, die vor allem die Gebiete South Australia, Queensland, New South Wales und Victoria betraf, und einem zeitweiligen Einwanderungsverbot für Deutschstämmige ließen sich vor allem ab der Mitte des 20. Jahrhunderts viele Deutsche in Australien nieder. Schätzungen Ende des 20. Jahrhunderts ergaben eine Zahl von über 600 000 Australiern mit deutscher Abstammung. Aus dem Alltag ist das Deutsche hier weitgehend verschwunden, doch erscheint bis heute in Sydney die deutschsprachige Wochenzeitung „Die Woche in Australien".

In Südamerika sind Brasilien und Argentinien die Länder mit dem größten Anteil deutscher Zuwanderer, die zu unterschiedlichen Zeiten hierher emigrierten. Der Anteil an der Gesamtbevölkerung ist jedoch insgesamt eher gering. Die deutsche Sprache wurde überwiegend im privaten Bereich, vor allem in den Familien, verwendet. In Brasilien spielt das Deutsche bis heute im Zusammenhang mit dem evangelischen Gottesdienst eine gewisse Rolle; außerdem gibt es zwei deutschsprachige Wochenzeitungen, die „Brasil Post" und die „Deutsche Zeitung", die beide in São Paulo erscheinen. In Argentinien ließen sich die meisten deutschen Zuwanderer im Großraum Buenos Aires nieder. Auch hier zeigt sich der trotz deutlichem Rückgang immer noch sichtbare Stellenwert des Deutschen am Fortbestehen der (mittlerweile wöchentlich erscheinenden) deutschsprachigen Zeitung „Argentinisches Tageblatt".

Als im 19. Jahrhundert deutsche Kolonien gegründet wurden, erlangte die deutsche Sprache auf dem afrikanischen Kontinent eine gewisse Verbreitung. Da nach dem Ende des Ersten Weltkriegs durch den Vertrag von Versailles die Auflösung der deutschen Kolonien verfügt wurde, blieb es in Kamerun und Tansania („Deutsch-Ostafrika") bei einer relativ kurzen Periode mit einem nennenswerten Stellenwert des Deutschen im Alltag. In Namibia („Deutsch-Südwestafrika") dagegen gibt es bis heute eine deutschsprachige Tageszeitung, die in Windhoek erscheinende „Allgemeine Zeitung“. Die Zahl der deutschsprachigen Muttersprachler in Namibia wird auf ca. 25 000 geschätzt. Deutsch hat hier (neben dem Afrikaans und sieben afrikanischen Sprachen) den Status einer Nationalsprache; Amtssprache ist Englisch. Es gibt deutsche Schulen und auch ein deutschsprachiges Radio- und Fernsehprogramm.

Eine große Zahl deutschstämmiger Auswanderer lebte bis zum Ende des 20. Jahrhunderts in der ehemaligen Sowjetunion. Volkszählungen in den 80er Jahren des 20. Jahrhunderts kamen auf eine Zahl von ca. zwei Millionen. Ihre Vorfahren waren im 18. und 19. Jahrhundert aus der Pfalz, aus Württemberg und aus Hessen als Siedler ins russische Zarenreich gekommen. Ursprünglich war ein Schwerpunkt der deutschen Besiedelung am Mittellauf der Wolga („Wolgadeutsche“), doch während des Zweiten Weltkriegs wurden die Wolgadeutschen vor allem nach Kasachstan und nach Sibirien umgesiedelt. Dort passten sich die Nachkommen der Siedler sprachlich mehr und mehr an, das Deutsche verlor an Bedeutung. Nach der Auflösung des Ostblocks nutzten viele Deutschstämmige die Möglichkeit, sich in Deutschland niederzulassen. Ihre Muttersprache ist Russisch, vielen von ihnen ist das Deutsche weitestgehend fremd. Seit Neuestem hat infolge der großen Zahl von Zuwanderern aus diesem Raum das Russische den Platz der in Deutschland am stärksten vertretenen Zuwandererprache eingenommen (und damit das lange an dieser Position stehende Türkische verdrängt).

Eine besondere Rolle kommt im Zusammenhang mit Emigration und der Entstehung deutscher Sprachinseln einer niederdeutschen Mundart zu, dem sogenannten Plautdietsch. Diese Sprache wurde ursprünglich im Weichseldelta gesprochen und von Angehörigen der Glaubensgemeinschaft der Mennoniten in deren neue Heimat mitgenommen, als sie im 16. und 17. Jahrhundert nach Russland sowie nach Nord- und Südamerika auswanderten. Wegen ihrer besonders ausgeprägten Religiosität und des darauf gründenden kulturellen Selbstbewusstseins war ihr Kontakt nach außen lange Zeit relativ eingeschränkt. Ihre Sprache blieb dadurch weitgehend unverändert. Eine große Zahl von Sprechern des Plautdietschen kam Ende des 20. Jahrhunderts aus der ehemaligen Sowjetunion nach Deutschland. Viele von ihnen leben heute im Raum Ostwestfalen-Lippe. Es gibt mittlerweile ein gut organisiertes Netz von Institutionen zur Pflege des Plautdietschen.

4. Latein, Jiddisch, Englisch: Wie beeinflussen andere Sprachen das Deutsche?

Sprache ist vor allem ein Medium zur Übermittlung von Informationen. Sie dient der Verständigung und wird im täglichen Gebrauch immer wieder den aktuellen Gegebenheiten angepasst. Dadurch verändert sich die Sprache, und es bilden sich neue Varianten heraus. Die ursprüngliche Identität weicht einem Nebeneinander ähnlicher Formen. Mit der Zeit wird die Ähnlichkeit geringer, sie ist am Ende kaum noch zu erkennen. Das ist sehr eindrucksvoll an dem Gegenüber von lateinisch *lana* und deutsch *Wolle* zu sehen, die beide dasselbe bedeuten und auf dieselbe Ausgangsform (**uulhna*) zurückgeführt werden können. Die über einen langen Zeitraum getrennt verlaufenden Sprachwandelprozesse haben hier ihre Spuren hinterlassen und für eine sehr unterschiedliche äußere Form gesorgt. Die große Gruppe der indoeuropäischen oder indogermanischen Sprachen, zu denen auch das Deutsche gehört, umfasst neben der indischen und der germanischen Sprachfamilie auch die der slawischen, der romanischen, der baltischen, der keltischen und einiger weiterer Sprachen. Die gemeinsamen Wurzeln der indogermanischen Sprachen reichen bis ins vierte Jahrtausend vor unserer Zeitrechnung zurück. In bestimmten Wortschatzbereichen ist die Verwandtschaft bis heute gut zu erkennen. Die Übereinstimmungen finden sich vor allem im Bereich elementarer Dinge wie zum Beispiel in Bezeichnungen für Körperteile (griechisch *keras*, lateinisch *cerebrum*, hochdeutsch *Hirn*; altindisch *dan*, lateinisch *dens*, altirisch *det*, hochdeutsch *Zahn*) oder für Familienmitglieder (altindisch *pita*, lateinisch *pater*, hochdeutsch *Vater*; altindisch *svasar*, lateinisch *soror*, hochdeutsch *Schwester* usw.).

Neben diesen sehr alten Übereinstimmungen, die sich bis zu den gemeinsamen Ursprüngen zurückverfolgen lassen, gibt es auch deutlich jüngere Entsprechungen zwischen Elementen aus verschiedenen Sprachen. Diese Entsprechungen gehen auf Sprachkontakte zurück. Sie sind nicht nur ein Ausdruck modischer Strömungen, die häufig zugleich die Folge einer bestimmten kulturellen Ausrichtung sind, sondern auch aus der Praxis resultierende Bezeichnungen von Gegenständen oder Gedanken und Vorstellungen. Sobald über neuartige Dinge (wie etwa in der Automobilindustrie ein Bremssystem, das das gefährliche Blockieren der Räder verhindert) gesprochen bzw. geschrieben werden soll, muss ein passender Ausdruck gefunden werden (im Beispiel das Wort *Antiblockiersystem*, kurz *ABS*). Dabei haben die Sprecher grundsätzlich drei Möglichkeiten: Entweder wird ein neues Wort geschöpft (zum Beispiel Pippi Langstrumpfs Erfindung *Spunk*), oder das neue Wort wird mit Hilfe von Wortbildungselementen aus einem bereits vorhandenen Wortstamm abgeleitet (zum Beispiel *freundlich* aus *Freund* und *-lich*). Die dritte Möglichkeit besteht darin, die Bezeichnung für den neuen Gegenstand aus einer anderen Sprache zu übernehmen (zum Beispiel *Computer*). Gerade der letztgenannte Weg wird häufig gewählt. Denn Neuerungen werden meistens in vermittelter Form aufgenommen und sind dadurch mit einem Wort aus einem anderen Umfeld, nicht selten mit einem Wort einer anderen Sprache, verbunden. Durch solche Phänomene wird eine Sprache (die Nehmersprache) von einer anderen Sprache (der sogenannten Gebersprache) beeinflusst. Sprachkontakt kommt auf verschiedenen Wegen zustande, vor allem natürlich zwischen Nachbarsprachen. Daneben kann Sprachkontakt durch Handel, Wanderung, Krieg oder Kolonisierung bedingt sein. Traditionell wird nach dem Grad der Eingliederung in das System der Nehmersprache zwischen (weitgehend angepassten) Lehnwörtern und (weitgehend die Form der Gebersprache bewahrenden) Fremdwörtern unterschieden. So ist Wörtern wie *Brief,*

Engel, Gasse, Kirsche, Kiste, Kloster, Kreuz, Meile, Pflaume, Pfund, Sack, Straße, Zelle, Ziegel und *Zwiebel* ihre lateinische Herkunft nicht anzusehen. Sie sehen aus und klingen wie ererbte Wörter (zum Beispiel *Bauch, Bein, Bruder, Ehe, Leber, Mutter, Vater,* usw.). Dagegen sind Wörter wie *Bourgeoisie, Chauvinismsus, Cutter, Persiflage, Piercing, Piano, Public Viewing, Stuntman* usw. nur wenig oder gar nicht in das System der deutschen Sprache integriert. Das gilt für das Schriftbild wie für die Lautgestalt, aber auch für Aspekte der Formenlehre, etwa die Bildung des Plurals oder bestimmter Kasusformen. Sie sind bestimmt durch die Gebersprache und haben im Deutschen den Charakter eines Fremdworts. Betrachtet man die Fremdwörter im Einzelnen, dann stößt man leicht auf Übergangsphänomene. So werden in der deutschen Alltagssprache für die populären italienischen Heißgetränke kaum noch die ursprünglichen Pluralformen *Espressi* bzw. *Cappuccini* verwendet, sondern – nach deutschem Muster – die Formen *Espressos* bzw. *Cappuccinos* gebildet, ganz entsprechend verhält es sich mit dem Plural von *Pizza* (italienisch *pizze,* deutsch *Pizzas*) oder *Döner* (türkisch *Dönerler,* deutsch *Döner*). Auch im Bereich der bildungssprachlichen Fremdwörter sind solche Prozesse zu beobachten: Neben den in der Gebersprache grammatisch korrekten und deshalb zunächst auch im Deutschen ausschließlich gebräuchlichen Pluralformen *Kommata* und *Schemata* setzen sich die im Deutschen häufigeren Muster (wie bei *Cola, Kobra, Lama, Mama, Oma*) entsprechenden Plurale *Kommas* und *Schemas* durch.

Das sprachliche Zeichen hat zwei Seiten: eine Inhaltsseite (Bedeutung) und eine Ausdrucksseite (Laut- bzw. Schriftgestalt). Nicht immer entspricht eine Einheit auf der Ausdrucksseite genau einer Einheit auf der Inhaltsseite und umgekehrt – anders ausgedrückt: Ein Wort hat nicht immer nur genau eine Bedeutung, während es für diese Bedeutung häufig auch nicht nur ein

Wort gibt. Aus der täglichen Erfahrung ist bekannt, dass es zahlreiche Überschneidungen in beiden Richtungen gibt, wie zum Beispiel der Ausdruck *Ball* sowohl ein Spiel- und Sportgerät als auch eine Tanzveranstaltung bezeichnet. Anderseits kann man das technische Gerät, mit dessen Hilfe man von einem Stockwerk zum anderen gelangt, ebensogut *Fahrstuhl* wie *Aufzug* nennen. Die sprachwissenschaftliche Terminologie spricht in diesem Fall von Synonymie, während die Mehrdeutigkeit von *Ball* als Homonymie bezeichnet wird. Dass die Verhältnisse nicht immer als Eins-zu-eins-Relation zu beschreiben sind, hat auch Folgen beim Sprachkontakt. Im einfachsten Fall wird ein sprachliches Zeichen als Komplex von Ausdruck und Inhalt von einer Sprache in die andere Sprache übernommen. Diese Konstellation besteht beim klassischen Fremdwort und beim Lehnwort. Dass die Lautgestalt des Fremdworts verändert und den Gegebenheiten der Nehmersprache angepasst wird, ändert daran nichts. So wurde zum Beispiel in der Zeit der Christianisierung das lateinische Wort *calix* mit der Bedeutung 'Kelch' ins Deutsche übernommen. Durch Lautwandelprozesse wurde das Wort zu seiner heutigen deutschen Lautgestalt *Kelch* umgeformt. Es bezeichnet nach wie vor das zu liturgischen Zwecken gebrauchte Trinkgefäß. Bei der Lehnprägung dagegen wird nur der Inhalt aus der Gebersprache übernommen. Der Ausdruck kann einerseits neu gebildet werden (zum Beispiel *Halbwelt* wörtlich übersetzt nach französisch *demi-monde*) oder er wird etwas freier nachgebildet (zum Beispiel *Wolkenkratzer* nach englisch *sky-scraper*, eigentlich 'Himmelskratzer'). Dann spricht man von Lehnübersetzung oder Lehnübertragung. Anderseits kann nach dem Vorbild der Gebersprache die Bedeutung eines vorhandenen Wortes erweitert werden, wie zum Beispiel bei dem Wort *Wanze*: Ursprünglich bezeichnete der Ausdruck nur das Insekt aus der Ordnung der Schnabelkerfe. Nach dem Sprachgebrauch im Englischen, wo der Ausdruck *bug* sich auch auf ein elektronisches Abhörgerät bezieht, wurde dann die Bedeutung im Deutschen erweitert. In solchen Fällen spricht man von Lehnbedeutung.

Sprachkontakt geht häufig mit Zweiprachigkeit einher. Entlehnungen stellen dabei eine Art Verständigungsbrücke zwischen den Sprachen dar. Wenn von Zweisprachigkeit die Rede ist, so können damit sehr unterschiedliche Erscheinungen verbunden sein: Bilingualismus bezeichnet die individuelle Zweisprachigkeit, also die Tatsache, dass eine Person über zwei Sprachen verfügt, wobei auch Abstufungen möglich sind und nicht erst beim perfekten Beherrschen beider Sprachen von Bilingualismus gesprochen wird. Diglossie dagegen bezeichnet die Konstellation der gesellschaftlichen Zweisprachigkeit. Dabei sind in einer Gesellschaft zwei Sprachen nebeneinander in Gebrauch, und jede der beiden Sprachen hat ihren spezifischen Verwendungsbereich. Während die eine Sprache (die sogenannte High Variety) für offizielle Anlässe, für die Bereiche Schule, Bildung und Hochkultur sowie als Schriftsprache genutzt wird, steht die andere Sprache (die sogenannte Low Variety) für familiäre und private Zusammenhänge zur Verfügung, wird in Kommunikationssituationen genutzt, die mit Traditionspflege, Alltagskultur und eher schriftfernen Gegenständen zu tun haben. Zwar geht Diglossie häufig mit Bilingualismus einher, doch ist umgekehrt Bilingualismus selbstverständlich auch ohne Diglossie anzutreffen.

In welcher Richtung und in welchem Umfang es in Sprachkontaktsituationen zu Entlehnungen kommt, hängt maßgeblich vom Unterschied der kulturellen Niveaus ab. In der Regel werden Elemente aus der Sprache entlehnt, die im jeweiligen Bereich über ein ausgebauteres Repertoire verfügt. Diese Differenziertheit wiederum ist häufig Ausdruck eines gewissen kulturellen Vorsprungs, der den Sprechern der Gebersprache beigemessen wird. Das gilt bei den zahlreichen frühen Entlehnungen aus dem Lateinischen, als den Germanen die Überlegenheit der Römer im Bereich Hausbau, Wohnkultur, Handel und Verkehr deutlich wurde und sie Lehnwörter wie *Fenster, Frucht, Kalk, Kelter, Korb, Küche, Mauer, Most, Münze* und *Straße* (aus lateinisch *fenestra, fructus, calx, calcatura, corbis, cocina, murus, mustum, moneta, strata*) übernahmen. In ähnlicher Weise gilt das Prinzip der Orientierung am Vorsprung der Gebersprache auch heute, wenn etwa im Bereich der Popmusik, des Showgeschäfts oder der Computertechnologie zahlreiche Fremdwörter aus dem Englischen ins Deutsche übernommen werden: *Internet, Keyboard, Late Night Show, Monitor, Rap, Stream, Talk* usw. Im Bereich der Mode und der feinen Küche dagegen gilt Frankreich als führend. So gibt es hier besonders viele französische Fremd- und Lehnwörter, zum Beispiel *Delikatesse, Garderobe, Konfitüre, Manschette, Ragout* usw. Aus dem Italienischen schließlich wurden in der Vergangenheit zahlreiche Wörter im Bereich der Architektur, der Malerei und der Musik entlehnt: *Aquarell, Arie, Arkade, Fresko, Loggia, Pastell, Tremolo* usw.

Im norddeutschen Raum bildete sich nach dem Wechsel von der niederdeutschen zur hochdeutschen Schreibsprache im 16. und 17. Jahrhundert die Situation einer medialen Diglossie heraus: Während weiterhin bis ins 19. Jahrhundert hinein im Bereich der alltäglichen mündlichen Kommunikation fast ausnahmslos die verschiedenen niederdeutschen Dialekte gesprochen wurden, fand im Bereich der schriftlichen Kommunikation genauso konsequent das Hochdeutsche Verwendung. Der Sprachkontakt zwischen Niederdeutsch und Hochdeutsch war dadurch besonders intensiv. Er schlägt sich in einer relativ großen Zahl von Entlehnungen in das Hochdeutsche nieder (zum Beispiel *Bagger, Damm, Deich, Ebbe, echt, Hafen, Lippe, Makler, Paddel, pusten, schlapp, spuken, Stapel, Ufer, Ware, Wrack, wringen*).

Einen besonderen thematischen Schwerpunkt bilden dabei die Wörter, die mit Seefahrt, Wasserbau, Handel und Recht zu tun haben. In einigen Fällen wurden Wörter niederdeutscher Herkunft auch in andere europäische Sprachen übernommen, zum Beispiel geht das französische Wort *bivouac* auf niederdeutsches *biwake* (wörtlich: 'Beiwache') zurück. Aus dem Französischen, wo sich die Spezialbedeutung 'Nachtlager im Freien' herausgebildet hatte, wurde das Wort dann wieder ins Hochdeutsche entlehnt. Auch auf der Ebene der Morphologie gibt es niederdeutsche Spuren in der deutschen Gegenwartssprache. So geht geht die Pluralbildung mit *-s* auf niederdeutschen Einfluss zurück, die sich im heutigen Hochdeutsch bei vielen Wörtern, insbesondere auch bei Neubildungen und Entlehnungen findet: *Autos, Grills, Käppis, Omas, Tanks, Tabus, Uhus* usw. Ist diese Art der Pluralbildung im Hochdeutschen noch relativ neu, so findet sie sich im Niederdeutschen von alters her. Dort heißt es *Buddels* 'Flaschen', *Büdels* 'Beutel', *Bäckers, Jungs, Ministers, Wracks* usw.

Eine besondere Rolle als Gebersprache kommt dem Jiddischen in der deutschen Sprachgeschichte zu. Einerseits ist die Zahl der aus dem Jiddischen stammenden Entlehnungen sehr groß (zum Beispiel *dufte, kess, Massel, mauscheln, mies, Mischpoche, Pleite, schmusen, Stuss, Tacheles, Zocker, Zoff* u.v.m.), anderseits sind jiddische Elemente auf verschiedenen Wegen ins Deutsche gelangt. Zunächst ist festzuhalten, dass das Jiddische selbst ein Produkt des Sprachkontakts ist. Der Grundbestand des Jiddischen ist deutscher Herkunft. Die Sprache entstand, als die seit dem frühen Mittelalter in Deutschland lebenden Juden deutsche Dialekte als Verkehrssprachen übernahmen. Durch ihre eigene traditionelle Schul- und Schriftkultur behielt auch die von ihnen gesprochene Variante des Deutschen ihr typisches Gepräge mit zahlreichen hebräischen Elementen. Seit dem 13. Jahrhundert gibt es jiddische Texte, die in hebräischer Schrift notiert wurden. Als im späten Mittelalter viele Juden nach Osteuropa auswanderten, wurde ihre Sprache von den weiteren Entwicklungen, die das Deutsche seitdem genommen hat, abgeschnitten. Außerdem wurden slawische Einflüsse aufgenommen. Damit konserviert das Jiddische einen aus der Zeit des späten Mittelhochdeutschen stammenden Lautstand. Während die eigene Sprache der Juden in Deutschland infolge der starken Anpassung an das sprachliche Umfeld im 19. Jahrhundert weitgehend verlorenging, wurde das Jiddische in Osteuropa zur Kultursprache ausgebaut. Durch Wanderungs- und Fluchtbewegungen gelangte das Jiddische später nach Westeuropa und nach Nordamerika. Dort hat es bis heute den Status einer Literatur- und Schriftsprache. Die Wege, über die Entlehnungen aus dem Jiddischen ins Deutsche gelangten, waren sehr unterschiedlich. Es gab auf der einen Seite ein ausgeprägtes wissenschaftliches Interesse an der Sprache der Juden. Auf der anderen Seite war Jiddisch in einigen Bereichen des Handels weit verbreitet und beeinflusste stark die in der frühen Neuzeit entstehenden Fachsprachen. Gleichzeitig war in bestimmten Zusammenhängen die mit jiddischen Formen verbundene Unverständlichkeit sehr willkommen, um die Weitergabe von Geheimwissen auf einen kleinen Kreis Eingeweihter zu beschränken. Es ist daher nicht verwunderlich, dass jiddische Ausdrücke in größerer Zahl in das sogenannte Rotwelsche, die Sondersprache der Kleingewerbetreibenden, der Vaganten, Gauner, Gaukler und Dirnen integriert wurden.

Nicht nur nach Sachgebieten lässt sich eine Verteilung der verschiedenen Gebersprachen feststellen, sondern auch hinsichtlich ihrer zeitlichen Schwerpunkte. So hat die Zahl der Entlehnungen aus dem Englischen, das in der Gegenwart zweifellos die mit Abstand bedeutendste Gebersprache ist, zwar vom 16. Jahrhundert an kontinuierlich zugenommen, doch machten die Anglizismen für den Zeitraum bis zum 19. Jahrhundert nur einen äußerst geringen Anteil von weniger als 5 % aller Entlehnungen aus. Bis ins 17. Jahrhundert war das Lateinische dominant bei den Entlehnungen ins Deutsche. Danach geht die Zahl der Latinismen deutlich zurück, und das Französische rückt bis zum Anfang des 19. Jahrhunderts an die erste Stelle. Gehobenes Bürgertum und Adel sorgten mit ihrer Vorliebe für französische Lebensart auch für die Pflege der Konversation und der Korrespondenz in französischer Sprache. Zugleich blieb es nicht ohne Wirkung, dass es gerade die oberen sozialen Schichten waren, die in besonderer Weise mit dem Französischen verbunden waren. Dies änderte sich im Zusammenhang mit der frühen Industrialisierung, denn dadurch wuchs schnell die wirtschaftliche und politische Bedeutung Englands. In der Folge setzte sich ab der Mitte des 19. Jahrhunderts Englisch mehr und mehr als die wichtigste moderne Fremdsprache in Deutschland durch. Auch wenn es im Detail schwierig ist, die Ergebnisse der zahlreichen Untersuchungen zu vergleichen, die in den letzten Jahren zum Thema Anglizismen im Deutschen entstanden sind, so lässt sich doch zusammenfassend feststellen, dass die Zahl der Entlehnungen aus dem Englischen seit dem 19. Jahrhundert kontinuierlich angestiegen ist und dass die Anglizismen die mit Abstand größte Gruppe der Entlehnungen aus fremden Sprachen ausmachen. Das hängt selbstverständlich auch mit der weltpolitischen Rolle der USA und den Tendenzen einer allgemeinen Globalisierung zusammen. Zudem können viele Anglizismen in der Gegenwart besser als Internationalismen beschrieben werden, denn sie gehen gar nicht direkt auf kulturellen Einfluss Englands oder der USA zurück. Vielmehr hängen sie mit dem Charakter des Englischen als Weltsprache zusammen.

In der öffentlichen Diskussion wird in der Gegenwart häufig die große Zahl der aus dem Englischen entlehnten Formen

(Anglizismen) beklagt. Sprachkritiker sehen darin eine Verarmung der Ausdrucksmöglichkeiten und einen Verfall der Sprachkultur. Sie stehen damit in der Tradition des Sprachpurismus, der zum ersten Mal im 17. und 18. Jahrhundert im deutschsprachigen Raum um sich griff und zur Gründung verschiedener Sprachgesellschaften führte. Diese Gesellschaften (zum Beispiel die „Fruchtbringende Gesellschaft", gegründet in Weimar 1617, oder der „Elbschwanenorden", gegründet in Wedel bei Hamburg 1656) hatten die Reinhaltung der deutschen Sprache und die Abwehr fremder Formen zum Ziel. Ihre Mitglieder erarbeiteten Vorschläge, nach denen zum Beispiel das (aus dem Lateinischen übernommene) Wort *Kloster* durch die Ersatzform *Jungfernzwinger* oder *Fenster* durch *Tagleuchter* ersetzt werden sollte. Doch neben diesen eher skurrilen und in der Praxis nicht durchsetzbaren Neuschöpfungen gab es auch eine ganze Reihe von inzwischen längst etablierten Übersetzungen aus dem Umfeld der Sprachgesellschaften: *Briefwechsel* (statt *Korrespondenz*), *Fernglas* (statt *Teleskop*), *Grundstein* (statt *Fundament*), *Nachruf* (statt *Nekrolog*) u. v. m. Hintergrund der sprachpflegerischen Bemühungen war der in dieser Zeit stark ansteigende Anteil lateinischer und französischer Entlehnungen ins Deutsche. Im Vergleich zu der beschriebenen Situation vor knapp 400 Jahren sind die Sprachpfleger heute zwar weder institutionell noch programmatisch im gleichen Maße organisiert, doch stoßen ihre Äußerungen unter bestimmten Umständen auf relativ große öffentliche Resonanz. So wird mancherorts die englische Form *Public Viewing* durch *Rudelgucken, E-Mail* durch *elektronische Post* oder *E-Post* und *Minijob* durch *Niedriglohnarbeitsplatz* ersetzt. Ob die Bemühungen der Sprachpfleger eine breitere Wirkung entfalten werden, darf als fraglich angesehen werden.

Nicht nur der Wortschatz wird durch Kontakt zu fremden Sprachen beeinflusst. Betroffen ist beispielsweise auch der Bereich der Wortbildung. So geht das Wortbildungselement *-er* in Formen wie *Bäcker, Gärtner, Halter, Läufer, Schläger, Träger* usw. auf das lateinische Wortbildungselement *-arius* (zum Beispiel in *molinarius* 'Müller' oder *sagittarius* 'Schütze') zurück. Sehr produktiv in der deutschen Wortbildung ist auch das Element *-ieren*, mit dem verbale Ableitungen gebildet werden können, zum Beispiel *filetieren* zu *Filet, fragmentieren* zu *Fragment, modellieren* zu *Modell* usw. Das Wortbildungselement *-ieren* wurde bereits in mittelhochdeutscher Zeit aus dem Französischen übernommen. Ebenfalls aus dem Französischen stammen die Wortbildungselemente *-eur* (in *Kontrolleur, Friseur, Spediteur* usw.), *-age* (in *Massage, Montage, Spionage* usw.), *-ös* (in *mysteriös, nervös, tendenziös, voluminös* usw.). Das englische Wortbildungselement *-ing* ist möglicherweise gerade auf dem Weg, in das deutsche System integriert zu werden. Formen wie *Casting, Dribbling, Piercing, Stalking, Taping, Walking* usw. werden mehr und mehr als Ableitung zu bereits integrierten Verben (*casten, dribbeln, piercen, stalken, tapen, walken* usw.) verstanden. Bis zur Bildung von Ableitungen auf *-ing* mit deutschen Stämmen wäre es nur noch ein kurzer Weg. So sind Ableitungen wie *Dehning* zu *dehnen, Fülling* zu *füllen* oder *Kipping* zu *kippen* denkbar.

Sieht man einmal von den Wörtern ab, die sich zusammen mit den Spezialitäten aus türkischen Restaurants und Imbissbuden im Deutschen etabliert haben (*Döner, Joghurt, Köfte, Lahmacun, Pide* usw.), so ist der Anteil jüngerer Entlehnungen aus dem Türkischen im Deutschen eher gering. Zwar hat sich vor allem unter Jugendlichen in einigen Regionen eine türkisch-deutsche Kontaktsprache entwickelt, die auch von Jugendlichen mit deutscher Muttersprache verwendet wird, doch ist davon bisher nur wenig in die Allgemeinsprache eingedrungen. Als Beispiel kann das türkische Wort *lan* 'Mann' angeführt werden, das im Gespräch in etwa die Bedeutung 'ey, los jetzt' hat. In der frühen

Neuzeit gelangte das Wort *Horde* aus dem Türkischen über die Vermittlung des Polnischen ins Deutsche, das Wort *Dolmetscher* (aus türkisch *dilmaç* 'Vermittler') kam über das Ungarische oder das Russische ins Deutsche. Auch das Türkische selbst fungierte vielfach als Vermittler vor allem persischer Wörter wie zum Beispiel *Kaviar* oder *Kiosk*.

Andere Sprachen beeinflussen auf vielfältige Weise die verschiedenen Ebenen des Deutschen. Sprachkontakte der beschriebenen Art sind Ausdruck eines kulturellen Austausches über Sprachgrenzen hinweg. Selbstverständlich fungiert auch das Deutsche als Gebersprache, was man leicht an Beispielen wie englisch *kindergarten* 'Kindergarten', französisch *handball* 'Handball', polnisch *abszyt* 'Abschied', russisch *buchhalter* 'Buchhalter' oder tschechisch *plech* 'Blech' ablesen kann.

II. Der Wandel der deutschen Sprache und ihrer Formen

1. Sprache ändert sich: mal schneller, mal langsamer, mal gar nicht. Warum?

In der Sprechergemeinschaft wird die Veränderung von Sprache in der Regel nur dann bemerkt, wenn ein als negativ empfundenes Phänomen wie das Schwinden des Genitivs oder bei den Verben die Ersetzung von starken Präteritumformen (*buk*) durch schwache (*backte*) allgemeine Verbreitung findet. Der lexikalische Wandel, das heißt das Veralten und Schwinden von Wörtern sowie vor allem die Aufnahme neuer Wörter in den Wortschatz, war von jeher besonders auffällig. Nicht erst mit den Diskussionen um die „Anglisierung" des Deutschen in jüngerer Zeit ist der Bereich des Sprachkontakts und der Integration von Lehnwörtern in den Vordergrund gerückt. Schon die im 17. Jahrhundert entstandenen Sprachgesellschaften setzten sich kritisch mit den Lehnwort- und Dialekteinflüssen auf die deutsche Sprache auseinander. Nur war es damals nicht die englische Sprache, sondern das Französische und andere romanische Sprachen, die Grund der Klage waren. So polemisierte Mitte des 17. Jahrhunderts Hohann Michael Moscherosch in seinem Werk „Wunderliche und warhafftige Gesichte Philanders von Sittewald": „der

Ehrliche Teutsche Michel hab euch Sprachverderbern / Welschen Cortisanen / Concipisten / Cancellisten / die ihr die alte Mutter=sprach mit allerley frembden Lateinischen / Welschenn / Spannischen und Frantzoͤsischen Woͤrtern so vielfaltig vermischet / verkehret und zerstoͤret; so/ daß sie ihr selbst nicht mehr gleich siehet / und kaum halb kan erkant werden." Klagen über den Verfall der Sprache, die „Überfremdung" sind also nicht neu. Kolumnen und Bücher wie „Der Dativ ist dem Genitiv sein Tod" von Bastian Sick erfreuen sich großer Beliebtheit und zeugen zum einen davon, dass sich Sprache wandelt, denn Unsicherheiten des Gebrauchs oder Varianten sind sehr häufig Ausdruck sprachlichen Wandels. Zum anderen darf die Popularität sprachkritischer Publikationen als Indiz dafür gewertet werden, dass diesem Phänomen Aufmerksamkeit gewidmet wird. Nahezu durchweg wird dabei der Wandel als Verschlechterung wahrgenommen. Das mag man subjektiv bei einzelnen Wandelerscheinungen so auffassen. Übersehen wird dabei jedoch, dass sich sehr viele Veränderungen unbemerkt vollziehen. Vor allem aber berücksichtigen derartige Auffassungen nicht, dass der Wandel zu jeder Sprache gehört. Sprache ist keine autonom existierende Größe, die irgendwann ihren Idealzustand erreicht oder sich von jeher in ihm befindet. Vorstellungen, der Mensch greife von außen in dieses System ein und verändere es gegen den „Willen" der Sprache (zum Schlechteren), sind verfehlt. Sprache dient der Kommunikation, ist also an die Sprecher gebunden. Sich ändernde Kommunikationsbedingungen und -bedürfnisse inititieren auch sprachlichen Wandel. So kann er gerade im lexikalischen und semantischen Bereich (Wandel von Wortbedeutungen) durch Veränderungen in der Welt ausgelöst werden. Zum Beispiel müssen durch technische Erfindungen, sich wandelnde kulturelle, politische, gesellschaftliche oder geistige Bedingungen und Auffassungen usw. diese neuen Realia oder Abstrakta bezeichnet werden. Sprachkontakt ist ein weiterer, in seiner Wirksamkeit nicht zu unterschätzender Faktor. Neben den zahlreichen Wortentlehnungen und Lehnschöpfungen werden auch Wortbildungsmittel entlehnt. Die aus dem Französischen stammende Endung *-ieren* wird im Deutschen so produktiv, dass deutsche Basen wie *buchstabieren* oder *halbieren* mit ihr abgeleitet werden können. Gleiches gilt – wenn auch deutlich seltener – für syntaktische Phänomene und schließlich für Laute, die nicht Bestandteil der deutschen Sprache sind. Diese werden mit den Wörtern übernommen und in der Regel nicht auf einheimische Wörter übertragen. Auf diese Weise gelangen zum Beispiel anlautendes *Ch-* (ausgesprochen wie *-ch-* in *ich*) in Wörtern wie *Chemie, China* oder nasalisierte Vokale wie in *Bonbon* in das Deutsche. Je nach betroffener Sprachebene kommen weitere, den Wandel auslösende Faktoren in Betracht.

Generell gilt, dass ein Wandel erst rückwirkend festgestellt werden kann. Teilweise geben in der Sprache auftretende Varianten ein erstes Indiz, dass sich hier ein Wandel zugunsten der einen oder anderen Form vollziehen kann. Ob sich der Wandel aber durchsetzt, lässt sich nicht mit Sicherheit prognostizieren. Auch kann nicht vorhergesagt werden, dass sich zum Beispiel ein Laut „x“ in Zukunft zu einem Laut „y“ verändern wird, selbst wenn eine gleiche Lautveränderung in der Vergangenheit schon einmal stattgefunden hat.

Da die Sprache primär der Kommunikation, also der Verständigung in einer Sprechergemeinschaft dient, muss gewährleistet sein, dass die Sprecher sich verstehen können. Dafür ist ein hohes Maß an Stabilität der Sprache eine Voraussetzung. Anderseits muss jedes Kind – jede neue Generation von Sprechern – die Sprache erst erlernen. Daher gibt es Thesen, dass in genau dieser Phase des Spracherwerbs ein wesentlicher Grund für Sprachwandel liegt. Diese Erklärungen greifen jedoch eindeutig zu kurz. Zwar bilden manche Kinder zum Beispiel analog zu Pluralen wie *Nüsse* oder *Küsse* auch von *Bus* einen Plural *Büsse*. Dennoch wird relativ schnell durch Korrekturen der Umwelt und anwachsende Sprachkompetenz dieser falsche Plural zugunsten des richtigen aufgegeben. Ähnliches gilt für *laufte* statt *lief*, *esste* statt *aß* usw., wo das erheblich häufigere Muster der Vergangenheitsbildung der schwachen Verben auf die wesentlich selteneren starken Verben übertragen wurde. Nun haben sich im Laufe der Zeit – und vermehrt in der jüngeren Phase – tatsächlich ursprünglich starke Verben zu schwachen entwickelt (*backen, backte* statt *buk*, aber dennoch im Partizip noch *gebacken* und nicht *gebackt*; oder *küren, kürte, gekürt* anstatt älterem *küren, kor, gekoren;* oder *melken, melkte, gemelkt* statt *molk, gemolken*). Hier hat sich demnach ein Sprachwandel vollzogen. Es ist davon auszugehen, dass sich dieser Wandel durch die Übernahme des deutlich häufigeren und bis heute produktiven Musters der Bildung der schwachen Verben vollzog, denn neue starke Verben können heute nicht mehr entstehen, wohl aber schwache wie *er photoshoppte das Bild* oder *er surfte im Internet*. Allerdings betraf oder betrifft diese Übernahme nicht alle starken Verben. Charakteristischerweise gingen die eher selten verwendeten und ungebräuchlicheren starken Verben zu den schwachen über, nicht aber die häufigen und zum Basiswortschatz zählenden wie *essen, trinken, gehen, laufen, fahren* oder *nehmen*.

Dieser Prozess der Orientierung an ähnlichen sprachlichen Mustern wird Analogie genannt. Sie stellt insgesamt eine starke Triebfeder für sprachlichen Wandel dar. Ein anderer, für die heutige deutsche Sprache wichtiger Fall von analogischem Wandel ist die Pluralbildung auf *-er* mit Umlaut des Stammvokals (*Kalb – Kälber*). War diese Pluralbildung bei *Kalb* und einigen anderen neutralen Substantiven historisch ererbt, so wurde das Muster allmählich auf andere neutrale Substantive ausgedehnt, die ihren Plural ursprünglich anders bildeten. Die Verbindung aus der Endung *-er* + Umlaut (sofern möglich) wurde dadurch zu einem allgemeinen Pluralkennzeichen, das dann sogar auf maskuline Substantive wie *Wald – Wälder* oder *Mann – Männer* überging.

Einen besonderen Fall stellt die analogische Neubildung dar. Die bereits erwähnte, aus dem Französischen entlehnte Endung *-ieren* für Verben ist ein Beispiel hierfür. Sie wird zunächst mit den entsprechenden Wörtern entlehnt und dann von den Sprechern als Verbalendung interpretiert, die zur Neubildung jedweden Verbs benutzt werden konnte. Ein weiteres Beispiel sind der *Cheeseburger, Chickenburger, Fishburger* oder auch der *Burger* schlechthin. Dass diese Bildungen möglich wurden, liegt an einer „falschen" Analyse des Ausgangswortes *Hamburger.* Ursprünglich handelte es sich bei diesem um ein von einem Ortsnamen abgeleitetes Adjektiv des Typs *Frankfurter (Würstchen), Wiener (Schnitzel)* etc. Durch eine Uminterpretation des ersten Teils als engl. *ham* 'Schinken' (obgleich es sich bei den im Hamburger enthaltenen Fleisch nicht um Schinken handelte) blieb als Zweitelement *-burger* übrig, mit dem dann gewissermaßen der Rest, also das Brötchen, Salat, Gemüse, Saucen bzw. die Art der Zubereitung identifiziert wurden. Damit war der Weg frei für andere *Burger.* Ein Blick in die Speisekarten verschiedener Schnellrestaurants zeigt, dass inzwischen die *Burger* nicht mehr nur nach ihren Hauptzutaten (*Spinat-Käse-Burger* oder *Tomaten Veggie Burger*) benannt werden, sondern es auch Kreationen wie *Veggieburger, Breakfast Burger, Country Burger, Premium-Burger, Hawaii-Burger, Fakin'Fish-Burger* oder *Lappland-Burger* gibt.

Ein durchaus provokant gemeinter Fall von analogischer Neubildung ist das werbesprachliche *unkaputtbar,* dem ein *unplattbar* für eine bestimmte Art von Fahrradbereifung zur Seite getreten ist. Diese Wörter irritieren und fallen dadurch auf. Das macht sie für Werbeslogans interessant. Die Irritation entsteht offenbar durch das Gefühl einer seltsamen Wortbildung. Und tatsächlich handelt es sich um eine irreguläre Bildung, denn das häufige Ableitungselement *-bar* drückt aus, dass das im Vorderelement angeführte 'getan werden kann' – *essbar* ist etwas, das gegessen werden kann; *machbar* das, was gemacht werden kann, oder (mit *un-*) *undenkbar* dasjenige, das nicht gedacht werden kann. Der Zusatz *-bar* wird also mit verbalen Elementen kombiniert; *kaputt* und *platt* sind jedoch Adjektive. *Unkaputtbar* kann nicht umschrieben werden durch 'etwas, das nicht kaputtet werden kann' da es das Verb *kaputten* nicht gibt. Die von vielen unbewusst wahrgenommene Irritation hat demnach ihre sprachliche Berechtigung.

Ein zweiter Faktor für den Sprachwandel ist neben der Analogie der Lautwandel. Erste grundlegende, wenn auch von den folgenden Forschergenerationen immer weiter differenzierte und genauer gefasste Erkenntnisse verdanken wir in Deutschland lehrenden und forschenden Sprachwissenschaftlern, die ihre Ergebnisse seit den letzten Jahrzehnten des 19. Jahrhunderts veröffentlichten. Ihnen fiel auf, dass sich bestimmte Laute im Verlauf der Zeit in einer bestimmten lautlichen Umgebung stets auf dieselbe Weise veränderten. Dies soll hier nur an einem – zudem recht seltenen – Phänomen erläutert werden, da sich das folgende Kapitel ausführlicher mit dem Wandel von Lauten und Formen beschäftigt. Der folgende Lautwandel kommt nicht im hochdeutschen Raum vor, sondern betrifft nach den bisherigen Erkenntnissen lediglich das ursprünglich niederdeutsche Gebiet und dieses auch nur in Teilen. In der Sprache finden sich in den schriftlichen Quellen nahezu keine Reflexe, wohl aber in den Namen – genauer den Ortsnamen und seltener auch alten Flurnamen. Der Wandel erfasst den Laut *-k-*, wenn er in einer voll-

oder nebenbetonten Silbe steht und ihm ein „heller" Vokal, also hauptsächlich ein *-i-*, folgt. Dieser helle Vokal beeinflusst die Aussprache des *-k-*, so dass der Konsonant in die Nähe des hellen Vokals, an den harten Gaumen (das Palatum) verlagert wird. Dieser Prozess wird Palatalisierung genannt. Damit ist eine an *-tch-* angenäherte Aussprache gemeint. Diese kann bis zur Affrizierung (der vollen Durchführung des Wandels von *-k-* zu *-tz-*) und in einigen Fällen, meist im Anlaut, bis zur Weiterentwicklung zu *-s-* fortgeführt werden. Ist der Wandel in vollem Umfang abgelaufen, spricht man von Zetazismus. Die Ortsnamen *Zeven* und *Celle* dürften die bekanntesten Vertreter sein. So lauten die ältesten Belege aus dem Jahr 971 für Zeven *Kiuinana, Kevena, Kyvena,* haben also noch das anlautende *-k-*. 1142 erscheint dann *Scivena,* 1199 *Tzeuena,* die auf den einsetzenden bzw. vollzogenen Lautwandel hinweisen. Charakteristisch für den Wandel sind die stark schwankenden Schreibungen, die Versuche darstellen, diesen gerade für das Niederdeutsche ungewöhnlichen Laut *-(t)z-* wiederzugeben. So zeigt der Ortsname Sickte im Kreis Wolfenbüttel nach ältestem *Kikthi* von 888 nach der Jahrtausendwende Anlautschreibungen wie *S-, X-, Ts-, Z-, Ts-, G-, Sz-, C-, Sc-, Tc-* usw., bis sich dann *S-* durchsetzt.

Die Forschungen ergeben bislang, dass dieser Lautwandel Westfalen nahezu gar nicht betrifft und seinen Schwerpunkt in den Bördegebieten Niedersachsens (Hildesheim, Hannover, Helmstedt) hat, da hier über 75 % aller in Frage kommenden *-k-* von diesem Wandel betroffen sind. Die Namen zeigen, dass dieser Lautwandel kein „Muss" ist, da zum Beispiel in Südniedersachsen deutlich weniger als die Hälfte der *-k-* ihn durchlaufen. Immer erfüllt sein muss jedoch die Stellung vor einem hellen Vokal. Auch zeitlich lässt sich das Phänomen insofern eingrenzen, als die Veränderung ungefähr um die Jahrtausendwende eintrat und spätestens im 13. Jahrhundert ihren Abschluss fand. Anders als bei anderen Sprachwandelprozessen hat jeder Lautwandel stets nur einen bestimmten Produktivitätszeitraum; er findet in einer mehr oder weniger eng eingrenzbaren Periode statt. In einem erst im 15. oder gar 18. Jahrhundert gebildeten Namen mit einer Lautkombination *-k-i-* entsteht deshalb kein *-tz-*, weil dieser Lautwandel nicht mehr aktiv war.

Die Frage nach dem „Warum“ der Lautwandelphänomene kann nicht pauschal und häufig gar nicht beantwortet werden. Von Fall zu Fall können die Lautumgebung, Ökonomie, Optimierungstendenzen und Ausgleichstendenzen innerhalb des Lautsystems angeführt werden. Die möglichen Gründe sind allerdings für jeden Lautwandel einzeln zu ermitteln.

Anders als Lautwandelprozesse vollziehen sich Bedeutungsveränderungen (semantischer Wandel) innerhalb der Sprache kontinuierlich. Sie betreffen einzelne Wörter, seltener aber auch Gefüge von in der Bedeutung zusammenhängenden oder benachbarten Wörtern. Während man noch in mittelhochdeutscher Zeit zu Fuß oder zu Pferd irgendwohin *fahren* konnte, da *fahren* hier die allgemeinere Bedeutung ‘sich fortbewegen’ hatte, kann man heute nur noch mittels eines technischen Apparates (Auto, Schiff, Fahrrad etc.) *fahren*. War mit *Frau* (mittelhochdeutsch *vrouwe*) im Mittelhochdeutschen noch überwiegend eine hochstehende (adlige) Person weiblichen Geschlechts gemeint und *Weib* (mittelhochdeutsch *wîp*) die neutrale Bezeichnung für alle übrigen weiblichen Personen, so ist Letzteres heute entweder abwertend gemeint (*das Weib tratscht von morgens bis abends*) oder salopp-umgangssprachlich (*rassiges Weib, hinter den Weibern her sein*), *Frau* hingegen ist nun das neutrale Wort. Die älteste Bedeutung für *fürchterlich* ist ‘Angst erregend, beängstigend’, die noch heute mit diesem Wort verbunden ist. Seit dem 18. Jahrhundert tritt daneben eine andere Verwendung, wie sie etwa bei *das ist fürchterlich nett* aufscheint. Hier ist mit *fürchter-*

lich keineswegs etwas Beängstigendes gemeint. Vielmehr ist es als 'sehr, außerordentlich' zu interpretieren und damit eine Verstärkungspartikel. Zunächst bezeichnete das Lehnwort *Finanz* im Deutschen das unlautere Verhalten, eine Betrügerei, vor allem bei Geldgeschäften, wie ein Beleg von 1470 zeigt: *ob das nit dann mit listen und fynanzen ein bidermann umb das sin were bracht* ('ob nicht dann mit Listen und Finanzen ein ehrenwerter Mann um das Seine gebracht worden wäre'). Seit dem 16. Jahrhundert kommt die allgemeinere (und nicht abwertende) Bedeutung 'Geldwesen, Haushalt und die Verwaltung des Haushaltes' auf, die bis heute gilt. Schließlich tritt daneben noch seit dem Ende des 17. Jahrhunderts als weitere Bedeutung 'Gesamtheit der Bankiers, der mit dem Geldwesen Befassten', die nur im Singular erscheinen kann (*er lud Finanz und Politik ein*).

Diese Beispiele zeigen, dass sich die Bedeutung eines Wortes qualitativ verändern kann, indem sie sich „verschlechtert" oder „verbessert"; bei *Frau* fällt das Merkmal des „Hochstehenden" allmählich weg, *Weib* wird von neutral zu abwertend herabgestuft; bei *Finanz* hingegen schwindet die negative Komponente (betrügerisch), so dass eine wertfreie Bedeutung entsteht. Der semantische Wandel bei *fahren* hingegen ist keine qualitative Veränderung, sondern eine quantitative. Eine allgemeine Bedeutung wird zu einer spezielleren, eingeschränkteren. Auch der umgekehrte Fall ist nicht selten. Ein typisches Beispiel ist das heutige Allerweltswort *Ding*, das gewissermaßen als Ersatz für jedes andere Wort dienen kann. Ursprünglich handelte es sich um ein Wort aus dem Rechtsbereich, das eine Versammlung, besonders eine Gerichtsversammlung bezeichnete, dann auch das dort Verhandelte. Die Bedeutungserweiterung zu 'Gegenstand' ist hier sehr ausgeprägt, die ursprüngliche Bedeutung ist verschwunden.

Üblicherweise ändert sich die Bedeutung eines Wortes nicht abrupt, sondern allmählich. Selbst bei einem völligen Bedeutungswandel lassen sich oftmals über Komposita oder Ableitungen, die dieses Wort enthalten, noch die älteren Bedeutungen erschließen oder belegen. So war der *Garten* früher nicht die 'bepflanzte, beackerte Fläche', sondern eine 'Einfriedung', dann auch der 'eingefriedete Bereich' selbst. Erkennbar ist die ältere Bedeutung noch im Wort *Tiergarten*, der nicht bepflanzt oder bebaut, sondern mit Eingrenzungen versehen ist. Ähnliches lässt sich aus der *Heuschrecke* entnehmen. Dieses Insekt springt aus dem Gras empor. Das Wort enthält *Schrecke*, das auch in *Schreck(en)* 'plötzliches Entsetzen, Angst' vorliegt. Diesem geht eine Bedeutung 'aufspringen, emporfahren' voraus, die dann in *Schreck(en)* verlorenging. Die Gründe für einen Wandel in der Bedeutung sind vielfältig und in jedem Einzelfall gesondert zu betrachten.

Auch wenn sich ein sprachlicher Wandel meist erst im Rückblick feststellen lässt, findet er jeweils während der Lebenszeit einer Sprechergruppe statt. Er wird allerdings nur teilweise von den Sprechern wahrgenommen. Eine wesentliche Komponente für Wandelprozesse ist die Sprechergemeinschaft selbst. Innerhalb der Gruppe herrscht keine vollständig einheitliche Sprache. Vielmehr existieren unterschiedliche Dialekte, Gruppensprachen, Fachsprachen usw. Diese beeinflussen sich gegenseitig, oder vielmehr die Sprecher integrieren allmählich zum Beispiel ein Wort aus einem Dialekt in ihre Fachsprache, oder es wird eine Bedeutung auf einen anderen Geltungsbereich übertragen usw. Eine Grundvoraussetzung für den Sprachwandel ist die Existenz oder das Entstehen von Varianten, die dann in Konkurrenz zueinander treten, bis sich die eine oder andere als Leitvariante herausbildet und die andere schwindet oder marginalisiert wird. Sehr häufig spielen auch soziokulturelle Faktoren wie Prestige oder Abgrenzung bei den Wandelprozessen eine Rolle, indem entweder die als sozial höher bewerteten Varianten übernommen werden oder aber im Gegenteil markierte (abwertende, umgangssprachliche, vulgäre) Formen, Wörter, Bedeutungen, Wortbildungen, syntaktische Konstruktionen usw. verwendet werden, um eine Gruppenzugehörigkeit zu schaffen. Ein aktuelles Beispiel ist das sogenannte „(stilisierte) Türkendeutsch", das sich unter nicht wenigen Jugendlichen – gleich welcher nationalen Herkunft – einer gewissen Beliebtheit erfreut und durch Comedy-Sendungen („Was guckst du?") und -Filme („Der Schuh des Manitu") große Verbreitung erfuhr. Ursprünglich ein von den Kindern bzw. Enkeln von Migranten bewusst verwendetes Idiom, um sich sowohl von der deutschen wie der elterlichen türkischen Gesellschaft abzugrenzen, wird es von anderen aufgegriffen. Aussagen wie *ey alda, konkret oberkrass* oder *hab isch gesähn letzte monat, alda* sind im Alltag keine Seltenheit mehr. Untersuchungen zeigen, dass ein Grund für die Verwendung des stilisierten „Türkendeutsch" die Möglichkeit ist, gesellschaftlich stigmatisierte Sprech- und Verhaltenweisen an den Tag legen zu können, also stark abwertende, obszöne oder aggressive Aussagen zu machen. Weiterhin dient es der Abgabe unernster, bewertender Statements innerhalb einer Gruppe, der man sich zugehörig fühlt. Zwar handelt es sich vermutlich um ein Zeit- und Gruppenphänomen, doch ist nicht ausgeschlossen, dass hier vorkommende grammatische Erscheinungen in die gesprochene Umgangssprache integriert werden. Dazu zählen Phänomene wie das Weglassen von Präpositionen (*Gehst du Disko?*), partiell falsche Wortstellung wie die Vorziehung des Verbs in der Phrase *hab isch gesähn letzte monat* (= *habe ich letzten Monat gesehen*), Übergeneralisierung des Akkusativs (*ich habe das von Staat*), Auslassung der Verbalendung (*wolle CD kaufe?*) oder der Wegfall des Infinitivs in komplexeren Verbkonstruktionen (*Gehn wir Kaffee?* statt *Gehen wir Kaffee trinken?*). Letzteres Phänomen ist übrigens kein ausschließliches Merkmal des stilisierten „Türkendeutschs", sondern umgangssprachlich inzwischen recht verbreitet (*Kann ich mal ne Cola?, Darf ich ein Eis?* etc.).

Die bisherigen Beispiele bieten Sprachwandelphänomene unterschiedlichster Art. Sie sind teils sehr umfassend, teils auf einzelne und weniger zentrale Bereiche des Deutschen beschränkt. Es wird deutlich, dass Sprache sich fast ununterbrochen verändert. Natürlich gibt es stabilere sprachliche Elemente und Strukturen, die im geringeren Maße vom sprachlichen Wandel betroffen sind. So sind zum Beispiel bei den Zahlwörtern bis auf geringe lautliche Modifizierungen kaum Veränderungen eingetreten. Insgesamt spielt das eingangs angeführte „mal gar nicht" gegenüber „mal schneller" und „mal langsamer" eine geringe Rolle.

2. Vom *apful* zum *Apfel*: Der Wandel von Lauten und Formen

Vergleicht man die Lautgestalt früher Belege mit der äußeren Form ihrer Entsprechungen in der modernen Gegenwartssprache, so sind die Unterschiede in vielen Bereichen sehr groß. Anderseits sind aber auch zahlreiche Übereinstimmungen und Ähnlichkeiten zu beobachten, die auf den ersten Blick auch für Laien eine Entstehung der jüngeren aus der älteren Form vermuten lassen. Nach den Prinzipien von Lautwandel und Analogie verläuft sprachlicher Wandel zwar nicht mit naturgesetzlicher Konsequenz, aber auch nicht völlig willkürlich oder zufällig. Neben den Veränderungen auf den Strukturebenen der Lautgestalt (Phonologie), der Formenlehre (Morphologie) und des Satzbaus (Syntax) gibt es Veränderungen der Wortbedeutung und des Wortgebrauchs.

Von einem Lautwandelprozess waren meist alle Wörter betroffen, in denen der jeweilige Laut vorkam. So wurde beispielsweise im Laufe des 15. Jahrhunderts im geschriebenen Frühneuhochdeutschen (in der gesprochenen Sprache zweifellos bereits deutlich früher) jedes lange *-î-* durch *-ei-* ersetzt. Statt mittelhochdeutsch *wîp, lîp, mîn, sîn, wîn* usw. heißt es nun *Weib, Leib, mein, sein, Wein* usw. Ebenso wird langes *-ǖ-* zu *-eu-* und langes *-û-* zu *-au-* – statt mittelhochdeutsch *nǖwes* (geschrieben *niuwes*) *hûs* heißt es seit dem Frühneuhochdeutschen *neues haus* usw. Typischerweise ist von einem solchen Wandel meist gleich ein ganzes Bündel von Lauten in ähnlicher Weise betroffen: Aus langen Monophthongen (*-î-, -ǖ-, -û-*) werden Diphthonge (*-ei-, -eu-, -au-*). Der Prozess heißt deshalb frühneuhochdeutsche Diphthongierung. Etwa zur selben Zeit wurden bestimmte mittelhochdeutsche Diphthonge durch lange Monophthonge ersetzt: Statt mittelhochdeutsch *liëbe* (sprich: *liäbe*) *guote brüeder* heißt es im Frühneuhochdeutschen *liebe* (mit langem *î*) *gute brüder* usw. Diese frühneuhochdeutsche Monophthongierung hat jedoch genausowenig den gesamten Sprachraum erfasst wie die frühneuhochdeutsche Diphthongierung. So sagt man etwa in den bayerischen Mundarten bis heute *liab* 'lieb', *guat* 'gut', *Muater* 'Mutter', *Briäder* 'Brüder' und *Griäß* 'Grüße'. Die frühneuhochdeutsche Diphthongierung dagegen hat den niederdeutschen Norden und das Alemannische im Südwesten des deutschen Sprachraums nicht erreicht. Dort heißt es *mîn* 'mein', *dîn* 'dein', *Hûs* 'Haus', *Mûs* 'Maus', *Hǖser* 'Häuser' und *ǖse* 'Mäuse'.

Während die beschriebenen Diphthongierungs- und Monophthongierungsprozesse den Vokalismus betrafen und auf die Zeit des Übergangs vom Mittelhochdeutschen zum Frühneuhochdeutschen datiert werden können, betrifft ein anderer großer Lautwandelprozess der deutschen Sprachgeschichte, die sogenannte Zweite Lautverschiebung, den Konsonantismus. Der

Die „Kölsche Hecke“

Grabungen am ehemaligen Grenzwall zwischen Sauerland und Siegerland legen das Profil der sogenannten „Kölschen Hecke“ frei.

Prozess ist in der Zeit der Herausbildung des Althochdeutschen (6.–8. Jahrhundert) abgelaufen und auf den mittel- und oberdeutschen Raum beschränkt. Die Sprachgrenze, die sich dadurch ergibt, ist besonders bedeutsam für die Einteilung der deutschen Dialekte. Sie trennt das Hochdeutsche im Süden vom Niederdeutschen im Norden des Sprachraums.

Im Norden wurden die stimmlosen Verschlusslaute *-p-,-t-* und *-k-* nicht zu den Reibelauten *-f-*, *-s-* und *-ch-* bzw. den so.genannten Affrikaten *-pf-*, *-ts-* und *-kch-* verschoben. Dort heißt es *slapen, Perd, eten, Teken* und *maken* statt *schlafen, Pferd, essen, Zeichen* und *machen*). Die Grenze, die in der heutigen Mundartenkarte diesen Unterschied markiert, überquert bei Benrath den Rhein, verläuft dann annähernd in West-Ost-Richtung auf der Höhe des Mittelgebirgssaums und erreicht südlich von Berlin die Oder. Dass diese Sprachgrenze lange Zeit auch parallel mit historischpolitischen Grenzen verlief, ist zwischen dem mitteldeutschen Siegerland und dem niederdeutschen Sauerland zu sehen. Hier war diese Grenze jahrhundertelang als „Kölsche Hecke" zu einem massiven Befestigungswall ausgebaut. Reste der Befestigung sind bis heute in der Gegend von Hilchenbach mit dem bloßen Auge zu erkennen.

Die sich weiter südlich anschließenden Dialektgebiete werden ebenfalls nach dem Stand der hochdeutschen Konsonantenverschiebung eingeteilt: Im Ripuarischen, dem nördlichsten Teil des südlich an das Niederdeutsche grenzenden Westmitteldeutschen, heißt es in den Dialekten zwar *machen*, aber (wie im Niederdeutschen) *Dorp* für *Dorf*, *dat* für *das* und *Appel* für *Apfel*. Etwas weiter südlich, im Moselfränkischen, heißt es dann *Dorf*, und südlich des Hunsrücks, im Rheinfränkischen, heißt es schließlich auch *das*. Zum Ostmitteldeutschen zählen das Thüringische und das Obersächsische. Erst südlich einer bei Speyer und Karlsruhe verlaufenden Dialektgrenze ist in den Mundarten die Form *Apfel* gebräuchlich. Diese Dialekte werden oberdeutsch genannt. Die oberdeutschen Dialekte wiederum werden in Westoberdeutsch (Elsässisch, Alemannisch und Schwäbisch) und Ostoberdeutsch (Ostfränkisch und Bairisch-Österreichisch) unterteilt.

Durch Lautwandelprozesse entstehen neue Laute, die meist eine gewisse Ähnlichkeit mit den Lauten aufweisen, aus denen sie entstanden sind. So wird bei der Zweiten Lautverschiebung jeweils nur die Artikulationsart der Konsonanten modifiziert: Aus einem Verschlusslaut (zum Beispiel *-p-* in *slapen*) wird ein Reibelaut (in diesem Beispiel: *-f-* in *schlafen*) oder eine Affrikata (zum Beispiel *-pf-* in *Apfel*). Der Artikulationsort jedoch (in un-

Zweite („Hochdeutsche“) Lautverschiebung: ab ca. 500 n. Chr., regional stark differenziert

Ausgangssituation:
germanisch *p, t, k*

(stimmlose Verschlusslaute)

Ergebnis 1:

ahd. *pf, ts, kch**
(Affrikaten)

pfunt (aus *punt*)
ziohan (aus *tiuhan*)
kchorn (alem., aus *korn*)
(im Anlaut)

dorpf (aus *dorp*)
swarz (aus *swart*)
scalch (alem., aus *skalk*)
(nach *l* und *r*)

apful (aus *appel*)
setzan (aus *settian*)
wecchan (alem., aus *wekkian*)
(bei doppelten Konsonanten)

(später)

Ergebnis 2:

ahd. *f, s, ch*
(stimmlose Reibelaute)

slafan (aus *slapan*)
ezzan (aus *etan*)
mahhon (aus *makôn*)
(zwischen Vokalen)

skif (aus *skip*)
fuoz (aus *fôt*)
ich (aus *ik*)
(im Auslaut nach Vokal)

* Verschiebung *k* zu *kch* nur im Alemannischen

serem Beispiel: die Lippen – deshalb spricht man von labialen Lauten) bleibt erhalten. Sprachwandel verläuft langsam, fast unmerklich für die beteiligten Sprecher. Nur so ist es möglich, dass die Verständigung weiterhin funktioniert. Modellhaft kann man sich den Ablauf eines sprachlichen Wandels am besten so vorstellen, dass zunächst eine leicht abgewandelte Variante (A´) neben die Ausgangsform (A) tritt. Eine ganze Zeitlang sind nun die beiden Formen nebeneinander in Gebrauch. Möglicherweise sind beide Formen jeweils mit bestimmten Zusammenhängen verbunden, A´ könnte etwa als Charakteristikum für eine bestimmte soziale Gruppe, für eine bestimmte Situation oder auch für eine bestimmte Region empfunden werden. Im Zusammenhang damit kann die neue Form auch im allgemeinen Gebrauch zur bevorzugten Variante werden, bis sie am Ende vollständig an die Stelle der Ausgangsform tritt.

Besonders folgenreich für die Formenlehre ist die beim Übergang vom Althochdeutschen zum Mittelhochdeutschen stattfindende Abschwächung der Endsilbenvokale. Dabei wird nicht nur aus der althochdeutschen Form *taga* die mittelhochdeutsche Form *tage* oder aus *himil* mittelhochdeutsch *himel*, sondern auch aus *apful* die bis heute gebräuchliche Form *apfel*. Durch diese Vereinheitlichung der Endsilbenvokale wurden auch Kasusformen ununterscheidbar, die im Althochdeutschen noch deutlich differenziert waren. Hieß es im Althochdeutschen im Nominativ Plural noch *taga* 'Tage' oder *gesti* 'Gäste' gegenüber den Genitivformen *tago* und *gesto*, so sind Nominativ und Genitiv Plural im Mittelhochdeutschen formal nicht mehr zu unterscheiden. Es heißt *tage* und *geste* (jeweils Nominativ und Genitiv Plural).

Ein wichtiger Lautwandelprozess in der deutschen Sprachgeschichte ist der Umlaut. Anders als in der alltagssprachlichen Verwendung, wo unter „Umlaut" bestimmte Laute bzw. Buch-

Vokaldreieck

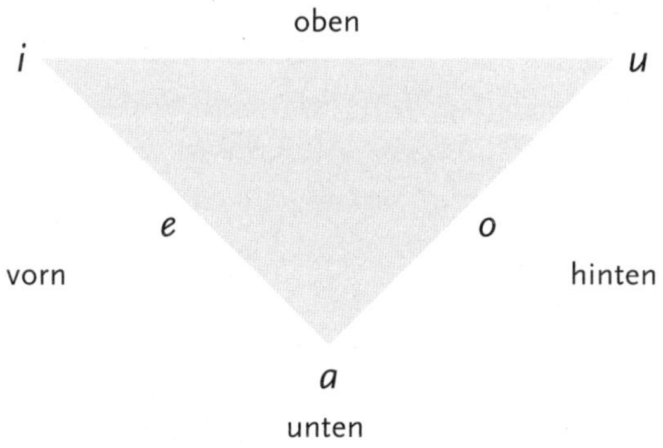

staben (*-ä-, -ö-, -ü-*) verstanden werden, bezeichnet der sprachhistorische Fachausdruck „Umlaut“ einen Lautwandel. Dabei handelt es sich um eine Angleichung der Klangfarbe eines Vokals an die Klangfarbe des folgenden Vokals. Nachvollziehbar wird dieser Vorgang, wenn man sich die für die Klangfarbe des Vokals entscheidende, von Vokal zu Vokal ganz unterschiedliche Lage der Zunge vor Augen führt. Wenn man ein *-i-* oder ein *-u-* artikuliert, so befindet sich die Zunge im oberen Bereich der Mundhöhle. Diese Laute werden deshalb auch hohe Vokale genannt. Beim *-i-* liegt die Zunge vorn, beim *-u-* liegt sie hinten. Ebenfalls mit dem Gegensatz „vorn“ und „hinten“ ist das Paar der mittelhohen Vokale *-e-* und *-o-* gekennzeichnet. Das *-a-* schließlich wird mit tiefer Zungenlage artikuliert. Schematisch lassen sich die beschriebenen Verhältnisse in einem Dreieck darstellen, wobei dieses Dreieck einen Längsschnitt durch eine nach links geöffnete Mundhöhle abbildet.

Mit dem Phänomen des Umlauts hängen zahlreiche weitere Prozesse zusammen. Denn durch den Wandel der Vokalqualität vor Folgesilben mit *-i-* oder *-j-* waren in besonderem Maße bestimmte Formen betroffen. Dies ist noch in der Gegenwartssprache sichtbar, zum Beispiel bei der Bildung bestimmter Pluralformen (*Kalb – Kälber, Lamm – Lämmer, Haus – Häuser, Mann-Männer* usw.), bei der Bildung von Konjunktiven (*wog – wöge, schlug – schlüge, trug – trüge, gab – gäbe*), bei der Bildung von Adjektiven mit dem Wortbildungselement *-lich* (*Trost– tröstlich, Nutzen – nützlich, blass – blässlich* usw.) oder bei der Bildung von Diminutiven (*Maus – Mäuschen, Buch – Büchlein, Rad – Rädchen, Vogel – Vögelchen* usw.). Der Auslöser für den Umlaut ist in der Gegenwartssprache in vielen der genannten Beispiele nicht mehr zu sehen. Man muss bis in die althochdeutsche Zeit zurückgehen, um die Zusammenhänge erkennen zu können. Beim Beispiel *Lamm* (althochdeutsch *lamb*) etwa, das sich mit anderen ähnlichen Wörtern zu einer Klasse zusammenfassen lässt, trat im Zusammenhang mit der Bildung bestimmter Flexionsformen das Element *-ir-* an den Stamm. Erst an den durch das Stammbildungselement erweiterten Stamm **lamb-ir-* traten die Flexionsendungen. Das *-i-* des Stammbildungselements bewirkte den Umlaut der Stammsilbe von *-a-* zu *-e-*. Es heißt deshalb im Plural: *lembir* (Nominativ, ohne Endung), *lembir-o* (Genitiv), *lembir-un* (Dativ) und *lembir* (Akkusativ, wieder ohne Endung). Im Nominativ und im Akkusativ Singular, wo weder das Stammbildungselement *-ir-* noch eine Endung stand, tritt dagegen kein Umlaut ein (*lamb*). Es ist deshalb naheliegend, dass zeitgenössische Sprecher das (ursprünglich auch im Genitiv und Dativ Singular verwendete) Stammbildungselement als Pluralkennzeichen interpretierten. Die formale Unterscheidung zwischen Singular und Plural wurde dadurch unterstrichen (Numerusprofilierung). Im Gegenzug wurde die Vielfalt der unterscheidbaren Kasusformen reduziert (Kasusnivellierung). Die neuhochdeutsche Form *Lämmer* kann gleichermaßen für den Nominativ, den Genitiv und den Akkusativ Plural stehen.

Auch wenn kein Umlaut im Spiel ist, wird allgemein im Verlauf der deutschen Sprachgeschichte an vielen Stellen die Unterscheidung zwischen Singular und Plural verstärkt, während ursprünglich unterschiedliche Kasusformen zur Vereinheitlichung neigen. Im Mittelhochdeutschen zum Beispiel lautete der Genitiv Singular von *zunge* noch *zungen*. Beim Übergang zum Frühneuhochdeutschen wurde die Form *zunge* für alle Kasusformen im Singular verallgemeinert. Die Endung *-en* wurde dadurch zum Kennzeichen für den Plural. Dass die formale Unterscheidung der Kasusformen in vielen Fällen aufgegeben werden konnte, hängt nicht zuletzt damit zusammen, dass im Mittelhochdeutschen in zunehmendem Maße die Verwendung des Artikels, sei er bestimmt oder unbestimmt, üblich wurde. Da auch der Artikel flektiert wurde (Nominativ *diu zunge,* Genitiv *der(e) zungen,* Dativ *der(e) zungen,* Akkusativ *die zunge* bzw. *einiu, einer(e), eine zunge*) waren die Kasusformen weiterhin unterscheidbar.

Ein häufig vorkommendes Pluralkennzeichen wie die Kombination von Umlaut mit der Endung *-er* konnte sich auch auf solche Formen ausbreiten, in denen der Plural ursprünglich anders gebildet wurde. Im Mittelhochdeutschen etwa lautete der Plural von *wort* genau wie der Singular: *diu wort.* Zum Neuhochdeutschen hin hat sich ein Nebeneinander von zwei Pluralformen (*Worte* gegenüber *Wörter*) herausgebildet, die jeweils mit verschiedenen Bedeutungen verbunden sind, was den meisten nicht (mehr) bewusst ist.

3. Schreib, wie du sprichst, aber sprich nicht wie gedruckt

Während über die zweite Aussage kaum Uneinigkeit bestehen dürfte, werden der ersten vermutlich gerade Schüler kaum zustimmen, denn warum sollte ein gleich ausgesprochenes Wort einmal *das*, einmal *dass* geschrieben werden oder warum gibt es *Saite* und *Seite*, spricht man *Hunt*, schreibt aber *Hund*? Beruhen diese unterschiedlichen Schreibungen für ein gleich ausgesprochenes Wort sowie die Abweichungen von Aussprache und Schreibung heute auf Vorschriften, den Rechtschreibregeln, geht es letztlich in diesem Abschnitt um ein weiterreichendes Phänomen, nämlich den Unterschied zwischen und die Verbindung von Mündlichkeit (Oralität) und Schriftlichkeit. Gesprochene Sprache ist in der Menschheit das Primäre – leicht erkennbar daran, dass manche Gesellschaften bis heute keine schriftliche Überlieferung kennen. Die Verschriftlichung des Gesprochenen tritt erst wesentlich später hinzu. Das machen für das Deutsche die Etymologien der Wörter *sprechen* sowie *schreiben* und *lesen* deutlich.

Dennoch ist geschriebene Sprache nicht einfach ein schriftliches Abbild des Gesprochenen. Die Schrift besitzt eigene Dimensionen wie die Großschreibung oder die Interpunktion, die nur partiell Sprechpausen (durch Kommata), Intonation (durch Verwendung von Fragezeichen oder Ausrufezeichen) nachahmt. Wortwahl (*entschlafen* oder *versterben* in der Schriftsprache, kaum aber in gesprochener Sprache), Satzlänge und -komplexität differieren bei gesprochener und geschriebener Sprache. In der Rede vorkommende Kürzungen wie *haste, gehste,* Wortwiederholungen (*er hatte en neues Auto und* [Sprechpause] *und dann machte er gleich nen Unfall*), Satzabbrüche und -wiederaufnahmen (*der Peter, der – du –, den kennst du doch auch. Weißt du, der hat*

Sprechen, schreiben, lesen – Auch die Geschichte der Wörter ist aufschlussreich

Die Verben *sprechen, schreiben, lesen* sind neben *hören* die zentralen Wörter, die die Kommunikation umfassen. Dabei ist ihre Etymologie sehr unterschiedlich.

Sprechen kommt in nahezu allen germanischen Sprachen vor, wie althochdeutsch *sprehhan,* mittelhochdeutsch *sprechen,* altsächsisch *sprekan,* mittelniederdeutsch *sprêken,* mittelniederländisch *sprêken,* niederländisch *spreken* und altenglisch *sprecan* belegen. Daneben existiert eine ebenfalls verbreitete Variante ohne *-r-*, die zum Beispiel in althochdeutsch *spehhan,* altsächsisch *spekan* oder englisch *to speak* vorliegt, sowie weitere Wörter in etwas abweichender Bedeutung wie mittelniederdeutsch *sprâken* oder schwedisch *spraka* 'Funken sprühen, knistern, prasseln'. Auch in den verwandten indogermanischen Sprachen finden sich Entsprechungen, wie zum Beispiel albanisch *shpreh* 'ich spreche aus' und mit anderer Bedeutung aind. *sphûrjati* 'donnert, grollt', griechisch *spharagêîsthai* 'knistern, zischen, strotzen' oder litauisch *spróg̃ti* 'bersten, platzen'. Allen ist eine angenommene Ausgangsbedeutung 'spritzen, sprengen, zappeln, schnellen' gemeinsam. Dabei scheint die Bedeutung 'reden' vor allem auf die germanischen Sprachen sowie den keltisch-albanischen Raum beschränkt zu sein. Im Deutschen hatte *sprechen* zunächst eine juristische Komponente, da es vor allem das *Sprechen* vor Gericht meinte.

Demgegenüber ist *schreiben* zwar auch in den germanischen Sprachen seit alter Zeit verbreitet, wie althochdeutsch *scrîban,* mittelhochdeutsch *schrîben* oder mittelniederdeutsch *schrîven* belegen. Dennoch handelt es sich nicht um ein ursprünglich einheimisches Wort, denn alle beruhen auf einer Entlehnung aus lateinisch *scrîbere* 'schreiben, einzeichnen, (schriftlich) auftragen'. Die ebenfalls im Lateinischen existierende Bedeutung 'anordnen, ernennen, festsetzen' findet sich vor allem im englischen Raum mit altenglisch *scrîfan* 'anordnen, bestimmen, Strafe auferlegen, Beichte hören', das seinen Fortsetzer in englisch *to shrive* 'beichten' hat.

Auch *lesen* beruht auf lateinischem Einfluss. Zwar haben die germanischen Sprachen sämtlich seit der ältesten bezeugten Zeit ein entsprechendes Wort, nämlich althochdeutsch, mittelhochdeutsch, altsächsisch und altenglisch *lesan* oder altnordisch *lesa,* doch bedeutet es in den älteren Sprachstufen 'sammeln, auflesen, ernten'. Es ist heute noch in *Traubenlese, Auslese* oder *erlesen* im Sinne 'von ausgesuchter Qualität' zu finden. Die Bedeutung 'den Inhalt von Schriftzeichen erfassen' ist erst jünger und gelangte aus dem Lateinischen in die germanischen Sprachen, denn lateinisch *legere* oder auch griechisch *légein* weisen beide Bedeutungsmerkmale auf (aus letzterem stammt zum Beispiel das Wort *Lexikon*). Während bei *schreiben* sowohl Wortkörper wie Inhalte aus dem Lateinischen übernommen wurden, liegt bei *lesen* eine Bedeutungsübernahme vor, die einem in den germanischen Sprachen vorhandenen Wort hinzugefügt wurde. Ergänzend sei erwähnt, dass das Englische einen Sonderweg geht, und die Wörter für *schreiben* wie *lesen* keinen lateinischen Einfluss aufweisen. Vielmehr sind hier die Runenstäbe maßgebend. In diese wurden zunächst Zeichen *eingeritzt* und diese anschließend *ratend* gedeutet, was dem Englischen *to write* und *to read* entspricht.

mir ein Buch geschenkt, das – also das fand ich so nett) sind nicht Bestandteil der schriftlichen Kommunikation. Der in den Gegenwartsgrammatiken als obligatorisch betrachtete Konjunktiv für die Wiedergabe von indirekter Rede (*er sagte, er gehe jetzt nach Hause)* findet sich kaum in der gesprochenen Sprache. Natürlich verwenden zum Beispiel Nachrichtensprecher oder Vortragsredner durchaus den Konjunktiv. Das ist jedoch kein Widerspruch, denn es ist generell zwischen der Realisierung einer Äußerung (schriftlich oder mündlich) und deren Konzeption zu unterscheiden. Die Konzeption einer sprachlichen Äußerung hat mit der Nähe oder Distanz der Kommunikationspartner zu tun. Ein persönliches Gespräch zeichnet sich durch große Nähe der beiden Sprachteilnehmer aus. Ein solches mündlich geführtes Gespräch kann hinterher verschriftlicht werden. Die für die mündliche Kommunikation wesentlichen Züge bleiben auch dort vorherrschend. Die Äußerung ist konzeptionell mündlich. Anderseits trägt ein Nachrichtensprecher einen Text mündlich vor. Konzipiert ist dieser jedoch als (schrift-)sprachliche Äußerung, die sich an eine große anonyme Menge wendet. Er trägt daher Merkmale, die der schriftlichen Kommunikation zuzurechnen sind, wie die Verwendung des Konjunktivs oder eine höhere Satzkomplexität. In diesem Fall wird von konzeptioneller Schriftlichkeit gesprochen.

Es ist festzuhalten, dass die Gesellschaft im deutschen Sprachraum bis in das hohe Mittelalter hinein weitgehend oder fast ausschließlich mündlich geprägt war. Schreiben und lesen spielte für den größten Teil der Menschen keinerlei Rolle, da sie beides nicht beherrschten. Schriftsprache war zudem zunächst Latein, das ebenfalls den meisten Menschen nicht geläufig war. So bestand über einen langen Zeitraum eine Diskrepanz zwischen Schriftsprache (Latein) und Sprechsprache (Deutsch in seinen unterschiedlichen Dialekten). Gleichwohl wurden Verträge geschlossen, wurden Wissen, Recht und literarische Texte tradiert. So umfasst zum Beispiel das um 1200 entstandene Nibelungenlied – zumindest in den zahlreichen später niedergeschriebenen Fassungen – über 2000 Strophen, bestehend aus je vier Zeilen. Den schriftlich fixierten Versionen ging eine längere mündliche Erzähltradition voraus. Die mündliche Tradierung stellt eine bemerkenswerte kulturelle Leistung dar, hält man sich vor Augen, wie sehr die gegenwärtige Gesellschaft auf die Schriftlichkeit angewiesen ist. Die mnemotechnische Leistung, Texte wie das „Nibelungenlied“ zu rezitieren oder als Schöffe am Gericht aufzutreten, war in einer schriftarmen Zeit sehr groß. Sie übertrifft bei weitem das Maß dessen, was im heutigen Alltag zu bewältigen ist. Es darf jedoch als sicher gelten, dass die Technik, umfangreiche Texte auswendig zu lernen, im Mittelalter durchaus verbreitet war. Wie es darüber hinaus möglich war, Recht, Religion, „Literatur" usw. zu erwerben, zu bewahren und zu vermitteln, sei an einigen Beispielen schlaglichtartig verdeutlicht.

So waren die Gemälde und farbigen Fenster in den Kirchen kein reiner Schmuck, sondern erfüllten eine wichtige erzählende Funktion. In ihnen wurden nämlich Glaubensinhalte, biblische Geschichten und Personen für die Gläubigen ikonographisch festgehalten, die den auf Lateinisch abgehaltenen Messen folgten. So konnten sie als Verdichtung und Gedächtnisstütze für die mündlich weitergegebenen Inhalte dienen. In einem ähnlichen Zusammenhang sind die geistlichen Spiele zu sehen, allen voran das Osterspiel. Bei diesen Spielen handelt es sich um Aufführungen, die einem bestimmten Aufbau und Ablauf folgen und den Mitwirkenden wie den Zuschauern beispielsweise das österliche Heilsgeschehen in Form eines Dramas vermitteln. Das älteste überlieferte (allerdings nur in Fragmenten erhaltene) rein deutsche Osterspiel ist das zwischen 1240 und 1260 entstandene Osterspiel von Muri, das alemannischen Dialekt aufweist. Es ist insofern seiner Zeit verpflichtet, als das zu dieser Zeit beliebte höfische Epos sowohl in Form wie übermittelten Inhalten hier Eingang in den eigentlich christlichen Stoff gefunden hat.

In einen anderen Bereich führt das Rechtswesen. Vertragsabschlüsse wie Kauf und Verkauf, Verhandlung und Urteil strittiger Belange wurden ebenfalls zunächst häufig nicht schriftlich fixiert. Hier entwickelten sich früh Techniken für eine sichere Kommunikation. Zum einen war das Zeugenwesen wesentlich wichtiger als heute. Vertragsabschlüsse, aber auch Verhandlungen bedurften mehrerer Zeugen, die später über den Vertrag etc. Kunde ablegen konnten. Zum anderen wurden Rechtshandlungen in der Öffentlichkeit vorgenommen, damit möglichst viele sie tradieren konnten und zugleich selbst unterrichtet wurden. In diesen ritualisierten Rechtshandlungen entstanden rasch feste sprachliche Wendungen, die sich auf Rechtsnormen und zum Beispiel das Gerichtsverfahren bezogen. Nicht wenige von ihnen wurden zu Rechtssprichwörtern, die noch heute bekannt sind. So geht *Kein Richter kann Richter und Kläger zugleich sein* zurück auf die erstmals im „Sachsenspiegel" schriftlich kodifizierte Aussage *der richter mag beide cleger unde richter nicht gesin.* Als wenige weitere Beispiele seien hier *Aller guten Dinge sind drei* (mit Bezug auf die üblichen drei Gerichtstermine im Jahr und die notwendigen dreimaligen Ladungen vor Gericht), *Einem geschenkten Gaul schaut man nicht ins Maul* (bei Schenkungen war der Schenker nur eingeschränkt für Mängel der Schenkung verantwortlich) oder *Wer zuerst kommt, mahlt zuerst* (für die Reihenfolge, in der der Müller das Getreide mahlte) zu nennen. Auch die Vermittlung des bestehenden Rechtes erfolgte mündlich, indem es öffentlich verkündet wurde. So war es in den Städten durchaus üblich, die bereits schriftlich abgefassten Stadtrechte regelmäßig öffentlich vorzulesen. Noch heute spielt vor Gericht die mündliche Aussage eine sehr große Rolle. Auf dem Standesamt hat das mündlich gegebene *Ja*-Wort rechtsverbindlichen Charakter. Auf die anschließend ausgestellte Heiratsurkunde könnte aus juristischer Sicht verzichtet werden.

In einen ähnlichen Zusammenhang verweisen die formalisierten Wendungen am Beginn schriftlicher Rechtsquellen und Urkunden. So findet sich bereits im 10. Jahrhundert sehr häufig die Formel: *omnibus notum esse cupimus fidelibus nostris tam praesentibus quam et futuris* ('wünschen wir, dass unseren Getreuen, sowohl den gegenwärtigen wie den zukünftigen, bekannt sei'). Und noch 1486 schreibt das Augustinerchorfrauenstift Dorstadt: *Wii ... bekennen openbar in dussem unsem breve, de de one horen, seen effte lesen ...* ('Wir ... erklären öffentlich in diesem unserem Schreiben, denen, die es hören, sehen oder lesen'). Interessant ist, dass zu diesem recht späten Zeitpunkt an erster Stelle das Hören und erst an letzter Stelle das (eigenständige) Lesen steht. Das gibt einen Einblick in die immer noch weite Verbreitung der Rechtspraxis dieser Zeit. Zwar handelt es sich um eine Wendung mit Traditionscharakter, die sich auch in Urkunden des 16. Jahrhunderts noch findet. Durch zahlreiche Schriftzeugnisse gibt es jedoch Belege dafür, dass Analphabeten an Rechtsgeschäften teilhatten. Ein Beispiel bietet der Zusatz auf einer Soester Urkunde aus dem Jahr 1570: *vp gemelten Dirikes van Bocke flitige bitt vnde dewil er seluer nicht schriuen kann hebbe ich Tonnis Hemer mith egener hant underschreiuen* ('auf geflissentliche Bitte des Dirk von Bock und weil er selber nicht schreiben kann habe ich, Tönnies Hemer, mit eigener Hand unterschrieben').

Für die Leseunkundigen entwickelte sich im Rechtswesen früh ein weiteres Beglaubigungsmittel. Es wurden den Urkunden, Verträgen usw. nämlich Siegel angehängt. Diese individuell mit Bildern und Inschriften gestalteten Siegel konnten neben dem Urkundenaussteller den anwesenden Zeugen gehören, waren gewissermaßen deren bildliches Erkennungszeichen, ihr Ausweis. Durch das Anbringen der Siegel wurde der in dem Schriftstück festgehaltene Vertragsgegenstand von den Zeugen beglaubigt. Damit war auch dem nicht des Lesens Mächtigen auf den ersten Blick klar, dass Zeugen den Rechtsinhalt kannten und ihm zugestimmt hatten.

Es steht zunächst einem sehr kleinen und nur allmählich anwachsenden Personenkreis die Schrift als Kommunikationsform zur Verfügung. Dabei verfolgt diese Kommunikation bis zum Aufkommen der sogenannten „Briefkultur“ einen anderen Zweck. Sie dient nicht dem mehr oder weniger zeitnahen Austausch mehrerer Gesprächspartner, sondern nutzt die Schriftform zur dauerhaften Bewahrung für kommende Generationen. Sie stellt gelegentlich auch eine Gedächtnisstütze dar, wie die in lateinischen Texten aufzufindenden althochdeutschen Glossen belegen, die volkssprachliche Bedeutungsäquivalente zu lateinischen Wörtern oder Formulierungen angeben. So dürfte es auch

Zweiter Merseburger Zauberspruch: (Althochdeutsch, 10. Jahrhundert)

Phol ende Uudoan uuorun zi holza.
du uuart demo Balderes uolon sin uuoz birenkit.
thu biguol en Sinthgunt, Sunna era suister,
thu biguol en Friia, Uolla era suister,
thu biguol en Uuodan, so he uuola conda:
sose benrenki, sose bluotrenki, sose lidirenki,
ben zi bena, bluot zi bluoda,
lid zi geliden, sose gelimida sin.

‘Phol und Wodan ritten in den Wald.
Da verrenkte sich Balders Fohlen einen Fuß.
Da besprach ihn Sindgund, [und] Sunna, ihre Schwester,
da besprach ihn Frija, [und] Volla, ihre Schwester,
da besprach ihn Wodan, so gut wie er es konnte:
wie die Verrenkung des Knochens, so die des Blutes,
so die des ganzen Gliedes,
Knochen an Knochen, Blut zu Blut,
Glied an Glied, als ob sie zusammengeleimt wären.’

bei den sogenannten „Merseburger Zaubersprüchen“ sein. Es sind zwei kurze althochdeutsche Sprüche, die dem 10. Jahrhundert entstammen und auf dem Vorsatzblatt eines fuldaischen Messbuchs notiert wurden.

Es ist an dieser Stelle nochmals zu betonen, dass die Schriftsprache längere Zeit Latein war und blieb. Volkssprachige Texte wie die „Merseburger Zaubersprüche“ sind selten. Dies gilt umso mehr für längere Texte oder Textteile wie etwa das Evangelienbuch. Zudem handelt es sich in den meisten Fällen um Übersetzungen lateinischer Vorlagen, deren Einfluss bei Wortwahl, Satzbau etc. nicht zu unterschätzen ist. Bis auf wenige Ausnahmen sind die überlieferten Texte der althochdeutschen Zeit entweder dem Thema Glaube/Religion oder dem Rechtsbereich zuzuordnen, hier vor allem in Form von Einzelwörtern in lateinischen Urkunden. Volkssprachlich sind in diesen nur die Namen und vereinzelte Begriffe wie die in einer Grenzbeschreibung von 777 genannte *teofun gruoba*. Mit der *teofun* (= tiefen) *gruoba* (= Grube) ist ein Tal gemeint. Gewöhnlich werden diese nichtlateinischen Einsprengsel mit Formulierungen eigens hervorgehoben, wie ein Beispiel aus der Mitte des 13. Jahrhunderts belegt: *et contra ius, quod pleghaftech dicitur vulgariter* (‘und gegen das Recht, das umgangssprachlich *pleghaftech* [zinspflichtig für Nutzung von Land] genannt wird’). Beiden Themenbereichen ist die starke Verpflichtung einer formalisierten, ritualisierten Schriftlichkeit zu eigen. Speziell bei den Urkunden ist früh ein ausgeprägt schematischer Aufbau zu konstatieren, sowohl, was den Gesamttext in seinem Aufbau wie die Verwendung bestimmter formelhafter Wendungen betrifft. So findet sich in einer Vielzahl von Besitzübertragungen die Formel: *cum suis attinenciis, videlicet agris campis cultis et incultis pratis pascuis silvis aquis aquarumque decursibus piscinis et piscacionibus* (‘mit seinem Zubehör, nämlich Äcker, Felder – bebaut und unbebaut –, Wiesen, Weiden, Wälder, Bäche und die die Fischteiche speisenden Gewässer und die Fischweiher'), die letztlich nur aussagt, dass ein Besitz mit allem Zubehör den Besitzer wechselt. Als im 14. Jahrhundert auch die Urkunden mehr und mehr in der Volkssprache ausgestellt wurden, blieben diese Formeln erhalten. Sie wurden Wort für Wort übersetzt und stereotyp über einen langen Zeitraum hinweg gebraucht.

Diese durch Stereotypen geprägte Schriftlichkeit wird in den folgenden Jahrhunderten durch die immer weiter ansteigende Zahl von geschriebenen Texten wie auch das Hinzutreten anderer Textsorten und Themenbereiche zunehmend aufgebrochen. Doch folgen auch zum Beispiel das Heldenepos oder die Minnelyrik zunächst überwiegend spezifischen Kriterien, wie der Verwendung einzelner Topoi oder schlicht formal dem Versaufbau. Das 14. Jahrhundert wird allgemein als das Jahrhundert angesehen, in der der Übergang von der Schriftsprache Latein zum Deutschen stattfand, was eine zunehmende Anzahl deutscher Texte, aber auch der Übergang vom Lateinischen zur Volkssprache in den Rechtstexten wie Urkunden oder Stadtrechten anzeigt. Doch erst seit dem 15. Jahrhundert kann als Folge der Erfindung des Buchdrucks, der Verbreitung des Papiers und der zunehmenden Bildung des städtischen Bürgertums wie des Adels von einer „Literarisierung" breiterer Bevölkerungsanteile gesprochen werden. Dies wiederum zog eine stark ansteigende Produktion geschriebener Texte vielfältigster Art nach sich.

Mit der Zunahme der Volksbildung und Literarisierung wird die Diskrepanz zwischen den Dialekten, aber auch der Unterschied zwischen Aussprache und Schreibung deutlicher, so dass Sprachgesellschaften wie die 1617 entstandene Fruchtbringende Gesellschaft, der bedeutende Dichter wie Georg Philipp Harsdörffer, Philipp von Zesen, Martin Opitz oder Andreas

Des dich dirre sculdegit des bistu vnschuldic. So
dir got helfe. Der got der himel vnde erdin gescuf
loub. blumen. vnde gras. des da uore nine was. Vnde
ob du unrechte swerist. daz dich di erde uirslinde.
di datan vnde abiron uirslant. Vnde ob du unrech
te swerist. daz dich di muselsucht bite. di naaman
nen liz. vnde iezi bestunt. Vnde ob du vnrechte
swerist. daz dich di e uirtilige di got moisy gab.
in dem berge synay. di got selbe screib. mit sinen
uingeren an der steinir tabelen. Vnde ob du unrech
te swerist. daz dich uellin alle di scrift. di gescriben
sint an den uunf buchen moisy. Diz ist der iuden
heit den di biscof cunrat dirre stat gegebin hat.

Der „Erfurter Judeneid“ vom Anfang des 13. Jahrhunderts gilt als früheste volkssprachliche Urkunde. In ihm werden den Erfurter Juden partiell die gleichen Rechte wie anderen Bevölkerungsgruppen zugesprochen. Die Juden sollten den Eid in deutscher Sprache ablegen. So konnte geprüft werden, ob sie des Deutschen mächtig waren und damit als heimisch angesehen werden konnten.

Gryphius angehörten, eine Orthographienorm vorantreiben und eine überregional verständliche und einheitliche Sprache etablieren wollten. War im 16. Jahrhundert die Maxime „schreibe, wie du sprichst" maßgebend, nach der die Schrift gegenüber der Sprache als nachrangig betrachtet wurde und sich ihr unterordnen sollte, konstatierte 1650 etwa Georg Philipp Harsdörffer in seinem „Poetischen Trichter": *Daher dann leichtlich zu mutmassen / waruem man sich in dieser Sache so gar nicht vergleichen kan. Der Schlesier schreibt / wie er redet ...; der Meisner schreibt / wie er zu reden pfleget / zaertlich und reinlich: der Braunschweiger stark und maennlich.* Auch in den folgenden Jahrhunderten befassten sich Dichter und Gelehrte vor allem unter dem Blickpunkt der Orthographie mit der Auseinandersetzung über gesprochene und geschriebene Sprache.

In der Zusammenfassung des weiten Bereichs Mündlichkeit – Schriftlichkeit, der hier nur ausschnitthaft und allgemein angesprochen werden kann, ist festzuhalten, dass der mündlichen Kommunikation seit dem Althochdeutschen eine zunächst eng dem Lateinischen verhaftete Schriftlichkeit gegenüberstand, die weniger mündliche Kommunikation widerspiegelte, sondern rasch eigene Konventionen und Traditionen entwickelte. Sprechsprache und Schriftsprache folgten jeweils eigenen Bedingungen und Regelungen, die erst in jüngster Zeit in größerem Umfang durch die neuen Medien aufgelöst bzw. vermischt werden. Aus diesem Grund hat der zweite Teil der Eingangsaussage „Sprich nicht wie gedruckt" insofern seine Berechtigung, als geschriebene bzw. gedruckte Sprache andere Voraussetzungen erfüllt als die gesprochene Sprache. Der erste Teil jedoch ist eher als Topos zu verstehen, der seine Wurzeln bereits im 16. Jahrhundert hat. Zu dieser Zeit wurde der gesprochenen Sprache noch ein deutlicherer Vorrang vor der Schriftsprache eingeräumt.

4. Lange Sätze gab's auch schon im Mittelalter: Eigenheiten des deutschen Satzbaus

Dass es schon im Mittelalter lange Sätze gab, ist eine leicht zu treffende Feststellung, betrachtet man zum Beispiel mitttelhochdeutsche Epen wie den „Parzival" (entstanden kurz nach 1200) von Wolfram von Eschenbach oder Rechtstexte des 15. Jahrhunderts. Ein – in seiner Länge sicher extremes – Beispiel führt Wladimir Admoni für das Jahr 1411 an. In einem an die Stadt Frankfurt gerichteten Schreiben des Trierer Erzbischofs Werner und des Kurfürsten Ludwig von der Pfalz wird der betreffende und sehr umfängliche Sachverhalt in einem einzigen Satz geschildert. Dieser Satz ist äußerst komplex aufgebaut, indem immer wieder neue Teilsätze anderen untergeordnet sind (die Sprachwissenschaft spricht hier von Abhängigkeitsgraden oder Satzhierarchien, wobei im eben erwähnten Beispiel ein maximaler Abhängigkeitsgrad von 15 erreicht wird). Er umfasst sage und schreibe 790 Wörter. Der für seine langen und komplizierten Satzgefüge bekannte Thomas Mann hatte also schon im 5. Jahrhundert Vorgänger.

Obwohl bei der Satzlänge in der Überlieferungsgeschichte des Deutschen tatsächlich Entwicklungen und Unterschiede in den Epochen festzustellen sind, werden in diesem Kapitel vor allem einige wesentliche Veränderungen beleuchtet, die den Satzbau insgesamt, aber auch einzelne Elemente des Satzes betreffen wie die Stellung des finiten Verbs oder die Negation.

Da die älteren Sprachstufen nur über geschriebene Texte fassbar sind, ist an dieser Stelle nochmals zu betonen, dass es nur um Entwicklungen in der Schreibsprache gehen kann, obgleich bei einigen der Veränderungen sprechsprachlicher Einfluss recht wahrscheinlich ist. Wichtig ist weiterhin, dass Text natürlich nicht gleich Text ist, denn zwischen einer Flugschrift des 16. Jahrhunderts, der Bibelübersetzung Martin Luthers oder dem *New Kochbuch für die Krancken* (1545) des Arztes Walter Hermenius Ryff könnten deutliche Unterschiede herausgearbeitet werden. Übersetzungen können sich syntaktisch an den Ausgangstext anlehnen – wie beim *Vater Unser,* dessen Wortstellung aus dem Lateinischen *pater noster* übernommen und bis heute beibehalten wurde. Für eine Flugschrift, die als Frühform der Massenkommunikation angesehen werden kann, mit ihrer zuspitzenden, appellierenden oder agitierenden Funktion werden Wortwahl wie Satzbau anders sein als in einem Sachtext wie dem Kochbuch. Poetische Texte schließlich besitzen durch Metrik und Reim gewissermaßen ein Korsett. So ist die Verbendstellung im Hauptsatz des Neuhochdeutschen eigentlich nicht möglich und wird bereits im Alt- und Mittelhochdeutschen unüblich, dennoch ist genau dieses bei *Ein Veilchen auf der Wiese stand* im Gedicht „Das Veilchen" von Johann Wolfgang von Goethe zu finden. Ausschlaggebend ist hier der Reim, denn das Gedicht fährt fort mit *Gebückt in sich und unbekannt.* Texttypen und Textsorten, daneben auch dem indiviuellen Stil des Autors kommen also eine große Bedeutung zu. Ein weiterer wichtiger Faktor ist der Dialekt. Anders als die heutige Standard(schrift)sprache, die über sehr wenig regionale Varianten in der Syntax verfügt, sind sämtliche überlieferten althochdeutschen Texte ihrem Dialekt verpflichtet – es gibt keine überregionale (Schreib-)Sprache. Die Veränderungen bestimmter syntaktischer Konstruktionen können regional gebunden sein, wie es bei der gleich zu besprechenden doppelten Verneinung der Fall ist.

Doch zunächst zur Verbstellung. Bei einem gegenwartssprachlichen Satz lässt sich an der Stellung des finiten Verbs im Satz erkennen, ob ein Hauptsatz (Verb an zweiter Stelle: *Er liest das Buch*), ein Nebensatz (Verb in Endstellung: *dass er das Buch liest*) oder eine Frage (Verb an erster Stelle: *Liest er das Buch?*) vorliegt. Verbspitzenstellung weisen darüber hinaus auch Imperativsätze (*Lies das Buch*) und sogenannte Eklamativsätze auf (*Läse er doch das Buch; War die Prüfung aber leicht*), die allerdings nicht zu den häufigeren Satztypen gehören. Anfangsstellung des Verbs weist ein eher dem mündlichen Bereich zuzurechnender Sondertyp auf: *Kommt ein Mann in die Bar. Sagt der Barkeeper ...* Schließlich findet sich diese Stellung in Briefen in Formulierungen wie *Lieber Christian! Habe gestern Deinen Brief erhalten und mich sehr gefreut.* Diese recht strikte Verbstellung – eines der Hauptcharakteristika des Deutschen – war nicht von Anfang an vorhanden, sondern entwickelte sich erst allmählich. Doch lassen sich bereits für das Althochdeutsche zahlreiche Sätze finden, in denen die heutige Verbstellung im Aussagesatz vorliegt. Nebenbei bemerkt bedeutet „Verb an zweiter Stelle", dass vor dem Verb genau ein Satzglied zu finden ist, das seinerseits selbstverständlich aus einem oder mehreren Elementen bestehen kann, wie der folgende Satz zeigt: *Der aus Bayern wegen einer beruflichen Veränderung, die ihm ein deutlich höheres Einkommen und eine interessantere Tätigkeit verschaffte, nach Hamburg umgesiedelte Angestellte, dessen Familie ihm nachzog, fuhr Fahrrad.* Hier ist alles, was vor dem Verb *fuhr* steht, das Subjekt und durch das Pronomen *er* ersetzbar – also ein Satzglied. Zumindest im älteren Althochdeutschen ist daneben die Stellung des Verbs an erster Stelle recht häufig, wie ein Beispiel aus der Bibelübersetzung des Tatian (35,29f.) aus dem 9. Jahrhundert zeigt: *uuarun thô hirta In thero lantskeffi* (= 'waren da Hirten in der Gegend'). Zum Teil kann als Grund mit angeführt werden, dass in dieser Zeit noch anhand der Endung des Verbs genau erkennbar war, welche Person vorliegt. Bei der althochdeutschen Verbform *nemumês* (= 'wir nehmen') beispielsweise ist durch die Endung *-mês* klar, dass es sich hier um die 1. Person Plural handelt. Die Setzung eines Personalpronomens ist demnach nicht erforderlich. Ganz anders sieht das in den jüngeren Sprachstufen aus. Zwischen *wir nehmen* und *sie nehmen* ist in der Verbform kein Unterschied zu erkennen. Prinzipiell ist ein Pronomen unerlässlich, um die Person zu kennzeichnen. Aber auch hier ist eine Entwicklung erkennbar. Im Althochdeutschen, das aufgrund seiner expliziten Verbendungen die Person eindeutig anzeigt, scheint das die Person angebende Pronomen vor allem in Hauptsätzen und hier überwiegend bei der dritten Person (Singular und Plural) zu fehlen, während es bei der 1. Person Singular nach den überlieferten Texten fast immer vorkommt. Demgegenüber ist vereinzelt schon im Althochdeutschen, häufiger in den anschließenden Sprachstufen und bis heute im südlichen Sprachraum die „Einsparung" eines Pronomens bei der 2. Person Singular zu beobachten (Typ: *weist nit, hast das gemacht*), während diese Konstruktion bei der 3. Person nicht mehr existiert.

Verbendstellung kommt, wenngleich deutlich seltener als die Verberststellung, ebenfalls im Althochdeutschen vor, wie ein Satz aus dem althochdeutschen „Isidor" belegt: *fona hreue aer Lucifere ih dhih chibar* (= 'von Schoß vor Luzifer ich dich gebar', d. h. 'ich gebar dich vor Luzifer aus dem Schoß'). Damit sind Aussagesätze nicht durch die Stellung des finiten Verbs von Nebensätzen und Fragen zu unterscheiden. Auch bei diesen ist im Althochdeutschen die Verbstellung noch nicht festgelegt. So können bei Nebensätzen nach dem Verb noch andere Satzglieder folgen: *dhazs uuerodheoda druhtin sendida mih zi dhir* = 'dass Heeres Herr sandte mich zu dir'; d. h. 'dass der Herr des Heeres [gemeint sind die himmlischen Heerscharen] mich zu dir sandte'). Auch lässt sich eine Frage nicht in der Wortstellung von einem Aussagesatz unterscheiden (*eno Moyses gab hiu euua* wäre zu übersetzen als 'Gab euch nicht Moses das Gesetz?'). Hier allerdings zeigt das Althochdeutsche eine Besonderheit, indem mit der Partikel *eno* am Satzbeginn angezeigt wird, dass eine Frage folgt – entsprechend etwa dem einleitenden, auf dem Kopf stehenden Fragezeichen im Spanischen oder der im Französischen üblichen Frageeinleitung *est-ce que/est-ce*. So wird hier der Fragecharakter des Satzes deutlich. Während sich bei den Frage- und Aussagehauptsätzen die Stellung des finiten Verbs in spät- und vor allem nachalthochdeutscher Zeit recht schnell festigte, der neuhochdeutsche Standard also bereits recht früh erreicht war, trifft das auf die Endstellung des Verbs in Nebensätzen nicht in dem Maße zu. Und noch heute ist vor allem in der gesprochenen Sprache und den Dialekten zu beobachten, dass das Verb in solchen Sätzen nicht an letzter Stelle stehen muss. In der Schriftsprache setzt sich mit dem Ende der frühneuhochdeutschen Zeit jedoch die Endstellung zunehmend durch.

In diesem Zusammenhang ist noch auf ein besonderes Phänomen des Deutschen einzugehen – das der mehrteiligen Verbform, auch als Verbcluster bezeichnet. Hiermit sind Verbkonstruktionen gemeint, die aus mehreren Teilen bestehen, wie das Perfekt (*habe gemacht*), das Futur I (*werde machen*), das Futur II (*werde gemacht haben*), das sogenannte *werden*-Passiv (*der Apfel wird gegessen*), zunehmend der Konjunktiv (*ich würde gehen*) und weitere Konstruktionen, darunter das (bisher) vor allem umgangssprachliche bzw. in der gesprochenen Sprache zu findende *ich hatte das gemacht gehabt* für *ich hatte das gemacht* oder *tun*-Umschreibungen wie *eins tue nit vergessen*. Weiterhin gehören dazu auch seltene und sehr komplexe Bildungen wie *weil er das hätte gemacht haben können müssen*. Das heutige Deutsche kennt sechs Zeitformen (Plusquamperfekt, Präteritum, Perfekt, Präsens, Futur I und Futur II), die in zwei Modi (dem Indikativ und dem Konjunktiv) sowie zwei Genera (Aktiv und Passiv) vorkommen können. Dieser Bestand entwickelte sich erst im Laufe der Sprachgeschichte des Deutschen, denn im Althochdeutschen sind voll ausgebildet nur das Präsens und das Präteritum vorhanden. Das Präsens vertritt auch das Futur, wobei in ersten Ansätzen Umschreibungen mit den Hilfsverben *sollen* und *wollen* vorkommen. Allmählich treten im Althochdeutschen neben das Präteritum als zunächst einzigem Tempus für die Vergangenheit das Perfekt und das Plusquamperfekt, die beide durch mehrteilige Verbformen gebildet werden. Für die mittelhochdeutsche Zeit ist das heute übliche *werden*-Futur belegt, das sich jedoch erst in frühneuhochdeutscher Zeit durchsetzt. Gleichzeitig nehmen das unpersönliche Passiv (*von der küngîn wart vernomn* = 'von der Königin wurde vernommen' statt 'die Königin vernahm') und *tun*-Umschreibungen zu, die vor allem in Süddeutschland stark vertreten sind und bis heute dialektal existieren. Weiterhin wird das Präteritum vermehrt durch das Perfekt ersetzt. Dies geht so weit, dass in einigen Bereichen wie dem oberdeutschen Raum (dialektal) heute überhaupt kein Präteritum mehr existiert. Schließlich werden die alten eingliedrigen Konjunktivformen durch *würde*-Umschreibungen ersetzt, weil die Konjunktivform in vielen Fällen mit der Indikativ-Präteritum-Form identisch ist (*ich machte das* kann bedeuten 'ich habe das gemacht' oder aber 'ich würde das machen'). Dies alles führt zu einer starken Zunahme der mehrteiligen Verbformen. Bei ihnen erhebt sich die Frage, wie in Nebensätzen die einzelnen Elemente dieser Komplexe angeordnet sind. Heute hat sich mit einigen Ausnahmen die Verbendstellung (*dass ich fahren werde* und nicht *dass ich werde fahren*) in der Standardsprache durchgesetzt. Hierbei handelt es sich allerdings um eine relativ junge Erscheinung, die zudem auch dialektal nicht obligatorisch ist. Im Bairischen überwiegen deutlich Konstruktionen des Typs *dass ich hab gehen müssen*.

Mit der sich für den Aussagesatz durchsetzenden Verbzweitstellung geht ein anderes Phänomen einher, nämlich die Zunahme der Setzung eines *es* in Wendungen wie *es wird gegessen, es schneit, es kommen zwei Techniker.* Dieses *es* wird in der Fachliteratur „expletives *es*" genannt, also vervollständigendes *es.* Es hat keine inhaltliche Funktion, sondern dient lediglich dazu, einen korrekten Satzbau mit einem Subjekt zu bilden. Bei den Witterungsverben wie *regnen, schneien* gibt es kein Subjekt, so dass *es* dieses vertritt. Auch bei der Passivkonstruktion *es wird gegessen* gibt es kein Subjekt. Im Falle von *es kommen zwei Techniker* vertritt das *es* die *zwei Techniker,* die das eigentliche Subjekt bilden, aber hinter das Verb „geschoben" wurden. Hier fällt es bei einer Umstellung des Satzes weg, was bei den Witterungsverben nicht der Fall ist. Bei einigen Verben ist im heutigen Deutsch sowohl die Setzung wie die Weglassung des *es* möglich, denn sowohl *mir graut es vor dir* wie *mir graut vor dir* sind zulässig. Auch bei diesem expletiven *es* ist eine Entwicklung zu beobachten. Im Althochdeutschen kommt es noch recht selten vor, das Mittelhochdeutsche bietet ein uneinheitliches Bild bei einer generellen Zunahme von *es,* vor allem bei den Passivkonstruktionen. Es ist also festzustellen, dass die allmähliche Durchsetzung der Satzstellung Subjekt – Prädikat – Objekte (oder andere Angaben) weitere Auswirkungen hatte, indem *es* zunehmend obligatorisch wird.

Im Bereich der Negation durchlief das Deutsche im Laufe seiner Geschichte einen sehr bemerkenswerten Wandel. Ursprünglich wurde die Verneinung durch eine Partikel *ni* ausgedrückt, die direkt vor dem finiten Verb stand (*ni uuas her thaz lioht* = Negation + ‘war er das Licht’, d. h. ‘er war nicht das Licht’). Allmählich wurde diese Partikel abgeschwächt und konnte mit dem Verb verschmelzen (*nist tót thaz magatin* = Negation + ‘ist tot das Mädchen’, d. h. ‘das Mädchen ist nicht tot’). Im Mittelhochdeutschen ging die Negationspartikel dann auch mit dem vorausgehenden Wort eine Verbindung ein (*ine weiz* = ‘ich’ +

Negation 'weiß', d. h. 'ich weiß nicht'). Um diese Schwächung der Negation aufzufangen, wurde bereits im Spätalthochdeutschen gelegentlich eine Verstärkung hinzugefügt. Von mehreren Möglichkeiten war *ni io uuiht* (= 'nicht ein Wicht') die übliche und konnte sich durchsetzen, denn unserer heutigen Negation *nicht* liegt genau dieses *ni io uuiht* in kontrahierter Form zugrunde. Auf diese Weise kam es im Mittelhochdeutschen zu der doppelten Verneinung (*ine weiz niht* = 'ich' + Negation 'weiß nicht'), die nicht bedeutet, dass sich die Negation aufhebt. Zusätzlich zum oder statt des *nicht* konnten weitere Wörter verwendet werden, die die Geringheit oder Wertlosigkeit anzeigten. Zu nennen sind *nicht ein Haar, nicht eine Bohne, nicht ein Blatt.* Noch heute finden sich in einigen festen Wendungen wie *keinen Pfifferling wert sein, einen Dreck angehen/kümmern, nicht die Bohne interessieren* Überreste dieser Verneinungsmöglichkeit. Die doppelte Verneinung ist nicht nur auf das Deutsche beschränkt. Auch das Französische weist mit *ne pas* zwei Negationselemente auf. Im Deutschen wird die doppelte Negation allerdings zugunsten des *nicht* aufgegeben. Der Schwund des *ne* vollzieht sich in den einzelnen Dialektgebieten des Deutschen unterschiedlich schnell. Um 1500 findet sich im Ostmitteldeutschen gar keine doppelte Verneinung mehr, und im Oberdeutschen ist sie nur noch sehr selten. Im Westmitteldeutschen und vor allem im niederdeutschen Raum ist sie hingegen noch häufiger anzutreffen, schwindet jedoch auch hier allmählich, so dass – anders als im Französischen – im Deutschen die Verneinung wieder durch ein Element ausgedrückt wird. Dieses tritt jedoch an anderer Stelle im Satz auf und ist nicht direkt an das Verb gekoppelt.

Ein weiterer syntaktischer Wandel betrifft eine nur recht kleine Gruppe von Wörtern und hat in der Werbung einer bekannten Biermarke einen Fortsetzer. Der Werbespruch *Das König der Biere* ist syntaktisch eigentlich nicht korrekt, denn *König* ist ein Maskulinum. Der Artikel *das* bezieht sich hier auf (Pilsener) *Bier,* das ein Neutrum ist. Ein ähnliches Phänomen stellen die sogenannten hybriden Substantive und einige Substantive dar, die pluralische Bedeutung haben, aber heute im Singular stehen (*die Polizei kommt* ist korrekt, nicht aber *die Polizei kommen,* obwohl *Polizei* pluralische oder kollektive Bedeutung hat). Als hybride Substantive werden Substantive bezeichnet, deren grammatisches Genus nicht mit dem natürlichen Geschlecht übereinstimmt, wie es bei *das Mädchen* der Fall ist – das grammatische Genus ist Neutrum, das natürliche Geschlecht hingegen Femininum. Wird *das Mädchen* in einer Satzfolge wieder aufgenommen und durch ein Pronomen ausgedrückt, wäre formal korrekt *es,* nach dem Sinn hingegen *sie* zu setzen; also *Das Mädchen geht nach Hause. Es ist müde* gegenüber *Das Mädchen geht nach Hause. Sie ist müde.* Bei diesen beiden Gruppen ist eine, wenn auch unterschiedliche Entwicklung zu verzeichnen. Während bei den Kollektiva heute nur noch der Singular stehen kann, hier also formale Übereinstimmung zwischen Substantiv und Verb herrschen muss, war in den vergangenen Epochen die Konstruktion nach dem Sinn erheblich üblicher, so dass sie eher mit dem Plural standen. Noch bei Luthers Bibelübersetzung finden sich zum Beispiel *es möcht das Volck gerewen / wenn sie den streit sehen* (*sie* nimmt *das Volck* auf) oder *das gantze Jsrael steinigeten jn* ('Israel' im Singular, dennoch steht das Verb im Plural). Im Falle der hybriden Substan-tive überwiegt im heutigen Deutschen ebenfalls die formale Übereinstimmung – auch wenn die Wahl des Pronomens nach dem natürlichen Geschlecht gelegentlich auftritt und nicht als falsch empfunden wird. Dem gegenüber war in früheren Zeiten die Markierung des natürlichen Geschlechtes deutlich häufiger, wie ein weiterer Beleg aus Luthers Bibelübersetzung zeigt: *Da hastu dein weib / nim sie und zeuch* ('zieh') *hin.*

Anders als diese nur einen Randbereich betreffende Entwicklung ist der Rückgang des Genitivs im Deutschen ein gravierenderer Sprachwandel. Die heute noch bedeutendste Funktion des Genitivs ist die, ein Attribut zu einem anderen Substantiv zu bilden (*das Haus des Vaters*). Daneben fordern einige Verben einen Genitiv (*sie gedenken seiner*), ebenso einige Präpositionen (*wegen des Rasens*) und Adjektive (*sich einer Sache bewusst sein*). Weiterhin kommen Genitive als Prädikative (*er ist des Teufels*) und Adverbiale (*sie geht eines Tages weg*) vor. Eine Reihe von Quantitätswörtern wie *viel, genug, kein* forderten ursprünglich einen Genitiv, wovon noch Wendungen wie *Manns genug sein, kein Aufhebens um etwas machen* zeugen. Schließlich erschien im Mittelhochdeutschen nach Zahlwörtern und Interjektionen (*owê des raben, ach mînes* [= 'meines'] *slâfes* [= 'Schlafes']) ein Genitiv. Insgesamt bildete die mittelhochdeutsche Epoche die Blütezeit des Genitivs.

Bei den Präpositionen ist im jüngeren Deutschen zu beobachten, dass der Genitiv durch den Dativ ersetzt wird, aus *während des* wird *während dem,* aus *statt des* ein *statt dem* usw. Bei den Quantitätswörtern ist der Genitiv weitgehend geschwunden. Auch bei den Verben ist ein Rückgang des Genitivs zu registrieren. Für das Althochdeutsche werden 300, für das Mittelhochdeutsche 260 und für das Neuhochdeutsche knapp 60 Verben angesetzt, die den Genitiv regieren. Einige dieser Verben sind ungebräuchlich geworden, und bei nicht wenigen anderen treten zunächst andere Kasus als Alternativform auf, bis sich diese neuere Variante durchsetzt. So konnte im 16. Jahrhundert das Verb *vergessen* sowohl mit Genitiv wie mit Akkusativ gebildet werden – in der Bibelübersetzung von Luther findet sich noch *Vnd hast vergessen Gottes.* Heute kann es dagegen nur mit Akkusativ stehen. Viele der knapp 60 Verben, die heute noch einen Genitiv fordern, stammen wie *bezichtigen, beschuldigen, anklagen, überführen* aus dem Rechtsbereich. Ein Kasuswechsel ist gleichfalls bei den Adjektiven zu beobachten. So ist die ursprüngliche Genitivrektion bei *wert* nur mehr in Verbindungen wie *nicht der Rede wert sein* oder *eigener Herd ist Goldes wert* erkennbar, während es sonst mit dem Akkusativ steht (*keinen Euro wert*). Aber auch in seiner Hauptfunktion, Substantivattribute zu bilden, ist eine Veränderung eingetreten. Während der althochdeutschen Zeit stand das Genitivobjekt vor seinem Bezugswort (*des Vaters Haus*), im Mittelhochdeutschen wandelt sich das Bild, indem es zunächst in Prosatexten (nicht aber in poetischen Texten) immer üblicher wird, den Genitiv nachzustellen (*das Haus des Vaters*), bis heute schließlich nur noch die Bildungen mit Personennamen wie *Sabines Frisörstübchen* die alte Wortstellung bewahren. Die Auffälligkeit dieser Wortstellung manifestiert sich daran, dass heute zunehmend häufiger die Genitivendung, das *-s-*, durch ein Apostroph vom Namen getrennt wird (*Sabine's Frisörstübchen*). Zwar ist die Stellung eines Genitivs nach einem Substantiv noch nicht unüblich, jedoch treten zunehmend Ersetzungen durch Präpositionen (*das Haus vom Vater*) oder die dialektal sprechsprachliche Form *dem Vater sein Haus* auf. Insgesamt ist die gegenwärtige Standardsprache hinsichtlich des Genitivgebrauchs deutlich konservativer als es die Dialekte sind, die zum großen Teil den Genitiv gar nicht mehr kennen, sondernstattdessen den Dativ, Akkusativ oder Präpositionalgefüge benutzen.

Abschließend ist noch einmal auf die eingangs angesprochene Satzlänge und – zum Teil damit einhergehend – die Satzkomplexität zurückzukommen. Auch wenn es im Althochdeutschen bereits Sätze gab, von denen andere Sätze abhingen (was die Satzkomplexität erhöht), so waren doch bis in die mittelhochdeutsche Zeit relativ kurze und gleichgeordnete Sätze des Typs *er tat das und sie sagte jenes* dominierend. Ein Grund dafür ist die Tatsache, dass viele der geschriebenen Texte dafür bestimmt

Doppeldeutige Satzkonstruktionen als Überlebenshilfe

Im Deutschen ist die Stellung der Satzglieder innerhalb des Satzes relativ frei. Diese Freiheit kann gelegentlich in die Irre führen, weil unterschiedliche Bezüge möglich sind. Die Möglichkeit mehrfacher Bezüge von Satzgliedern kann auch systematisch für doppeldeutige Formulierungen genutzt werden. Ein Beispiel dafür stellt dieses Gedicht aus der Zeit der Gegenreformation dar. Es erlaubt auf spielerische weise eine Interpretation „nach Bedarf“: In katholischen Gegenden trug man die beiden Blöcke nacheinander vor, in lutherischen Gegenden als Langzeiler.

Ich sage gänzlich ab	*Der Römer Lehr und Leben*
Luthero bis ins Grab	*Will ich mich ganz ergeben*
Ich lache und verspott	*Die Mess und Ohrenbeicht*
Lutheri sein Gebot	*Ist mir gar sanft und leicht*
Ich hasse mehr und mehr	*All die das Papsttum lieben*
Der Lutheraner Lehr	*Hab ich ins Herz geschrieben*
Bei mir hat kein Bestand	*Ein römisch Priesterschaft*
Was Luthern ist verwandt	*Lob ich mit aller Kraft*
Wer lutherisch verstirbt	*Das Himmelreich soll erben*
In Ewigkeit verdirbt	*Wer römisch bleibt im Sterben.*

waren, vorgelesen zu werden. Das gilt nicht nur für Theologisches wie Predigten, sondern auch für die großen Epen wie den Erec, Iwein oder Parzival. Sie wurden nicht gelesen, sondern rezitiert, so dass insgesamt auch im Mittelhochdeutschen noch dieser Satztyp überwog. Ausgenommen sind die Urkunden, die von Anfang an äußerst komplizierte und komplexe Satzgefüge zeigen, da häufig versucht wurde, den gesamten Rechtsinhalt in einem Satz zu fassen. Mit der frühneuhochdeutschen Zeit trat ein Wandel ein. In vielen Textsorten wurden nun Satzgefüge mit voneinander abhängigen Nebensätzen, lange Satzglieder mit vielen Attributen, Partizipialkonstruktionen (*sagte er, seinen Hut in der Hand haltend*) und die Reihung von Synonymen *(er freute, ergötzte und delektierte sich*) verwendet. Die „geblümte Rede" hatte ihre Hochkonjunktur. Seit dem 19. Jahrhundert kehrt sich dieser Prozess wieder um. Es werden vermehrt einfache Sätze, nur bestehend aus einem Hauptsatz, gebildet. Nach Untersuchungen bilden sie heute die Hälfte aller Sätze. Auch die Satzlänge geht zurück, so dass in der Mitte des 20. Jahrhunderts ein durchschnittlicher Satz eines Fachtextes 20 Wörter umfasst, was sogar noch weniger ist als die für den Althochdeutsch schreibenden Notker den Deutschen († 1022) ermittelten durchschnittlichen 24,1 Wörter pro Satz.

5. Weder Schall noch Rauch: Namen als wesentlicher Teil der Sprachgeschichte

Die Überschrift dieses Kapitels ist eine Abwandlung eines Zitats von Johann Wolfgang von Goethe, der im „Faust I" konstatiert: „Ich habe keinen Namen dafür! Gefühl ist alles; Name ist Schall und Rauch". Diesem ist aus der Sicht der Sprachgeschichte wie der Sprachforschung allgemein deutlich zu widersprechen. Hält man sich vor Augen, wie iele Namen aller Art jeder tagtäglich benutzt, so wird schon ersichtlich, dass Namen einen beträchtlichen Teil der Kommunikation und damit der Sprache ausmachen. Gelegentlich wundert man sich über einen ungewöhnlichen Familiennamen wie *Gernegroß* oder schmunzelt über einen Ortsnamen wie *Deppendorf* und fragt sich, was bedeutet dieser Name, woher kommt er? Abgesehen von diesem gelegentlichen Aufmerken fällt in der Regel nicht auf, welch hohen Anteil Namen in der Kommunikation haben. Und anders als bei unbekannten Wörtern (Appellativen), deren Bedeutung er erfragt oder in einem Wörterbuch recherchiert, macht der Sprachteilhaber dies bei Namen zumeist nicht. Selbst wenn er es versuchte, hilft ihm ein Wörterbuch wie das Duden-Universalwörterbuch, ein etymologisches Wörterbuch oder ein historisches Wörterbuch wie das „Deutsche Wörterbuch" von Jacob und Wilhelm Grimm nicht weiter. Abgesehen von gelegentlichen Aufnahmen der Namen einiger (größerer) Städte wie Frankfurt am Main oder Berlin, wo sich im Duden-Universalwörterbuch der lakonische Eintrag „Stadt in Hessen" bzw. „Stadt an der Spree, Hauptstadt Deutschlands" findet, sucht man einen Orts- oder Personennamen vergeblich. Woran liegt das?

Bereits in der Antike wurde erkannt, dass zwischen Wörtern (Appellativen) und (Eigen-)Namen (Onymen) gewisse Unterschiede bestehen. So bezieht sich ein Appellativ immer auf eine ganze Gattung von Gleichartigem; *Tisch* beispielsweise meint sämtliche Objekte, die ein Möbelstück sind, das eine waagerechte Platte besitzt, die auf einer Stütze (meist Beinen) ruht – gleichgültig, ob der Tisch groß, klein, rund, eckig, grün, blau, aus Holz, Metall etc. ist. Ein Name hingegen bezieht sich immer nur auf ein einzelnes Objekt, sei es eine Person, ein Berg, ein Gewässer oder eine Siedlung. Onyme haben keine Bedeutung im engeren Sinne wie ein Appellativ, sondern besitzen eine Identifizierungsfunktion. Sie verknüpfen einen sprachlichen Ausdruck mit einem einzigen Objekt und gelten nur für dieses. Daran ändert auch die Tatsache nichts, dass es in Deutschland derzeit ungefähr 710 000 Personen mit dem Familiennamen *Müller* gibt. Letztlich ist in einem Gespräch mit der Aussage *Ich traf gestern*

Herrn Müller immer ein bestimmter Herr Müller gemeint, der zudem den Gesprächsteilnehmern bekannt sein muss, damit diese Aussage ihre Kommunikationsfunktion erfüllt. Dieser zu den Appellativen wesentliche Unterschied der Referenz- oder Identifizierungsfunktion ist der Grund, warum seit der Antike Onyme von den Appellativen geschieden wurden und auch die Wörterbücher keine Namen verzeichnen.

Dennoch widmet diese Sprachgeschichte ein gesondertes Kapitel den Namen. Den Grund nennt bereits die Kapitelüberschrift, denn Namen sind ein wesentlicher Teil der Sprachgeschichte. Dies soll im Weiteren an verschiedenen Beispielen und Namentypen erläutert werden. Zuvor sind jedoch noch einige Bemerkungen zu Namen zu machen.

Onyme sind ein Bestandteil der Sprache, denn sie sind sprachliche Einheiten. Namen für Örtlichkeiten, sogenannte Toponyme, wie Orte, Flurstücke, Berge, Gewässer etc. werden in einer Kommunikationssituation vergeben und stellen zu Beginn noch keinen Namen dar, sondern haben appellativischen Charakter. So würde jemand auf die Frage, wo er wohnt, eventuell antworten: *an der Franken Furt,* d. h. 'an der Furt der Franken' (heute *Frankfurt*). Erst allmählich verfestigt sich die Bezeichnung für die bestimmte Stelle und wird dauerhaft mit ihr verbunden. Damit ist der Übergang von einem Appellativ zu einem Onym gegeben. Ab diesem Zeitpunkt ist eine Umbenennung äußerst schwierig, die ursprüngliche Bedeutung der namengebenden Appellative tritt in den Hintergrund bzw. schwindet ganz, was daran ersichtlich wird, dass nach dem (möglichen) Verschwinden der den Namen motivierenden Eschen in *Eschweiler, Eschwege* oder *Eschborn* die Orte selbstverständlich nicht umbenannt werden. Das Gleiche gilt für die Namen von Personen, die sogenannten Anthroponyme, in weiten Teilen ebenfalls. Die heutigen Familiennamen wurden nicht als „fertige" Namen vergeben, sondern stellten zunächst für eine Person bestimmte charakterisierende Elemente (Beruf, Herkommen, Aussehen usw.) dar, die auch durchaus variieren konnten.

Etwas anders gelagert ist der Fall bei den Vornamen, den Rufnamen. Ein solcher wurde einem Kind in der Regel in einem bewussten Namengebungsakt zugesprochen. Hier wurde in der Frühzeit mit dem Namen ein Wunsch o. Ä. verbunden, indem ein *Rüdiger* 'berühmt mit dem Speer', d. h. ein besonderer Kämpfer sein sollte. Der Rufname enthält althochdeutsch *ger* 'Speer' sowie vorn ein im Deutschen nicht bezeugtes Wort, das sich aus anderen germanischen Sprachen erschließen lässt und die Bedeutung 'berühmt' hat. Diese bewusste Art der Namengebung wurde jedoch bereits früh wieder aufgegeben. Stattdessen griffen andere Motive wie zum Beispiel die Nachbenennung nach den Eltern, so dass entweder der Name insgesamt oder einzelne Teile der Elternnamen übernommen wurden. Berühmtes Beispiel sind die Namen von Großvater, Vater und Sohn aus einem der bedeutendsten literarischen Denkmäler der volkssprachlichen Frühzeit, dem „Hildebrandslied", in dem der Großvater *Heribrant,* der Vater *Hildebrant* und der Sohn *Hadubrant* heißen. Allen gemeinsam ist das Namenzweitelement *-brant,* das etymologisch zu *Brand* gehört und in Namen für die Schwertklinge oder das Schwert steht. Außerdem stimmen die drei Namen darin überein, dass ihr erster Bestandteil mit *H-* anlautet. Die partielle Nachbenennung oder der gleiche Anlaut als Namengebungsmotiv wird umso verständlicher, als Familiennamen bis in das hohe Mittelalter unbekannt waren, die Menschen also in der Regel nur einen einzigen Namen führten. Ein familiärer Zusammenhang konnte daher nur über derartige Mittel angezeigt werden. Dabei bildete sich im Laufe der Zeit ein bestimmtes Inventar an Personennamenelementen heraus, die relativ willkürlich miteinander kombiniert werden konnten und zu unsinnigen Kombinationen wie *Gundhild* führten. Beide Elemente dieses Namens bedeuten 'Kampf', so dass der Rufname, würde man ihn übersetzen, letztlich als 'Kampf-Kampf' zu interpretieren wäre. Auch Namen wie *Friedhelm* oder *Wilhelm* (mit den Elementen *Friede* bzw. *Wille* und *Helm*) stellen hinsichtlich ihres Bedeutungsgehaltes sicherlich keine bewusst vergebenen Namen bzw. Wunschnamen dar. Ihnen gemeinsam ist jedoch, dass sie Namenelemente und damit Wörter enthalten können, die die heutige Sprache nicht mehr kennt. Blickt man in die ältere oder älteste Überlieferung des Deutschen zurück, so lassen sich die Wörter *wini* 'Freund' in *Winfried* oder *hrôth* 'berühmt' in *Roderich* auch dort in den Textzeugnissen nicht finden. Sie sind allenfalls über andere mit dem Deutschen verwandte Sprachen zu belegen. Das bedeutet, dass Personennamen sehr altertümliches Wortgut bewahren. Häufig ist dieses Wortgut aus anderer Überlieferung nicht zu verifizieren. Die Aussage von Jacob Grimm in seinen kleineren Schriften aus dem Jahre 1840 lässt sich bereits an den Rufnamen der ältesten Zeit bestätigen: „Ohne die eigennamen würde in ganzen frühen jahrhunderten jede quelle der deutschen sprache versiegt sein, ja die ältesten zeugnisse, die wir überhaupt für diese aufzuweisen haben, beruhen gerade in ihnen. und da die bestandtheile der namen gewissermaszen nicht dem strom der lebendigen rede folgen, sondern zäherer natur werden, beweisen sie sogar für eine ältere zeit zurück, als in der sie uns aufbewahrt worden sind." Dies gilt umso mehr für die anderen Namentypen wie Familiennamen oder vor allem die Toponyme, d. h. die Namen für Örtlichkeiten jeder Art. Gleichzeitig wird anhand der Personennamen offensichtlich, was den Menschen der damaligen Zeit wichtig war, wie ihr tägliches Leben, ihre Wünsche, kurz: ihre Lebensrealität aussah. Beispielhaft wird das an den verschiedenen Bereichen deutlich, die sich in den Rufnamen wiederfinden:

Motive germanischer Rufnamengebung

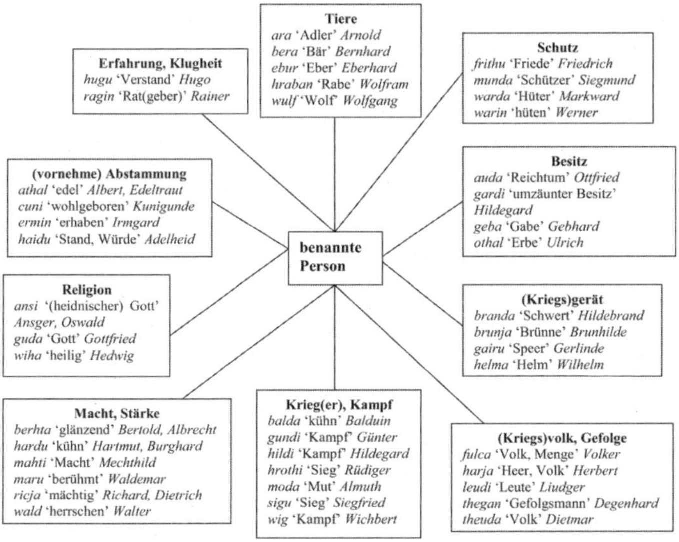

Gilt die Aussage, dass Namen den Wortschatz der jeweiligen Zeit bewahren, für die Rufnamen begrenzt, weil das Nameninventar beschränkt oder früh ritualisiert war, so ist dieses bei den anderen Namen weitaus weniger der Fall. Es ist hier in aller Deutlichkeit festzuhalten, dass der allmähliche Übergang von einem Appellativ zu einem Namen den Sprechern nicht bewusst ist und auf diese Weise die Herauslösung eines Namens aus dem aktiven Wortschatz, der sich im Laufe der Zeit verändert, unmerklich vor sich geht. Dennoch findet er statt, so dass ein einmal festgewordener Name hohe konservierende Eigenschaften besitzt. Das gilt vor allem für Namen von Siedlungen, Gebieten, Flüssen, (größeren) Bergen oder anderen markanten naturräumlichen Objekten. Ein Name bleibt erhalten, solange das Benannte existiert und es Sprecher gibt, die den Namen benutzen. Dieses kann über Jahrhunderte oder sogar Jahrtausende der Fall sein, wie die Fachwissenschaft der Namenforschung, die Onomastik, für zahlreiche Onyme belegen kann. Gleichzeitig waren und sind Namen in aller Regel volkssprachlich. Das bedeutet, sie entstammen der Sprache derjenigen, die etwas oder jemanden benannten.

Beim „Codex Eberhardi" (Abb. S. 123) handelt es sich um eine aus der Zeit um das Jahr 1000 stammende Urkunde, die in einer Prachtabschrift aus dem 12. Jahrhundert erhalten ist. In der Urkunde wird der Besitz des Herzogs Bernhard von Sachsen in zahlreichen Orten festgehalten. Der Text ist also rechtsverbindlicher Natur. Wie bis in das 13./14. Jahrhundert üblich, ist die Sprache Latein. Die Namen jedoch sind erkennbar nicht lateinisch, sondern volkssprachlich. Das gilt auch für andere Sprachen als das Deutsche. So ist wohl kaum jemandem bewusst, der nach *Worms, Mainz* oder *Remagen* fährt, dass diese Ortsnamen nicht deutsch sind, sondern die keltische Sprache bewahren und durch lateinische Vermittlung umgeformt und tradiert wurden. Das bedeutet, dass die Namen mindestens seit dem 2. oder 3. Jahrhundert nach Christus existierten.

Ebenso wird man kaum auf Anhieb eine Verbindung ziehen zwischen den Ortsnamen *Walsrode, Benrath* und *Bayreuth*. Alle drei enthalten, wie hunderte weiterer Namen, ein Element, das sich jeweils in den Dialekten unterschiedlich entwickelte und mit dem Wort *roden, Rodung* zusammenhängt. Mit dem Ansteigen der Bevölkerungszahl im Mittelalter wurde weiterer Siedlungs- und Ackerplatz benötigt. Deshalb begannen die Menschen, zuvor von Wald bewachsene Flächen zu roden und urbar zu machen, und die entstehenden Siedlungen zeigen dieses nicht selten in ihrem Namen an. Damit spiegeln Namen auch

Auszug aus dem „Codex Eberhardi“

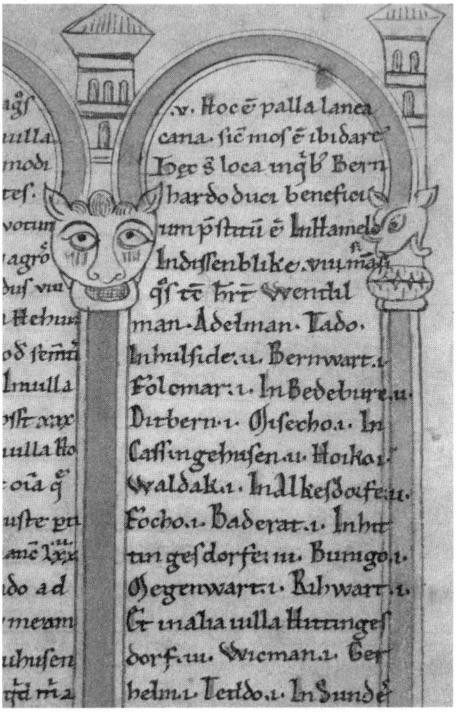
.v. Hoc ē palla lanea
cana. sic mos ē ibi dare
Hec s loca in qb Bern
hardo duci benefici
um p̄stitū ē. In Hamelo
In dissenblike. viii. ma
q̄s tc hbt Wendil
man. Adelman. Tado.
In hulside. ii. Bernwart. i.
Folcmar. i. In Bedebure. ii.
Ditbern. i. Misecho. i. In
Cassingehusen. ii. Hoiko. i.
Waldak. i. In Alkesdorfe. ii.
Focho. i. Baderat. i. In hit
tingesdorfe. iii. Bunigo. i.
Megenwart. i. Rihwart. i.
Et in alia uilla Hittinges
dorf. iii. Wicman. i. Ger
helm. i. Teddo. i. In Sunde

… Hec sunt loca, in quibus Bernhardo duci beneficium prestitum est: In Hamelo [Hameln]; in Dissenblike [unbekannt] VIII mansi, quos tunc habuerunt Wendilman, Adelman, Tado; in Hulside [Hülsede] II, Bernwart I, Folcmar I; in Bedebure [Beber] II, Ditbern I, Misecho I; in Cassingehusen [Kessiehausen] II, Hoiko I, Waldak I; in Alkesdorfe [Algesdorf] II, Focho I, Baderat I; in Hittingesdorfe [Groß Hegesdorf] III, Bunigo I, Megenwart I, Rihwart I; et in alia uilla Hittingesdorf [Klein Hegesdorf] III, Wicman I, Gerhelm I, Teddo I; in Sundesdorf [Schwedesdorf] Eilrat I; in Vonrode [+ Venreder] II …

Auszug aus dem „Codex Eberhardi“. Darunter eine Transkription und in eckigen Klammern die heutigen Ortsnamen die Tätigkeiten, die Lebenswirklichkeit der Menschen zur Zeit der Namenvergabe. Das für das menschliche Überleben notwendige Wasser findet sich – für die heutigen Sprecher nicht mehr erkennbar – zum Beispiel in den Ortsnamen *Bad Honnef, Aschaffenburg, Oberwalluf* oder *Olpe*. Ihnen ist ein Zweitelement *-apa* in der Bedeutung 'Wasser, Fluss' gemeinsam, das sich ebenfalls dialektal recht unterschiedlich entwickelte (*-ef, -af, -uf, -op, -ap* etc.), sich aber im Wortschatz der heutigen Zeit wie auch der ältesten schriftlichen Überlieferung des Deutschen nicht finden lässt, mithin recht alt sein muss. Dass es einst existierte, belegen die bis heute vorhandenen Ortsnamen.

Dass Namen eng mit der Lebenssituation der Menschen verknüpft sind, wird besonders an den Familiennamen deutlich. Um eine in der Gesellschaft wichtige Zugehörigkeit oder Abstammung anzuzeigen, kann der Name des Vaters verwendet werden. Auf diese Weise entstehen die gerade im Norden Deutschlands überaus zahlreichen Familiennamen auf *-sen*, die letztlich wie *Petersen* einfach einen *Sohn* (> *sen*) eines *Peter* meinen. Die Herkunft einer Person ist in der mittelalterlichen Gesellschaft ebenfalls von Bedeutung. Mit dem Entstehen und Anwachsen von Städten geht der Zuzug zahlreicher Menschen aus den umliegenden Dörfern einher. Diese „Fremden" werden gern nach ihrem Ursprungsort benannt, so dass Familiennamen wie *Warendorp* (aus dem westfälischen Warendorf), *Kölling* (aus Köln) oder *Möhring* (aus Möringen bzw. Mehring) entstehen. Charaktereigenschaften, das von der Norm abweichende oder auffällige Aussehen oder andere Besonderheiten waren und sind bis heute der Anlass, jemanden mit einem darauf Bezug nehmenden (Bei-)Namen zu versehen, und so verwundert es nicht, dass viele Familiennamen auf derartige Bezeichnungen zurückgehen. Familiennamen wie *Scheel* oder *Schily* verweisen wenig schmeichelhaft darauf, dass der erste Namensträger schielte,

Luchterhand, Lörsch, Linke(e) oder *Tenk, Deng,* dass es sich um einen Linkshänder handelte, denn allesamt enthalten sie dialektale Wörter für „links“, oder *Wucherpfennig,* dass jemand einen geschickten Umgang mit Geld hatte und es vermehrte – der entgegengesetzte Name ist übrigens *Schimmelpfennig,* weil er das Geld gewissermaßen verschimmeln ließ, also nicht damit tätig wurde. Auch die ausgeübte Tätigkeit war bedeutsam, und dies gerade in einer zum Teil wesentlich arbeitsteiligeren sowie stärker reglementierten Zeit. Dies soll abschließend an einigen Familiennamen gezeigt werden, die mit der Tätigkeit des (Brot-) Backens zusammenhängen. Anders als heute gab es im Mittelalter drei verschiedene Arten des Backbetriebes, die streng geregelt waren. Zum einen gab es die sogenannten Haus- oder Lohnbäcker, die im Auftrag arbeiteten und entweder die von den Kunden vorgefertigten Teige in ihrem Ofen buken oder zu den Leuten ins Haus kamen, dort den Teig produzierten und buken. In jedem Fall war ein freier Verkauf so entstandener Backwaren untersagt. Die zweite Form war das noch heute bekannte Backen auf eigene Verantwortung, bei der der Bäcker Produkte für den öffentlichen Verkauf herstellte. Er war hinsichtlich der Zutaten, Größe der Backwaren etc. von rechtlichen Verordnungen eingeschränkt. Dabei bot er in der Regel nicht die gesamte „Palette“ von dunklem und (deutlich teurerem) Weißbrot, Kuchen und Erzeugissen der Feinbäckerei an, sondern war auf einen kleinen Teil von Backerzeugnissen beschränkt. Schließlich gab es noch die sogenannten Hofbäcker. Diese arbeiteten ausschließlich für ein Kloster, einen Hof oder eine andere größere Wirtschaftseinheit. Mögliche Überschüsse durften frei verkauft werden, was zu Konflikten mit den anderen Bäckern führen konnte. Diese Arbeitswelt und Lebenswirklichkeit reflektieren die Familiennamen deutlich. Die allgemeine Bezeichnung für den Bäcker findet sich in Namen wie *Beck, Becker, Böck* oder *Bakker.*

Bei diesen dürften die ersten Namensträger jeweils für den freien Verkauf arbeitende Bäcker gewesen sein, denn der Hofbäcker wurde mit Namen wie *Nonnenbeck, Herrenbeck,* aber vor allem *Pfister, Pfisterer, Pistor, Pistorius* benannt. Der Hausbäcker schließlich erscheint in Namen wie *Hausbeck, Heimbeck, Voges, Forgetzer, Vochazer, Fochezer.* Exemplarisch aus den in hunderten unterschiedlicher Familiennamen, die das mittelalterliche und frühneuzeitliche Backwesen illustrieren (*Semmelrogge, Pfannkuch, Zeltner, Weck, Spitzweg*), sei hier noch *Oblater, Oflater* herausgegriffen. Er stellte ein besonderes Produkt her, nämlich die Hostien, die unentbehrlich für das religiöse Leben waren.

Dieser – sehr exemplarische und kurze – Einblick in die Welt der Namen zeigt, dass Namen weder Schall noch Rauch sind, sondern äußerst langlebige sprachliche Elemente, die zudem vieles über die Sprache sowie die Kultur und Lebensbedingungen der Menschen verraten, auch wenn das bei der täglichen Benutzung kaum in den Blick kommt, ja kommen kann.

Die wichtigsten Faktoren der Sprachentwicklung

III.

1. Der Glaube versetzt Berge: Wie formt die Kirche die Sprache?

Die ursprüngliche Bedeutung des Wortes *Gott* (germanisch **guþ*) kann über Belege im Altindischen erschlossen werden. Vermutlich gibt es einen Zusammenhang zu der indogermanischen Wurzel **g^{h}eu-* mit der Bedeutung 'gießen'. Da bei Opferhandlungen häufig kostbare Flüssigkeiten vergossen wurden, wäre die Bedeutung der Vorstufe des *Gott*-Wortes mit 'Gussopfer' wiederzugeben. Diese Rekonstruktion erscheint schlüssig, denn es liegt nahe, dass die Bezeichnung für den Vorgang der Huldigung auf den Gegenstand der Huldigung (Gott) übertragen wurde. Sie zeigt zugleich, in welchem Maße die Sprache durch das Gottesbild und durch die kulturelle Praxis des Gottesdienstes geprägt wird.

Die ersten zusammenhängenden Texte in deutscher Sprache sind christliche Gebete. Schon aus dieser Tatsache lässt sich ableiten, welch großen Stellenwert der Glaube für die Sprache hat. Einerseits bringt dies zum Ausdruck, dass für das Gebet bereits sehr früh eine volkssprachliche Form gefunden wurde, auch wenn sie sonst in kirchlichen Zusammenhängen hinter der heiligen Sprache Latein zurücktrat. Für das persönliche Gebet, das eine möglichst enge Verbindung zu Gott herstellen sollte, war die Volkssprache gegenüber dem Latein naturgemäß das geeignetere Medium. Anderseits zeigt die Tatsache der schriftlichen Überlieferung, dass die Gebete offenbar nicht nur als etwas ganz Persönliches galten. Im Gegenteil: Sie wurden als wichtige Dokumente angesehen, die aus Gründen der Traditionswahrung schriftlich fixiert werden mussten. Dieser Impuls überwog bei Weitem die Schwierigkeiten, die sich angesichts des Fehlens einer schriftsprachlichen Tradition ganz konkret beim Niederschreiben stellten. Insgesamt kann man feststellen, dass unter den ältesten schriftsprachlichen Zeugnissen des Deutschen neben vielen Glossen vor allem solche Texte sind, die mit einem Kult zusammenhingen, etwa (noch aus heidnischer Tradition) ein Wurmsegen oder andere Beschwörungsformeln. In diesen Texten geht es, ähnlich wie in einem Gebet, nicht allein um die Nutzung der Sprache als Medium für die zwischenmenschliche Verständigung. Vielmehr wird aus der Sicht des Sprechers durch die sprachliche Äußerung Realität geschaffen.

In der Feierlichkeit des – möglicherweise gemeinsam gesprochenen – Gebets verfestigen sich Ausdrücke, die nicht aus der Alltagssprache stammen müssen. Die Sprache des Gebets hebt sich vielmehr vom sonstigen Sprachgebrauch ab: Individuelle, situations-, gruppen- oder regionalspezifische Formen werden vermieden. Durch Bindung an ein Versmaß oder durch die Vertonung wird diese Tendenz noch verstärkt.

Für die Gläubigen muss der Gegensatz zwischen ihrer alltagssprachlichen Erfahrung und der durch das fremde Latein geprägten christlich-religiösen Welt mit vielen Einschränkungen und großen Widersprüchen verbunden gewesen sein, denn durch die Sprachbarriere blieb vielen die unmittelbare Teilhabe verwehrt. Zwar blieb das Lateinische bis weit in die Neuzeit

Wessobrunner Gebet
Althochdeutsch (um 800)

Cot almahtico, du himil enti erda gauuorahtos enti du mannun so manac coot forgapi forgip mir in dina ganada rehta galaupa enti cotan uuilleon uuistom enti spahida enti craft tiuflun za uuidarstantanne enti arc za piuuisanne enti dinan uuilleon za gauurchanne

'Gott, Allmächtiger, Du hast Himmel und Erde erschaffen und den Menschen so viele gute Gaben gegeben, gib mir in Deiner Gnade rechten Glauben und guten Willen, Weisheit und Klugheit und Kraft, dem Teufel zu widerstehen und das Böse zu meiden und Deinen Willen zu verwirklichen.'

hinein die Sprache der katholischen Liturgie, doch entstanden auch bereits in der Zeit vor der Reformation zahlreiche Historienbibeln, Legendensammlungen, Predigten, Liederbücher und viele weitere volkssprachliche Texte, die der Festigung und der Verbreitung des Glaubens dienten.

Die Entstehung der deutschen Schriftsprache ist untrennbar mit der Christianisierung der ursprünglich an Naturgottheiten glaubenden Germanen verbunden. In der Auseinandersetzung mit der fremden Vorstellungswelt und dem Inhalt der biblischen Geschichten mussten die missionierenden Kulturvermittler die richtigen Worte finden. Da es weder für zentrale christliche Begriffe wie *Barmherzigkeit, Buße, Gnade* oder *Vergebung* noch für die im Gottesdienst verwendeten Gegenstände wie

Kelch, Altar, Bibel oder *Tabernakel* volkssprachliche Ausdrücke gab, entstanden in diesem Bereich zahlreiche Lehnwörter und Lehnübertragungen. Der Wortschatz wurde also gleich zu Beginn der althochdeutschen Zeit deutlich erweitert. Gleichzeitig war dieser Wortschatzbereich in besonderem Maße prägend für die frühe schriftliche Überlieferung des Deutschen, denn es waren ja gerade die zunächst zu Missionszwecken gegründeten Klöster, in denen die Schriftkultur entwickelt und gepflegt wurde. In diesem Zusammenhang ist bedeutsam, dass die Missionierung in mehreren Wellen vor sich ging und dass diese großen Wellen sich jeweils bestimmten Regionen zuordnen lassen. Tatsächlich spiegelt sich die Reichweite der verschiedenen Missionszüge auch im Wortschatz und – bis heute – auch in der Personennamengebung wider. So sind Namen wie *Korbinian* oder *Kilian* sehr deutlich an den (von irischen Missionaren christianisierten) bayerischen Raum, Namen wie *Bernhard* oder *Ludger* sehr deutlich an den (fränkisch missionierten) westfälischen Raum gebunden. Wörter wie *Pfingsten* (aus griechisch *pentekoste hemera* 'fünfzigster Tag' [nach Ostern]) oder *Pfaffe* (aus griechisch *papas* 'niederer Geistlicher') verraten durch ihren Lautstand, dass sie bereits vor der Zweiten Lautverschiebung, die um 500 nach Christus begann, ins Deutsche entlehnt wurden. Charakteristisch ist in diesem Zusammenhang das anlautende *-pf-*, das im Zuge dieses Lautwandelprozesses aus dem ursprünglich anlautenden *-p-* entstand. Im selben Kontext steht auch das Wort *Kirche,* das über eine romanische Zwischenstufe (*kyrikon*) auf das griechische Wort *kyriakos* 'zum Herrn gehörig' zurückgeht. Das inlautende *-k-* wurde durch die Zweite Lautverschiebung zu dem Reibelaut, den wir heute als *-ch-* in der Schreibung wiedergeben. Nur im Südosten finden sich frühe Belege für diese ersten christlichen Lehnwörter. Sie werden deshalb von einigen Sprachhistorikern durch eine sogenannte gotisch-arianische Mission erklärt, für die es allerdings keine Indizien gibt. Auch das Wort *Samstag* für den vorletzten Tag der Woche (aus lateinisch *sabbatum*) wird auf gotisch-arianische Vermittlung zurückgeführt. Das Wort konnte sich nicht im gesamten deutschen Sprachraum durchsetzen. Im Norden konkurriert es bis heute mit den Formen *Sonnabend* und *Saterdag*. Die Form *Sonnabend* ist vermutlich im Zuge der angelsächsischen Mission im deutschen Sprachraum verbreitet worden.

Die Kirchenprovinzen Bremen, Köln, Trier, Mainz, Magdeburg und Salzburg, die sich bis zum Ende des frühen Mittelalters herausgebildet hatten, waren als Verwaltungseinheiten und auch als Identifikationsräume von Bedeutung. Diese Tatsache schlägt sich im Wortschatz nieder, insbesondere in den Bereichen, die durch die Bistumsverwaltung geprägt wurden. Hierzu zählt beispielsweise die Benennung der Wochentage und kirchlicher Feiertage.

Unsere Gegenwartssprache ist auch außerhalb des kirchlichen Kontextes voll von Ausdrücken, die eng mit dem christlichen Glauben verbunden sind (zum Beispiel *es ist ein Kreuz* 'es ist schwer', *jemanden ins Gebet nehmen, etwas beichten* 'gestehen', *gottverlassen, zum Teufel!, himmlisch* usw.). Hierher gehört möglicherweise auch der Ausdruck *Hokuspokus*, der vermutlich auf die Unverständlichkeit der lateinischen Liturgie (*hoc est enim corpus meum* – 'denn dies ist mein Leib') Bezug nimmt. Er verdeutlicht einmal mehr die Besonderheit der zweisprachigen Situation mit einem bis auf wenige volkssprachige Elemente überwiegend auf Latein gestalteten Gottesdienst. Als es im Zuge der Mission darum ging, möglichst viele für die neue Lehre zu gewinnen, sollte nach einem Erlass Karls des Großen die Volkssprache zur Verkündigung des Evangeliums und für die Predigt, für das Glaubensbekenntnis, für Beichtformulare und Taufgelöbnisse eingesetzt werden. In der Messe jedoch fand die deutsche Sprache bis zum Zweiten Vatikanischen Konzil (1962–1965) keinen Platz, Latein war die heilige Sprache (*lingua sacra*).

Die Bibel ganz oder in Teilen in eine volkstümliche Landessprache zu übersetzen, war seit dem Konzil von Toulouse im Jahr 1229 nach einer päpstlichen Verfügung ausdrücklich verboten. Hintergrund war dabei das Bestreben, abweichende Auslegungen zu vermeiden und damit die Einheit der christlichen Lehre zu bewahren. Aus dem Jahr 1369 datiert ein Erlass Kaiser Karls IV., der volkssprachliche Publikationen zu Glaubensangelegenheiten verbot. Im Jahr 1485 untersagte Erzbischof Berthold von Mainz ausdrücklich noch einmal das Übersetzen der Bibel ins Deutsche. Damit war dem Großteil der gläubigen Christen der unmittelbare Zugang zur Heiligen Schrift versperrt. Die Darlegung der biblischen Inhalte blieb in der Hand der Geistlichen.

Trotz der beschriebenen Verbote gab es in großer Zahl deutsche Texte, die sich mit religiösen Themen beschäftigten. So sind allein 18 verschiedene Bibeldrucke, darunter auch vier in niederdeutscher Sprache, sowie über hundert Handschriften mit deutschen Bibelübersetzungen aus der Zeit vor der Veröffentlichung des sogenannten Septembertestaments von Martin Luther (1522) bekannt. Daran lässt sich ablesen, wie groß das Bedürfnis war, in der Volkssprache einen Zugang zu Glaubensdingen zu finden. Doch keine der volkssprachlichen Übersetzungen vor Luther entfaltete eine Wirkung, die auch nur entfernt mit dem Erfolg seiner Bibelübersetzung vergleichbar wäre. Die Texte wirken unbeholfen und umständlich, bleiben zu nah an der Vorlage und sind eher als Übersetzungshilfe für die lateinische *Vulgata* denn als eigenwertiger Text anzusehen. Das wird erst anders mit der Übersetzung Luthers. Ihm geht es nicht, wie er selbst schreibt, um eine wörtliche Übersetzung der lateinischen Vorlage, sondern um eine angemessene und verständliche deutsche

Fassung der Heiligen Schrift. Dabei greift er auch auf griechische und hebräische Vorlagen zurück und korrigiert an vielen Stellen die nach seiner Ansicht unzutreffenden Lesarten der auf das vierte Jahrhundert zurückgehenden und seit dem achten Jahrhundert allgemein als einzig gültig angesehenen *Biblia Sacra Vulgatae Editionis* ('Heilige Bibel in der allgemeinen Ausgabe'). *„Man mus nicht die buchstaben inn der lateinischen sprachen fragen, wie man sol Deutsch reden, wie diese esel thun"*, schreibt Luther im „Sendbrief vom Dolmetschen" (1530) über die älteren deutschen Bibeln und ihre Übersetzer, *„sondern man mus die mutter ihm hause, die kinder auff der gassen, den gemeinen man auff dem marckt drumb fragen und denselbigen auff das maul sehen, wie sie reden und darnach dolmetzschen, so verstehen sie es den."* Dass sein Text so schnell eine so große Verbreitung erfuhr und innerhalb von nur ca. 20 Jahren in fast jedem zweiten deutschen Haushalt zumindest als Teildruck vorhanden war, hat vor allem mit der besonderen sprachlichen Qualität seiner Arbeit zu tun. Seine Sprache ist nicht nur volkstümlich und dadurch leicht zugänglich, zugleich versucht er durch die Wahl von Formen mit möglichst großräumiger Verbreitung landschaftlich übergreifend verständlich zu schreiben. Dabei ringt er manchmal förmlich um den geeigneten Ausdruck, weil die deutsche Sprache nur über eingeschränkte schriftsprachliche Möglichkeiten verfügte. Ein Zitat aus dem Jahr 1528, in dem er sich über die aktuelle Arbeit an der Übersetzung der Propheten äußert, macht dies deutlich: *„Ach Gott! Wie ein groß und verdrießlich Werk ist es, die hebräischen Schreiber zu zwingen deutsch zu reden! Wie sträuben sie sich und wollen ihre hebräische Art gar nicht verlassen und dem groben Deutschen nachfolgen, gleich als wenn eine Nachtigal ... sollte ihre liebliche Melodei verlassen und dem Kukuk nachsingen!"*

Nun war Luthers Bibelübersetzung (1522 erschien das sogenannte „Septembertestament", die Luther'sche Übersetzung des Neuen Testaments, und 1534 lag die erste Vollbibel vor) nicht nur aus sprachlicher Sicht ein Text mit ganz besonderen Qualitäten. Revolutionärer noch als die Tatsache, dass erstmals ein tatsächlich lesbarer volkssprachlicher Zugang zur Bibel geschaffen wurde, war der theologische Gehalt von Luthers Schriften für die Zeitgenossen: Allein durch die Gnade Gottes (*sola gratia*) werden nach seiner neuen Lehre die Menschen gerettet. Allein durch den Glauben (*sola fide*) rechtfertigen sich die Menschen vor Gott, ohne Rücksicht auf die Vorbildlichkeit der Lebensführung. Allein die Heilige Schrift (*sola scriptura*) ist die Grundlage des christlichen Glaubens – nicht die kirchliche Tradition. Das bedeutete eine Abkehr von der Praxis der Heiligenverehrung und von dem für die Geistlichkeit äußerst einträglichen Ablasshandel.

Luthers publizistischer Erfolg war sehr groß. Unterstützt durch das neue Medium des Buchdrucks, fanden seine Schriften sehr schnell großen Absatz. Noch vor dem Erscheinen der Luther'schen Vollbibel legte der aus Pommern stammende Johannes Bugenhagen, ein enger Mitarbeiter Luthers, eine niederdeutsche Übersetzung vor. Damit war in einer Zeit, in der die mittelniederdeutsche Schreibsprache bereits im Rückgang begriffen war, ein wichtiges Textdokument für die Reformation im norddeutschen Raum geschaffen.

Die theologischen Gegner Luthers beschränkten sich nicht darauf, politisch gegen ihn vorzugehen und Disputationen zu führen. Ganz entscheidend aus der Sicht der Reformationsgegner war es, der Lutherbibel eine katholisch fundierte deutsche Bibel entgegenzusetzen. An erster Stelle ist in diesem Zusammenhang Hieronymus Emser (1478–1527) zu nennen. In einer 1523 veröffentlichten Streitschrift setzte er sich kritisch mit dem Septembertestament auseinander: *„Auß was grund vnnd vrsach Luthers dolmatschung / vber das nawe testament / dem gemeinen man* *billich vorbotten worden sey.*" Er warf Luther zahlreiche Fehler und Irrtümer vor. Im Auftrag Herzog Georgs von Sachsen machte er sich bald selbst an eine Bibelübersetzung. Diese erschien 1527 in Dresden. Der Titel lautete: *Das naw testament nach lawt der Christliche kirchen bewerte text / corrigirt / vnd widerumb zurecht gebracht.* Die Emser-Bibel stellte ausdrücklich die Verbindung zur *Vulgata* und zu den vorreformatorischen deutschen Bibeln wieder her. In seinem „Sendbrief vom Dolmetschen" beklagte sich Luther über Emser und beschuldigte ihn des Plagiats: „*... vnd nam fur sich mein New Testament / fast von wort zu wort .../ schreib seinen namen ... dazu / verkaufft also mein Testament vnter seinem namen.*" Dass Hieronymus Emser tatsächlich viel von Luther übernommen hat, gilt heute allgemein als erwiesen. Sein Text erfuhr eine große Verbreitung in zahlreichen Auflagen und wurde schon bald ins Niederdeutsche übersetzt (Rostock 1530). Bis weit ins 18. Jahrhundert hinein wurden weitere Auflagen gedruckt. Zuletzt kam 1776 in Augsburg ein Druck der Emser-Bibel heraus.

Noch deutlicher als Emser bezog Johannes Eck Position gegen Luther. Eck, der eigentlich Johannes Mayer hieß, wurde 1486 in Egg an der Günz geboren und nannte sich nach seinem Geburtsort. 1537 erschien seine deutlich oberdeutsch gefärbte Bibelübersetzung. Die Unterschiede zum Luthertext liegen dabei einerseits in der Wortwahl (*seckel – beutel, lägel – flasche, bühel – hügel, brechen – bersten* usw.) und anderseits in der charakteristischen Verkürzung vieler Wortformen um das auslautende *-e*, der sogenannten Apokope. Dieses Merkmal war aufmerksamen Zeitgenossen bewusst, die damit eine Zuordnung der *e*-losen Formen zum oberdeutschen, katholischen Süden und der auf *-e* auslautenden Formen zum protestantischen Norden verbanden. Diese Gegensätze hielten sich bis ins 18. Jahrhundert, wie eine sprachkritische Schrift des aus Ingolstadt stammenden

Jesuiten Ignaz Weitenauer aus dem Jahr 1764 „Zweifel von der deutschen Sprache") belegt: *Eine Seite Deutschlands hat sich eine geraume Zeit her beflissen die Muttersprache zu mildern, und durch Beysetzung einer großen Anzahl leichter Sylben dieselbe gelinder zu machen. Die andere Seite ist bey der alten Strengheit geblieben, und hat sich nicht entschließen wollen, die kurzen Wörter ihrer Vorfahren zu verlängern. Sey mir erlaubt, diese die Strengen, und jene die Gelinden zu benennen.*" Zwei Dinge sind besonders bemerkenswert an Weitenauers Darstellung. Einerseits wird ein primär raumgebundenes Sprachmerkmal mit konfessionellen Gegensätzen in Verbindung gebracht. Anderseits verkehrt sie den tatsächlichen Verlauf des Sprachwandelprozesses ins Gegenteil, denn ursprünglich sind nicht die kurzen, oberdeutschen Formen, sondern die von Luther verwendeten mitteldeutschen Vollformen. In dem bereits zitierten Luther-Ausspruch über die Schwierigkeit der Übersetzung vom Hebräischen ins Deutsche finden sich gleich mehrere Wörter, die von der Apokope betroffen wären und in einem oberdeutschen Text eine abweichende Form annehmen würden: *„gleich als wenn ein(e) Nachtigal ... sollt(e) ihr(e) lieblich(e) Melodei verlassen"*.

Der Gegensatz zwischen den Konfessionen hängt sehr häufig mit einem Gegensatz zwischen Nord und Süd zusammen. So ist es auch bei der Bezeichnung für den Seelsorger einer Kirchengemeinde. Im überwiegend protestantischen Norden und in weiten Teilen des ebenfalls weitgehend protestantischen mitteldeutschen Raums wird diese Person *Pastor* genannt, während man im überwiegend katholischen Süddeutschland, in Österreich und in der Schweiz vor allem *Pfarrer* sagt. Auch Unterschiede in der Bezeichnung anderer, ganz alltäglicher Dinge können durch konfessionelle Gegensätze motiviert sein. So wird beispielsweise die Kartoffel im alemannischen Raum in katholischen Gegenden überwiegend *Erdapfel* oder *Herdapfel*, in evangelischen Gegenden überwiegend *Grumbere* oder *Grumbire* ('Grundbirne') genannt. Auch bei dem Wort für das Fest sind im alemannischen Raum konfessionelle Gegensätze zu beobachten: Während der Vokal in evangelischen Gegenden geschlossen ist (*Feschd*), spricht man das Wort in katholischen Gegenden meist mit offenem *-ä-* oder sogar *-a-* (*Fäschd* oder *Faschd*).

2. Fürstenlob und Wahlpropaganda: Wie beeinflussen Politik und Gesellschaft die Sprache?

Der früheste Beleg, der sich in der deutschen Sprachgeschichte für den Zusammenhang politischer Prozesse mit der Sprache finden lässt, datiert von 842. In diesem Jahr manifestierte sich sprachlich in den sogenannten !Straßburger Eiden" die ein Jahr später mit dem Vertrag von Verdun vollzogene Auflösung des Fränkischen Großreichs. Nach dem Tod Ludwigs des Frommen im Jahr 840 hatte es wegen der zukünftigen Herrschaft im Reich Streit zwischen seinen Söhnen Lothar, Karl dem Kahlen und Ludwig dem Deutschen gegeben. Lothar hatte als Ältester den Kaisertitel und den Mittelteil des Reiches geerbt und beanspruchte die Vorherrschaft. Karl war der westliche Teil und Ludwig der östliche Teil des Reiches zugefallen. Im Jahr 841 wurde Lothar in der Schlacht von Fontenoy durch seine Brüder Karl und Ludwig besiegt, die sich gegen ihn verbündet hatten. Kurz darauf bekräftigten Karl und Ludwig ihr Bündnis gegen Lothar in den „Straßburger Eiden". Beteiligt am Schwur waren neben den Heerführern Karl und Ludwig auch deren Vasallen. Bemerkenswert ist nun die Tatsache, dass die Schwurformeln von Heerführern und Vasallen jeweils in entgegengesetzten Sprachen überliefert sind. Das legt die Annahme nahe, dass es beim Schwur die folgende

Straßburger Eide (842)
Altfranzösisch und Althochdeutsch

Ludwig: *Pro Deo amur et pro Christian poblo …*
Karl: *In Godes minna ind in thes Christanes folches ind unser bedhero gehaltnissi, fon thesemo dage frammordes, so fram so mir Got geuuizci indi mahd furgibit so haldih thesan minan bruodher, soso man mit rehtu sinan bruodher scal, in thiu thaz er mig so sama duo, indi mit Ludheren in nohheiniu thing ne gegango, the minan uillon imo ce scadhen uuerdhen*

'In der Liebe zu Gott und zum christlichen Volk und zu unser aller Erlösung, von diesem Tage an, so weit mir Gott Wissen und Können gibt, so stehe ich diesem meinem Bruder bei, so wie man es mit Recht gegenüber seinem Bruder soll, auf dass er sich mir gegenüber genauso verhalte, und ich werde mit Lothar niemals eine Vereinbarung treffen, die ihm mit meinem Willen zum Schaden gereicht.'

Vasallen Karls: *Si Lodhuuigs sagrament, que son fradre Karlo iurat …*
Vasallen Ludwigs: *Oba karl then eid then er sinemo bruodher Ludhuuuige gesuor geleistit, indi Ludhuuuig min herro, then er imo gesuor, forbrihchit, ob ih inan es iruuenden ne mag, noh ih noh thero nohhein, then ih es iruuenden mag, uuidhar Karle imo ce follusti ne uuirdhit.*

'Falls Karl den Eid, den er seinem Bruder Ludwig schwor, leistet, und Ludwig, mein Herr, den [Eid] bricht, den er ihm schwor, und wenn ich ihn nicht davon abhalten kann, dann werde weder ich noch irgendjemand, den ich davon abhalten kann, mich an einer Hilfeleistung gegen Karl beteiligen.'

(Die Wiedergabe der Texte folgt der Edition in den „Monumenta Germaniae Historica"

Konstellation gab: Während das westfränkische Heer den Eid in altfranzösischer Sprache ablegte, schworen die Soldaten des ostfränkischen Heers ihren Eid in althochdeutscher Sprache. Die Heerführer jedoch schworen genau entgegengesetzt: Karl schwor auf Deutsch und Ludwig auf Französisch. So konnten die Gefolgsleute des einen Bruders den Schwur des anderen Bruders verstehen.

Otfrid von Weißenburg preist Ludwig den Deutschen in der Vorrede seines „Evangelienbuches“: *Ludouuig ther snello thes uuisduames follo / Er ostarrichi rihtit al, so Frankono kuning scal / Vbar Frankono lant so gengit ellu sin giuualt* ... Kräftig und tapfer sei der König, so Otfrid, klug und vorbildlich in allem. Seine Macht erstrecke sich über das gesamte Land der Franken. Auf diese Feststellung folgt der Wunsch an den König, er möge allzeit glücklich sein und seinen Besitz an Macht und materiellen Gütern mehren: *Themo si iamer heili ioh salida gimeini / druhtin hohe mo thaz guat ioh freuue mo emmizen thaz muat.*

Die Sprache wird hier, wie in den „Straßburger Eiden“, als Medium für die Stabilisierung der politischen Verhältnisse eingesetzt. Treueeide, Segenswünsche und Widmungen sind unmittelbarer Ausdruck von Machtverhältnissen. Dass dabei wie in den bisher angesprochenen Beispielen der gesamte deutsche Sprachraum in den Blick genommen wird, ist für das Mittelater und die frühe Neuzeit eher die Ausnahme als die Regel. Wahrgenommener Bezugsrahmen für politische und kulturelle Entwicklungen und Ereignisse war in dieser Zeit normalerweise nicht das Reich. Wichtig dagegen waren kleinere Formationen wie Herzogtümer, Grafschaften oder Kirchenprovinzen. Neuere sprachwissenschaftliche Untersuchungen zeigen, dass auch die geschriebene Sprache bis weit in die Neuzeit hinein kleinräumig gegliedert war. Von der Existenz einer deutschen Nationalsprache kann man also schon deshalb für diese Zeit keinesfalls ausgehen.

Politische Prozesse werden häufig von professionellen Kanzlisten, rechtsgelehrten Verwaltungsexperten oder Juristen und Diplomaten begleitet. Zwar setzte sich seit dem 14. Jahrhundert mehr und mehr der Gebrauch der Volkssprache auch in diesem Bereich durch, doch die geläufige Fachsprache war in den Kanzleien sehr lange das Lateinische.

Wie sehr das politische Geschäft vom Nebeneinander verschiedener deutscher Schreibsprachen geprägt war, zeigt beispielhaft eine Passage aus dem Braunschweiger *Tytel boeck* von 1508:

> *Eyn schryuer welker landart de in duͤdescher nacion geboren is scal sik to vor vthvlytighen dat he ock ander dudesch / dan als men in synem lande singet / schryuen lesen vnde vornemen mach. Also is he ein Franck / Swob / Beyer / Rynlender et cetera schal ok sechsischer / merkischer sprake eyns deels vorstant hebben Des ghelyken wedderumme is eyner eyn Saß merker et cetera he schal sick des hochdutzschen mit vlytighen. dan eynem beroͤmeden schryuer kommet mannicherleye volkes tor hant / vnde wan asdan eyn yowelker wolde edder scolde singen alse em de snauel ghewassen were / so bedorfft men wol twisschen eynem Beyern vnde Sassen eynes toͤlken.*

> 'Ein Schreiber, gleichgültig welcher Landsmannschaft er sei, der in Deutschland geboren ist, soll sich vor allem darum bemühen, dass er auch anderes Deutsch als das, was man in seinem Heimatland spricht, schreiben, lesen und verstehen kann. Ist er also ein Franke, Schwabe, Bayer, Rheinländer (usw.), so soll er auch über gewisse Kenntnisse der sächsischen und märkischen Sprache verfügen. Gleichermaßen wiederum soll sich ein Sachse, ein Märker (usw.) des Hochdeutschen befleißigen. Denn ein berühmter Schreiber hat mit vielen

verschiedenen Menschen zu tun. Und wenn jeder so reden würde, wie ihm der Schnabel gewachsen ist, dann bedürfte es eines Dolmetschers zwischen einem Bayern und einem Sachsen.'

In den folgenden Jahren wurde die deutsche Sprache mehr und mehr zum Medium für politische Argumentation und öffentlich ausgetragene Auseinandersetzungen. Flugblätter und Streitschriften richteten sich in der Volkssprache an die ständig zunehmende Zahl Lesekundiger. Für die Autoren und Redner bedeutete das, dass sie neue Ausdrucksformen finden mussten, um feine Nuancen herauszustellen. Das gilt für den Bereich der im engeren Sinne bedeutungstragenden Lexeme wie *Disputation, These, widersprechen* usw. Das gilt anderseits auch für den Bereich der Funktionswörter (zum Beispiel *dagegen, demgegenüber, obschon, obgleich* usw.), deren vorhandener Bestand nicht ausreichte, um die zum Teil äußerst komplizierten Begründungen, Abgrenzungen und Darlegungen adäquat auszudrücken. Die Erfindung des Buchdrucks mit beweglichen Lettern durch Johannes Gutenberg war dabei neben der zunehmenden Verwendung des gegenüber dem Pergament erheblich günstigeren Papiers für die Verbreitung neuer Inhalte von zentraler Bedeutung. Damit sich aus diesen Anfängen der schriftlichen Fixierung einer öffentlich geführten Debatte über politische Gegenstände eine Presse mit regelmäßigen Erscheinungsdaten, festen Ressorts, Korrespondentenberichten usw. entwickeln konnte, musste zuerst eine Infrastruktur entstehen, die den regelmäßigen Informationsaustausch auch über größere Distanzen ermöglichte. Mit dem Aufbau eines amtlichen Postwesens waren ab ca. 1600 die Voraussetzungen dafür gegeben.

Gegenüber der vorausgegangenen Phase mit öffentlichen Debatten und polarisierenden Streitschriften gab es nach dem

Ende des 30-Jährigen Krieges im absolutistischen Zeitalter eine veränderte Situation: Die Befugnisse auf der Ebene der Reichsregierung wurden zugunsten der äußerst zahlreichen Territorien (über 250 um die Mitte des 17. Jahrhunderts) auf einige formale Rechte reduziert. Die politische Macht der Territorialherren war sehr groß, die Mitsprachemöglichkeit der Untertanen sehr gering. Durch strenge militärische Organisation und ein hohes Maß an Sozialdisziplinierung waren vor allem die Angehörigen der mittleren und unteren sozialen Schichten bezüglich der gesellschaftlichen Teilhabe stark eingeschränkt. Durch die gegenüber den Territorien vergleichsweise geringe Bedeutung kaiserlicher Institutionen fehlte im 17. und 18. Jahrhundert weitgehend eine übergeordnete kulturelle Identifikationsgröße. Während sich in zentralistisch ausgerichteten Ländern wie Frankreich und England in dieser Zeit nationale Identitäten und Nationalsprachen herausbilden konnten, war dies angesichts der territorialen Zersplitterung in Deutschland nicht möglich. Als vorbildlich galt deshalb in der deutschen Oberschicht lange Zeit die französische Kultur, und selbstverständlich wurde in diesen Kreisen lange Zeit fast ausschließlich Französisch gesprochen.

Kulturelle Neuerungen konnten dadurch im Deutschen nur in kleinräumigen Zusammenhängen aufgenommen werden. Beispielhaft ist hier der für Zeitgenossen unbestrittene kulturelle und auch sprachliche Vorsprung zu nennen, der sich für weite Teile des obersächsischen Raums als Folge der wirtschaftlichen Blüte Meißens im 16. und 17. Jahrhundert ergab. Noch lange Zeit später galt deshalb das Meißnische vielen Schreibern als besonders vorbildliche Schreibsprache. Ein gewisses Potenzial für gesellschaftlichen Wandel mit sprachlichen Konsequenzen gab es auch im 18. Jahrhundert in Preußen, wo mit dem „aufgeklärten Absolutismus“ neue Strukturen entstanden. Diese zielten nicht allein auf Untertanengeist und allmächtige Obrigkeit ab, sondern legten eine Grundlage für einen modernen Staat mit einer effektiven Verwaltung und mit einer auf rationalen Prinzipien basierenden Politik, die auch die sozialen Erfordernisse in den Blick nahm. Dabei ist nicht zu unterschätzen, dass Berlin in dieser Zeit stark expandierte und sehr schnell die Rolle eines politischen und kulturellen Zentrums übernahm.

In welchem Maß Politik und Gesellschaft die Sprache bestimmen können, zeigt sich besonders deutlich im Rückblick auf die Zeit des Nationalsozialismus. Zu keiner Zeit wurde Sprache so offensichtlich und so bewusst für politische Ziele eingesetzt wie zwischen 1933 und 1945. Ohne die suggestive und manipulative Kraft der propagandistischen Sprache der Nationalsozialisten erscheint ihr politischer Aufstieg kaum denkbar. Die charakteristischen Kennzeichen der NS-Sprache reichen zum Teil weit zurück, zum Teil sind sie zeittypisch, und nur zum Teil ein Produkt der NS-Ideologie. Dabei ist zu unterscheiden zwischen sprachlichen Mitteln, die die Akzeptanz für nationalsozialistische Ideen vergrößern sollten (hierher gehören positiv besetzte Schlüsselwörter wie *Art, Charakter, Ehre* oder *Treue,* die in einen neuen Kontext gestellt wurden), und solchen Mustern, die auf die Unterwerfung gegenüber Partei- und Staatsorganen sowie die Legitimierung von Zwangsmaßnahmen und damit auf die Stabilisierung des Systems abzielten (zum Beispiel *Disziplin, Entschlossenheit, Gehorsam* usw.). Der von den Nationalsozialisten verfolgte romanistische Sprachwissenschaftler Victor Klemperer prägte die Bezeichnung LTI (*Lingua Tertii Imperii*) und schilderte in seinem gleichnamigen, 1947 erschienenen Buch aus eigener Anschauung, wie die sprachliche Beeinflussung ablief: „Der Nazismus glitt in Fleisch und Blut der Menschen über durch die Einzelworte, die Redewendungen, die Satzformen …“ Millionenfache Wiederholungen, so Klemperer weiter, habe der Partei- und Staatsapparat den Sprechern aufgezwungen, und diese hätten die Formulierungen der LTI „mechanisch und unbewusst“ übernommen. Nach den Ergebnissen der aktuelleren sprachwissenschaftlichen Forschung ist zu ergänzen, dass es sich wohl weniger um einen aufgezwungenen als um einen bereitwillig aufgenommenen Sprachgebrauch handelte und dass vieles davon den Sprechern nicht unbekannt war. So war bereits im 19. Jahrhundert der Stil politischer Propaganda stark religiös geprägt, weil auf diesem Weg auch bildungsferne Schichten zu erreichen waren. Die Empfänglichkeit für völkische und auch antisemitische Formulierungen beruhte auf der weit verbreiteten Unzufriedenheit mit der allgemeinen politischen Situation. Kulturpessimistische Publikationen von Friedrich Nietzsche, Julius Langbehn („Rembrandt als Erzieher“), Fritz Mauthner oder Oswald Spengler trugen nicht nur zur Verbreitung der Vorstellung von Verfall, Beliebigkeit, Entwurzelung und „Dekadence“ bei. Auch in der Wahl ihrer sprachlichen Mittel nahmen sie vieles vorweg, was später als charakteristisch für die NS-Zeit gelten sollte. Hierzu gehören die vermehrte Verwendung von Ausdrücken aus den Bereichen Religion und Mythologie (*ewig, fanatisch, Glaube, Heil, Weihe* usw.), Häufungen des Ausdrucks (*eigenstes und totales Erlebnis* usw.), der Gebrauch von Superlativen und anderen Ausdrücken für ein Höchstmaß (*höchstes Ziel, einzigartig, gigantisch, tausendjähriges Reich* usw.), die typisierende und zumeist herabsetzende Verwendung des Singulars bei Gruppenbezeichnungen (*der Jude, der Russe* usw.) sowie der Gebrauch von Negationspräfixen (*entartet, nichtarisch, undeutsch* usw.). Im nationalsozialistischen Staat gab es Institutionen der Sprachregelung und der Sprachlenkung. In Anweisungen an die Presse wurde dabei die Verwendung von Neuschöpfungen (*Heldengedenktag* statt *Volkstrauertag*), das Verbot bestimmter Ausdrücke (*Alliierte, liquidieren, Völkerbund*) wie auch die Einschränkung der Wortbedeutung festgelegt (*Autobahn* nur für deutsche Schnellstraßen, *Führer* nur für Hitler, *Parteigenosse* nur für Mitglieder der NSDAP, *Mischehe* nicht in Bezug auf konfessionelle, sondern ausschließlich auf rassistische Aspekte). Viele Wörter aus der Zeit des Nationalsozialismus wurden nach dem Krieg tabuisiert und gerieten aus dem Sprachgebrauch. Bei einigen anderen Wörtern ist die Zeit ihrer Entstehung im öffentlichen Sprachbewusstsein nicht vorhanden. Sie werden entweder, wie etwa das Wort *Eintopf*, frei von politischen Assoziationen verwendet, oder sie werden, wie etwa das Wort *Kulturschaffender*, mit anderen Vorstellungen (in diesem Fall der DDR-Geschichte) in Verbindung gebracht.

Gewisse sprachliche Eigenheiten brachte auch das Nebeneinander zweier deutscher Staaten mit sich. In erster Linie sind in diesem Zusammenhang politisch und ideologisch aufgeladene Ausdrücke zu nennen wie *antifaschischtischer Schutzwall* (für die befestigte Grenzanlage), *Betriebsverkaufsstelle, Kulturpalast* und nicht zuletzt die Abkürzungen *DDR* und *BRD*. Bei einigen DDR-spezifischen Wörtern ist nicht zu übersehen, dass sie einen Gegenpol zu anglo-amerikanisch geprägten und positiv besetzten Ausdrücken bilden sollten, wie etwa *Pop-Gymnastik* für *Aerobic*. Eine ganz andere Rolle als in der Bundesrepublik nahm der in Leipzig erscheinende DDR-spezifische Orthographie-Duden ein. Dieses Wörterbuch wurde als Instrument der Sprachlenkung eingesetzt. Es enthielt offizielle Definitionen mit verbindlichem Charakter. Bemerkenswert am Zusammenhang der Sprachgeschichte und der jüngeren deutschen politischen Geschichte ist, dass der Beginn der sogenannten Wendezeit mit zwei russischen Fremdwörtern verbunden ist, *Glasnost* und *Perestroika*. Diese vom damaligen sowjetischen ZK-Generalsekretär Michail Gorbatschow geprägten Ausdrücke ('Offenheit' und 'Umgestaltung') entwickelten in der DDR nach Zeitzeugenberichten eine große Dynamik. Viele für die Wendezeit charakteristische Wörter (*Blockflöte, Wendehals, Mauerspecht, Aufrechter Gang*) sind in der Gegenwartssprache schon kaum noch gebräuchlich. Daran lässt sich ablesen, wie schnell sprachlicher Wandel unter bestimmten Umständen ablaufen kann. Dass nicht der gesamte DDR-spezifische Wortschatz verschwunden ist, sieht man an Wörtern wie *Broiler* 'gebratenes Hähnchen', *Plaste* 'Kunststoff' oder *Polylux* 'Tageslichtprojektor'. Diese Wörter werden, zum Teil neben den großräumiger verbreiteten westlichen Formen, weiterhin verwendet. Sie tragen ihre Herkunft wie eine Markierung in sich und ordnen dadurch die Sprecher einem bestimmten Umfeld zu. Nur ganz wenige ursprünglich DDR-spezifische Wörter (zum Beispiel *Fakt*) sind in der Gegenwartssprache in den allgemeinen Gebrauch übergegangen und nicht mehr markiert.

Politische Sprache ist gekennzeichnet durch das Gefälle zwischen den Regierenden und den Regierten. Es handelt sich einerseits um eine Fachsprache, weil für die interne Arbeit von Regierungsorganen und Verwaltungsbehörden eine möglichst eindeutige Kommunikationsebene benötigt wird, anderseits aber auch stets um eine in hohem Maße durch Interesse am Machterhalt geprägte Ausdrucksform. Im Kampf um die politische Meinungsführerschaft gilt es, Schlagwörter zu finden und politisch zu besetzen (zum Beispiel *soziale Gerechtigkeit, Freiheit* oder *Leistungsgesellschaft*). Nach ihrer Zuordnung werden in der Sprachwissenschaft in diesem Zusammenhang die Begriffe Fahnenwort und Stigmawort unterschieden. Dabei sind Fahnenwörter positiv besetzt und dienen zur Markierung der Position einer politischen Gruppierung. Das Fahnenwort erleichtert die Identifikation mit Gruppierungen und Positionen und trägt dadurch zur Meinungsbildung bei. Aus der Reformationszeit kann beispielsweise als zentrales Fahnenwort des politischen Lagers um Exponenten wie Thomas Müntzer der

Ausdruck *gemeyner man* oder *armer man* angeführt werden. Damit waren diejenigen angesprochen, die von der geistlichen oder weltlichen Obrigkeit unterdrückt wurden. Dabei wurde der Ausdruck „Obrigkeit" (häufig auch in Varianten wie *oberkait, obirkeit, uberkeyt* u. ä.) als Stigmawort verwendet: Die politische Gegenseite und ihre Wertvorstellungen werden deutlich markiert und abgewertet. Dass die Zuordnung eines Ausdrucks zur Kategorie Fahnenwort oder Stigmawort durchaus nicht dauerhaft sein muss, ist übrigens am Beispiel „Obrigkeit" sehr gut zu sehen. Denn bei Martin Luther fungiert *Obrigkeit* eindeutig als Fahnenwort. Es bezeichnet die von Gott eingesetzte irdische Instanz der Vermittlung. Hier geht die politische Funktion weit über die Bezeichnung der Dinge, die eigentliche Funktion von Sprache, hinaus. Sehr deutlich ist dies auch an der großen Zahl von Metaphern abzulesen, die in der politischen Sprache verwendet werden. Zunächst ist festzuhalten, dass eine Metapher eine Verbindung zwischen zwei sprachlichen Zeichen herstellt. Sie kann nur dann funktionieren, wenn eine bestimmte Ähnlichkeit der Inhalte beider Zeichen gegeben ist. In der politischen Sprache liegt nun der besondere Reiz für die Verwendung von Metaphern darin, dass sie bestimmte Bereiche herausstellt und andere Bereiche ausblendet. Beispielsweise tritt bei der weit verbreiteten Metapher vom „Staat als Schiff" die Rolle der Regierung (des Staatenlenkers als Kapitän) besonders hervor, während andere Aspekte (in unserem Beispiel etwa die internationalen Beziehungen) in der Metapher keinen Platz finden. Andere verbreitete politische Metaphern stellen Politik als Gebäude dar (mit einem *Fundament* oder mit *Säulen*, es kann *solide* oder *marode* sein usw.) oder politische Probleme als Krankheiten, die von Politikern als Ärzten kuriert werden (zum Beispiel *Gesundung der Staatsfinanzen*). Ganz ähnlich wie die Metapher funktioniert der Euphemismus, der ebenfalls bereits seit der Antike als charakteristisch für die

Sprache der Politik gilt. Der Euphemismus ist eine beschönigende Form des Ausdrucks. Er kann in der Wortwahl (zum Beispiel *Entsorgung, Störfall, Minuswachstum, Verklappung* usw.) oder auch in der Satzkonstruktion angelegt sein (zum Beispiel ... *gibt Anlass zur Diskussion, ... bedarf einer besonders sorgfältigen Vermittlung* usw.).

Politische Körperschaften sind in der Gegenwart vielfach anders strukturiert als Sprachräume, wie zum Beispiel an den Bundesländern Nordrhein-Westfalen oder Baden-Württemberg zu sehen ist. Häufig hängen die Sprachräume mit konfessionellen Konstellationen oder alten Verwaltungsbezirken zusammen, und die Gegensätze innerhalb eines Bundeslandes sind zumindest für seine Bewohner manchmal deutlicher und stärker als die Gemeinsamkeiten. Es ist deshalb eine besondere politische Leistung, wenn eine Landesregierung durch einen Slogan zur Herausbildung einer landestypischen Identität beiträgt. In Baden-Württemberg ist den Werbern ein ganz besonderer Satz gelungen: „Baden-Württemberg: Wir können alles – außer Hochdeutsch." Besonders ist der Satz deshalb, weil er gerade auf der sprachlichen Ebene, auf der es in dem Fränkisch und Alemannisch sprechenden Land sehr viele Unterschiede gibt, die im Vergleich zu vielen anderen deutschen Bundesländern große Vitalität der Dialekte als Gemeinsamkeit benennt.

3. Deutsch macht Schule oder macht Schule Deutsch?

Wenn davon die Rede ist, dass etwas „Schule macht", dann ist damit meist gemeint, dass eine neue Entwicklung um sich greift und in zunehmendem Maße Nachahmer findet. In besonderer Weise gilt das auch für die Geschichte der deutschen Sprache im Zusammenhang mit der Geschichte der Schulbildung im deutschsprachigen Raum. Dies wird deutlich, wenn man den heutigen Stellenwert des Deutschen im Rahmen der Schulausbildung mit mittelalterlichen Lernzielen und Lehrmethoden vergleicht. Besteht heute eine der zentralen Aufgaben der Schule darin, möglichst elaborierte Fertigkeiten im mündlichen und schriftlichen Sprachgebrauch des Deutschen zu vermitteln, so spielte die Volkssprache demgegenüber im Mittelalter an den Schulen als Unterrichtsgegenstand gar keine und als Unterrichtssprache vielfach nur eine untergeordnete Rolle. Schulbildung war lange Zeit untrennbar verbunden mit der Vermittlung von Lateinkenntnissen. „Schule macht Deutsch" ist über das Wortspiel hinaus insofern eine treffende Aussage, weil nicht zuletzt durch die Erfordernisse des geordneten Deutschunterrichts im Verlauf der letzten 250 Jahre die deutsche Sprache eine nie dagewesene Normierung erfuhr. Das gilt für die Grammatik, wo immer mehr Varianten zugunsten einheitlicher Formen verschwanden, und das gilt in ganz besonderem Maße für den Bereich der Orthographie.

Bis ins 14. Jahrhundert lag die Zuständigkeit für das Schulwesen überwiegend in der Hand der Kirche. Die kirchlichen Schulen, die sich nach Kloster-, Dom- und Pfarrschulen unterscheiden lassen, dienten in erster Linie der Ausbildung des Nachwuchses für kirchliche Ämter. Vermittelt wurden zunächst grundlegende Kenntnisse wie Lesen und Schreiben – beides lange Zeit ausschließlich bezogen auf das Lateinische – sowie die Elemente des seit der Antike gültigen Lehrkanons der Sieben Freien Künste (*Septem Artes Liberales*), bestehend aus dem *Trivium* (Grammatik, Dialektik und Rhetorik) und dem darauf aufbauenden *Quadrivium* (Arithmetik, Astronomie, Geometrie und Musik). Die (ausschließlich männliche) Schülerschaft entstammte überwiegend dem Adelsstand, später mehr und mehr auch dem wohlhabenden Stadtbürgertum.

Mit dem Wandel der kaufmännischen Praxis im 13. und 14. Jahrhundert (Gründung von Kontoren und Niederlassungen) ergaben sich Konsequenzen für das Schulwesen: Da der Kaufmann nun nicht mehr seine Ware begleitete, sondern seine Geschäfte vom Stammhaus aus führte, entstanden im Zusammenhang mit praktischen Anwendungen wie Buchhaltung und dem Führen von Geschäftskorrespondenz neue Bereiche des schriftlichen Gebrauchs der Volkssprache. Dadurch wuchs der Bedarf nach einer Berücksichtigung dieser Inhalte auch in der schulischen Ausbildung. Die kirchlichen Schulen mit ihrer Ausrichtung auf die klassischen Bildungsinhalte konnten diesen Bereich nicht abdecken, und so entstanden in vielen Städten private Schreib- und Rechenschulen. Hier wurde, ganz im Sinne einer elementaren und praktischen Ausbildung, in der Volkssprache unterrichtet. Die Zustände an diesen Schulen waren denkbar weit von dem heutigen Standard entfernt. Das reicht von der fehlenden fachlichen Ausbildung der Lehrkraft über unzureichendes Lehrmaterial bis zur Ausstattung des Unterrichtsraums. So finden sich aus vielen Städten zahlreiche Klagen über die schlechten Verhältnisse an den (häufig auch als Klipp- oder Winkelschulen bezeichneten) privaten Schulen. Anderseits wird, zumal in größeren Städten, die Konkurrenz der Anbieter auf diesem neu entstehenden Markt für ein gewisses Niveau gesorgt haben. Mancherorts nahmen möglicherweise auch bereits städtische Institutionen zumindest ansatzweise eine Aufsichtsfunktion über die privaten Schulen wahr. Als Konsequenz aus dem wachsenden Bedarf wurden im Spätmittelalter verbreitet städtische Schulen neu gegründet. Trägerschaft und Schulaufsicht lagen zumeist beim Rat der Stadt. Dabei konnte das Schulprogramm nach dem Curriculum der klassischen kirchlichen Lateinschule ausgerichtet sein oder, vor allem ab dem 15. Jahrhundert, auf die Vermittlung volkssprachlicher Schreib- und Lesekenntnisse abzielen.

Häufig waren die Reformen im Schulwesen mit Konflikten verbunden, denn den kirchlichen Institutionen, die im Bildungswesen bis dahin nahezu ein Monopol hatten, drohten durch die städtischen Neugründungen Verluste. Das gilt einerseits für die Einnahmen, die mit dem Schulbetrieb zu erzielen waren, und mehr noch für die Ausgestaltung und die Kontrolle der Unterrichtsinhalte. Es ist vor diesem Hintergrund nicht überraschend, dass die Kompetenzen und Zuständigkeiten der verschiedenen Schulen zum Teil sehr genau festgeschrieben waren, wie etwa 1418 in einem Vertrag über die deutschen Schreibschulen in Lübeck. Darin heißt es am Ende, es sei festgelegt worden … *dat bynnen Lubeke, utghenomen de schole, de aldus langhe synt ghewesen umme kindere to lerende, so scholen dar men veer schole wesen, dat scryveschole synt ghenomet, dar men allenen schal leren kinderen lesen unde scryven in dem dudeschen unde anders nerghen ane*: Neben der bereits lange in Lübeck bestehenden Schule soll es demnach in der Stadt nicht mehr als vier Schulen geben, sogenannte Schreibschulen, an denen die Kinder nur Lese- und Schreibunterricht auf Deutsch erhalten sollen. Die Ausschließlichkeit dieses Lehrangebots wird durch den Nachsatz *unde anders nerghen ane* noch einmal hervorgehoben: 'und darüber hinaus gar nichts'. Bei der im Vertrag erwähnten Schule, die bereits längere Zeit besteht, muss es sich um die im Jahr 1262 eingeweihte Lübecker Ratsschule bei St. Jakobi handeln. Bei Grabungsarbeiten wurden Ende des 19. Jahrhunderts zahlreiche Wachstafeln und Griffel gefunden, die vermutlich an dieser Schule im Unterricht zum Einsatz kamen. Auf den Tafeln sind neben Kinderzeichnungen von Heiligenfiguren einige lateinische Mustertexte erhalten, die auf die Zeit vor 1370 verweisen.

Die Lehrkräfte an den städtischen Schulen waren, soweit es sich um Lateinschulen handelte, in der Regel Kleriker. An den deutschen Schulen arbeiteten häufig Schreibmeister, die vorher eine kaufmännische Ausbildung absolviert hatten. Nicht selten waren sie gleichzeitig in einer Kanzlei als Schreiber tätig. Lehrmaterial wie Lesefibeln und Rechenbücher kamen erst nach und nach in Gebrauch. Für Schreibübungen und Aufzeichnungen verwendeten die Schüler zumeist Wachs- oder Schiefertafeln und entsprechende Griffel. Die älteste gedruckte deutsche Orthographielehre ist in den 1478 gedruckten „Translationen" des humanistischen Gelehrten Niklas von Wyle (ca. 1410–1479) enthalten. Dem Verfasser geht es dabei allerdings weniger um den Deutschunterricht als um eine gelehrte Abhandlung über die angemessene Form des Schreibens von Briefen. Doch finden sich vom Ende des 15. Jahrhunderts auch in der handschriftlichen Überlieferung einige Aufzeichnungen für den deutschen Leseunterricht. Aus Augsburg ist eine frühe Schulfibel erhalten, die aus der Zeit um 1490 stammt. Hier stehen bereits kaufmännische Zusammenhänge im Vordergrund, was sich an Beispielsätzen wie *Adam Schlosser sol xi Guldin vmb korn* ablesen lässt. Deutlich zahlreicher werden die deutschen Orthographielehren und Handreichungen für den Leseunterricht dann zu Beginn des 16. Jahrhunderts. Hier muss wegen seiner richtungweisenden Konzeption und seiner großen Wirkung auf viele Nachfolger vor allem das von Valentin Ickelsamer (ca. 1500–1549) im Jahr 1527 herausgebrachte Werk „Die rechte weis aufs kürtzist lesen zu lernen" hervorgehoben werden. 1531 erschien die „Orthographia", eine umfassende Zusammenstellung zur deutschen Rechtschreibung nach dem Vorbild Luthers, vorgelegt von Fabian Frangk. Wenig später kam 1533 die „Leyenschul" von Peter Jordan heraus, der in Mainz auch als Drucker tätig war. Im Jahr 1542 veröffentlichte Ortolph Fuchsperger in Ingolstadt seine „Leeßkonst". Diese kurze Zusammenstellung ist keineswegs vollständig, doch sie zeigt deutlich den großen Bedarf, den es in dieser Zeit für Handreichungen dieser Art gab. Die deutsche Sprache war

Schreibfibel Hamburg 1633

Orthographia. 39

Win wyn. strick stryck.
Hop hoep. lock loeck.
Bul buul. hur huur.
Thom andern / werd ein Luedboeckstaff lang vthgespraken / wenn ein e darby steyt.
Man Maen, Schap schaep.
Bil biel. kin kien.
Rock roeck. kock koeck.
Hur huer. bur buer.
Thom drüdden werd ein Luedboeckstaff vorlänged / mit bysettinge eins h:
An ahn. lam lahm.
Er ehr ler lehr.
Kin kihn. mil mihl.
Don dohn. som sohm.
Vr vhr. tun thun.
Welcke Arth einem ydern hyruan beleeued tho gebruken / sieth em frye.

In seiner 1633 erschienenen Schulfibel *Dűdesche Orthographia* gibt der Hamburger Schulmeister Heino Lambeck Hinweise für die Kennzeichnung von Langvokalen: *Thom andern / werd ein Luedboeckstaff lang vthgespraken / wenn ein e darby steyt.* ‘Zum Zweiten wird ein Vokal („Lautbuchstabe“) lang ausgesprochen, wenn ein „e“ dabeisteht.’ Er stellt *Man* ‘Mann’ und *Maen* ‘Mond’, *Schap* ‘Schrank’ und *Schaep* ‘Schaf’ usw. gegenüber. Bemerkenswert ist, dass Lambecks Fibel in niederdeutscher Sprache erscheint, denn im Jahr 1633 wird in Hamburg bereits überwiegend Hochdeutsch geschrieben.

noch sehr heterogen und verfügte nicht über eine einheitliche Norm. So konnte ein Schulbuch aus Thüringen kaum in Augsburg und eines aus Mainz nicht in Norddeutschland eingesetzt werden.

Das allgemeine Interesse an einem geordneten Schulwesen nahm zu, und einige Schreib- und Rechenmeister der neuen Schulen waren sowohl ambitioniert als auch erfolgreich. Zu nennen ist in diesem Zusammenhang neben dem bereits erwähnten Valentin Ickelsamer beispielsweise auch der zumindest dem Namen nach bis heute allgemein bekannte Rechenmeister Adam Ries(e), der in Erfurt eine Rechenschule führte, als 1518 zum ersten Mal sein berühmtes und vielfach neu aufgelegtes deutschsprachiges Lehrwerk *Rechnung auff der linihen* erschien.

Trotz der großen Bemühungen war der Ertrag des spätmittelalterlichen und frühneuzeitlichen Schulwesens insgesamt eher gering. Schätzungen gehen davon aus, dass zu Beginn der Reformationszeit etwa 10 bis 30 Prozent der städtischen Bevölkerung lesen konnten. Der Anteil derjenigen, die schreibkundig waren, wird nach diesen Schätzungen leicht darunter gelegen haben. Erst durch die Einführung der allgemeinen Schulpflicht, und bisweilen auch erst deutlich danach, konnten diese Quoten spürbar gesteigert werden. So geht man für die zweite Hälfte des 18. Jahrhunderts davon aus, dass ungefähr ein Viertel bis ein Drittel der Bevölkerung lesekundig war, für die Zeit um 1800 und kurz danach liegt der Anteil Lesekundiger bei etwa der Hälfte, und für die Mitte des 19. Jahrhunderts wird eine Alphabetisierungsquote von ca. zwei Drittel der Bevölkerung angesetzt. Um 1900 war bereits eine sehr weitgehende Alphabetisierung erreicht. Die tägliche Zeitungslektüre war auch in Arbeiterhaushalten eine Selbstverständlichkeit geworden. Darüber hinaus gibt es in Form zum Teil umfangreicher Korrespondenzen und in Form von Autobiographien zahlreiche Belege dafür, dass in dieser Zeit in der Arbeiterschicht bereits viel geschrieben wurde.

Die Schulpflicht wurde je nach Region zu sehr unterschiedlichen Zeiten und überwiegend mit äußerst schleppender Umsetzung eingeführt. Straßburg schrieb den allgemeinen Schulbesuch bereits 1598 in der Kirchenordnung vor, in Weimar galt die Schulpflicht seit 1619, in Gotha seit 1642 und in Preußen seit 1716. Dass sich ein durch die Obrigkeit verordneter Schulbesuch nicht schnell und einfach realisieren ließ, hing auch mit ökonomischen Gegebenheiten zusammen. Kinder wurden selbstverständlich für Arbeiten in Haus und Hof und vor allem bei der Ernte eingesetzt. Zugunsten eines regelmäßigen Schulbesuchs auf ihre Arbeitskraft zu verzichten und zudem dafür noch Abgaben zu leisten, überforderte viele Familien. So ist erst für einen relativ späten Zeitraum, ca. Ende des 19. Jahrhunderts, von einem geordneten und geregelten Schulbesuch von Kindern aus allen Teilen der Gesellschaft auszugehen. Da gerade in den unteren Gesellschaftsschichten Lese- und Schreibkenntnisse nur wenig gebraucht wurden, wird vieles von dem gerade mühsam Erlernten auch häufig schnell wieder in Vergessenheit geraten sein. Im niederdeutschen Raum kam als zusätzliches, Erschwernis hinzu, dass die im Unterricht vermittelte hochdeutsche Schriftsprache den ausschließlich Plattdeutsch sprechenden Schulkindern völlig fremd war. So beklagte noch im Jahr 1855 ein holsteinischer Lehrer, dass viele Schüler selbst nach mehrjährigem Schulbesuch nicht in der Lage seien, einen einfachen Brief zu schreiben.

Ganz ähnlich lautet die Klage des Hochschullehrers Christian Thomasius, der mit seinem Aushang am Schwarzen Brett der juristischen Fakultät in Leipzig im Jahre 1687 die erste Vorlesung in deutscher Sprache angekündigt hatte. Er schrieb um 1700: „*... die meisten unter meinen Auditoribus ... wenig oder gar* *kein teutsch gekont / das ist / daß sie gar selten capabel gewesen einen deutlichen artigen Brieff zu schreiben.*“ Hintergrund dieser vermutlich kaum übertriebenen Darstellung ist die Tatsache, dass auch nach der Einführung der deutschen Schreib- und Rechenschulen die deutsche Sprache im Unterricht der höheren Schulen zunächst keinen Platz hatte. Erst zum Ende des 18. Jahrhunderts wurde hier allgemein das Deutsche als Unterrichtssprache etabliert. Doch auch danach muss das sprachliche Gefälle zwischen Volksschulen und höheren Schulen sehr groß gewesen sein. Während an den Volksschulen, deren Lehrkräfte am Lehrerseminar, fern vom akademischen Universitätsbetrieb, ausgebildet wurden, vor allem die Vermittlung praxisorientierter Fertigkeiten auf dem Programm stand, wurde am traditionellen humanistischen Gymnasium mit seinem elitären Anspruch ein ganz anderer sprachlicher Umgangston gepflegt. Dialekt zu sprechen galt als ungebildet und wurde unterbunden. Die Lehrkräfte, nicht selten promovierte Wissenschaftler, die neben ihrer Unterrichtstätigkeit an Übersetzungen, Texteditionen oder historischen Darstellungen arbeiteten, kamen häufig von auswärts und waren dadurch sprachlich anders sozialisiert als ihre Schüler. Der Aufstieg aus einer bildungsfernen Schicht wurde durch diese Konstellation sehr erschwert, denn wer zu Hause nur Dialekt sprach und von seinen Eltern keine Hilfestellung erwarten konnte, war allein durch den Volksschulbesuch häufig nur unzureichend auf die Anforderungen der höheren Schule vorbereitet.

Bis weit in das 20. Jahrhundert hinein prägte das traditionelle Gymnasium die bildungsbürgerlichen Vorstellungen von einem vorbildlichen Gebrauch der deutschen Sprache. Dazu zählt einerseits das Vermeiden kleinräumiger Dialektmerkmale. Dazu zählt außerdem eine relativ ausgeprägte Normenstrenge. Da die Schule im Laufe der deutschen Sprachgeschichte zu einer wirklich allgemeinen und von allen Sprechern durchlaufenen Institution geworden ist, muss ihr Einfluss auf die heute geltende Sprachnorm als sehr groß angesehen werden. Schule macht also wirklich Deutsch. Aber Deutsch hat auch Schule gemacht.

4. Erfindung, Empfehlung, Vorschrift: Wie wird das Deutsche geschrieben?

Die nat meines ermels wurde naß, als ich mit einem leffel eine auf einer bere tronende bine und eine ameiße aus dem waßer holte.

Dieser zugegeben wenig sinnvolle Satz könnte zumindest bis zur jüngsten Orthographiereform im Jahre 1998 in genau dieser Schreibung in einem beliebigen deutschen Text stehen – vorausgesetzt, die Vorschläge Jacob Grimms zu einer einheitlichen Orthographie hätten sich durchgesetzt. Er plädierte vor allem seit den 20er Jahren des 19. Jahrhunderts nachdrücklich dafür, die Großschreibung auf Namen zu beschränken, die graphische Kennzeichnung der Langvokale weitgehend und die *-th*-Schreibung bei *Thron* etc. vollständig abzuschaffen. Insgesamt sollte die Orthographie zum einen einfach sein, zum anderen unabhängig von der regional unterschiedlichen Aussprache. De facto wollte er (abgesehen von einigen eingeräumten Ausnahmen) zu einer auf dem Mittelhochdeutschen beruhenden Schreibung zurück, da diese die ältere – und damit bessere – Schreibung sei, darüber hinaus überzeitlich und somit möglichen Sprachveränderungen nicht unterworfen. Ein Blick in den Duden bzw. die eigene Schreibkompetenz zeigt, dass sich Jacob Grimm nicht durchsetzen konnte, denn das Deutsche schreibt *Naht* nicht *nat, Ärmel* statt *ermel, Löffel* nicht *leffel, Beere* statt *bere, thronend* anstelle von *tronend, Biene* nicht *bine* sowie *Ameise* und *Wasser* anstelle von *ameiße* und *waßer.* Bei *Thron* und anderen Wörtern mit *-th*-Schreibung, die in der Regel Lehnwörter aus dem Griechischen sind, wurde im Zuge der letzten Orthographiereform ebenfalls eine „Vereinfachung", d. h. Abschaffung der *-th*-Schreibung zugunsten des einfachen *-t-* befürwortet. Dieses scheiterte zumindest im Falle von *Thron* am Wider-stand vor allem Bayerns.

Jacob Grimm äußert sich 1854 in seiner Vorrede zum „Deutschen Wörterbuch", das von ihm und seinem Bruder Wilhelm begonnen wurde, sehr pointiert zum seiner Meinung nach beklagenswerten Zustand der deutschen Rechtschreibung: „in den letzten drei jahrhunderten trägt die deutsche schreibung so schwankende und schimpfliche unfolgerichtigkeit an sich, wie sie in keiner andern sprache jemals statt gefunden hat, und nichts hält schwerer als diesen zustand zu heilen. man hat sich von jugend an ihn gewöhnt und niemand kann den leuten ungelegner kommen, als der sich dawider erhebt." Insgesamt verursache das „gebrechen ... unbefugter und regellos schwankender häufung der vocale wie consonanten ... einen breiten, steifen und schleppenden eindruck" der deutschen Schrift. Liest man das Vorwort, ist Jacob Grimm in einigen Fällen ohne Weiteres zuzustimmen, wenn er etwa fragt: „wenn man nahm, lahm, zahm schreibt, warum nicht auch kahm?" In anderen Bereichen ist durchaus auch bei ihm eine Entwicklung seiner Reformvorstellungen zu erkennen. Bevorzugte er in seiner „Deutschen Grammatik" (1819–1837) noch die Schreibung *-ß-* (auch für *waßer* 'Wasser'), plädiert er in seinem Wörterbuch (der erste Band erschien 1854) für die Schreibung *-sz-*, also *dasz, schlosz,* aber nun *wasser.* Für sein Wörterbuch setzte er einige seiner Reformvorschläge um, längst aber nicht alle. Konsequent ist die Kleinschreibung sowie die Verwendung von *-sz-* anstelle eines *-ß-*. Nebenbei bemerkt, hat eine dieser auf Jacob Grimm zurückgehenden Setzungen überlebt: Noch in der bis heute andauernden teilweisen Neubearbeitung des Grimm'schen Wörterbuches durch die Akademie der Wissenschaften zu Göttingen und die Berlin-Brandenburgische Akademie der Wissenschaften wird bis auf Namen alles kleingeschrieben.

Andere seiner kritischen Anregungen werden jedoch von den Jacob und Wilhelm Grimm nach deren Tod unmittelbar nachfolgenden Bearbeitern dieses monumentalen Wörterbuches nicht mehr befolgt. Gibt er 1854 apodiktisch vor: „man musz also *tal teil tor tat* schreiben … die schreibungen *that theil thor that muth rath wuth* werfen unsre mundart aus ihrem angel und verwirren sie gegenüber allen geschwistersprachen", finden sich bereits wenige Jahrzehnte später (nämlich 1890) wie selbstverständlich *Tal* unter *Thal* oder *Tat* unter *That* eingeordnet. Der Bearbeiter dieses Buchstabenbereiches, der bedeutende Germanist und Erforscher des Mittelhochdeutschen Matthias Lexer, merkt in einem gesonderten kleinen Artikel zum *th* an: „die neuere schulorthographie hat zwar viele dieser *th* ausgemerzt und schreibt *tau, teil, tier, turm, not, rat, wert* u. s. w., daneben aber *that, thal, thor, thun* u. s. w., mit welcher halbheit der orthographie nicht gedient ist." Die Konsequenz in seiner eigenen lexikographischen Arbeit liegt für Lexer darin, *-th-* zu schreiben und damit die „alte schreibweise" beizubehalten.

Diese Zitate veranschaulichen, dass sich Sprachwissenschaftler im 19. Jahrhundert mit der Schaffung einer einheitlichen Orthographie auseinandersetzen. Das bedeutet, dass es keine solche gab, sie aber als notwendig erachtet wurde. In der Tat ist das 19. Jahrhundert das Jahrhundert, in dem eine verstärkte Auseinandersetzung mit den schriftsprachlichen Gepflogenheiten und Unterschieden stattfand, bis es schließlich 1901 gelang, eine im Wesentlichen bis zur Gegenwart bzw. zur 1998 eingeführten „neuen Rechtschreibung" geltende Norm zu vereinbaren, die verbindlich war und für das gesamte Reichs- bzw.

Staatsgebiet galt. Diese orthographische Regelung von 1901 stellt ein Novum in der deutschen Sprachgeschichte dar. Das bedeutet, dass es über 1100 Jahre seit Beginn der schriftlichen Überlieferung des Deutschen keine derartigen Regelungen gab. Es ist daher im Folgenden nachzuzeichnen, wie einheitlich bzw. uneinheitlich die Schreibung vor der Einführung der Norm von 1901 war, wie groß der Regelungsbedarf im 19. und zu Beginn des 20. Jahrhunderts war und wie sich die Bemühungen um eine geregelte Rechtschreibung gestalteten.

Um einen Text schriftlich zu fixieren, bedarf es eines Schriftsystems. Dieses gilt natürlich auch für das Deutsche, genauer gesagt das Althochdeutsche und Altsächsische, als mit deren Aufzeichnung begonnen wurde. Durch den Kontakt mit dem Lateinischen lag es nahe, das lateinische Alphabet zu übernehmen und es für die Kodifizierung des Deutschen zu verwenden, da die in der Regel geistlichen Schreiber zuvor und zeitgleich vor allem lateinische Texte abschrieben und verfassten. Das lateinische Alphabet wiederum beruhte im Wesentlichen auf der griechischen Schrift und gelangte möglicherweise durch etruskischen Einfluss zu den Römern. Gegenüber anderen Schriftsystemen wie dem semitischen verfügten das griechische und das lateinische Alphabet über den besonderen Vorteil, nicht nur Konsonanten zu schreiben, sondern auch die Vokale. Damit war eine relativ lautgetreue Abbildung der gesprochenen Sprache möglich, denn man stelle sich vor, das Deutsche würde nur die Konsonanten eines Wortes wiedergeben. Die Buchstabenfolge *dch* könnte *dich, Dach, doch* bedeuten, *mr* sowohl *Meer* wie *mir, Moor, Mohr, Mar, Möhre, Mähre, Mär,* aber auch *Emir, Amor, Amur, Eimer* usw. Die Varianz wäre sehr beträchtlich und die Ermittlung des jeweiligen gemeinten Wortes nicht einfach. So würde der eingangs angeführte Satz ohne die Schreibung von Vokalen lauten *D nt mns rmls wrd nß, ls ch mt nm lffl n f nr br trnnd bn nd n mß s dm wßr hlt* – was kaum richtig zu entschlüsseln wäre, da das Deutsche über eine recht große Vielzahl an unterschiedlichen Vokalen (und Diphthongen) verfügt. Wird die Groß- und Kleinschreibung verwendet, erhöht sich die Entzifferbarkeit um einiges, bleibt aber mit erheblicher gedanklicher Leistung verbunden.

Vor der Einführung des lateinischen Alphabets verfügte das Germanische, zu dem auch das Deutsche gehört, über eine deutlich ältere eigene Schrift, die Runenschrift oder das Runenalphabet, das sich in unterschiedlichen Ausprägungen im gesamten germanischen Raum finden lässt. Seine Verbreitung reicht von Skandinavien über England bis Deutschland (mit den Fahrten der Wikinger gelangen Runen dann bis Grönland, Irland und Russland). Erste erhaltene Zeugnisse für diese Runenschrift sind in die Zeit um Christi Geburt datierbar. Bei dem wohl ältesten Zeugnis auf deutschem Boden handelt es sich um eine Inschrift auf einem Pokal, der bei Vehlingen am Niederrhein gefunden wurde. In der Regel wurden mittels der Runenschrift keine längeren Texte verfasst, sondern kurze Inschriften des Typs: *ich Eril machte die Fibel,* die auf Objekten wie Schmuckstücken, Waffen oder den vor allem in Skandinavien zu findenden Runensteinen angebracht wurden. Die Runenforscher sind sicher, dass als Vorlage für die Runen, deren eckige Form man dadurch erklärt, dass sie geritzt und nicht geschrieben wurden, ein mediterranes Alphabet diente. Bislang nicht geklärt ist jedoch, ob Latein, Griechisch oder eine alpine Grundlage der Geber war. Während in Deutschland um 800 der Gebrauch der Runen endete – interessanterweise zu dem Zeitpunkt, an dem die schriftliche Überlieferung des Althochdeutschen einsetzte –, dauerte die Verwendung von Runen in Skandinavien einige Jahrhunderte länger; vereinzelte Texte liegen noch aus dem 15. Jahrhundert vor. Bemerkenswert ist in diesem Zusammenhang, dass der Verfasser des einzigen großen gotischen Textes (eine Bibelübersetzung) ein eigenes Alphabet schuf. Wulfila mischte die griechische Schrift mit lateinischen Zeichen und Runenzeichen, wobei Letztere nur für einige wenige Zeichen verwendet wurden und die Mehrzahl der Buchstaben dem Griechischen entstammte. Wulfila versuchte also, die gotische Sprache möglichst gut in Schrift umzusetzen Dazu nahm er aus den verschiedenen Zeicheninventaren das, was sich zur adäquaten Wiedergabe eignete, wenn ein Zeichen im Griechischen nicht vorhanden war.

Das gotische Vaterunser aus der Wulfila-Bibel

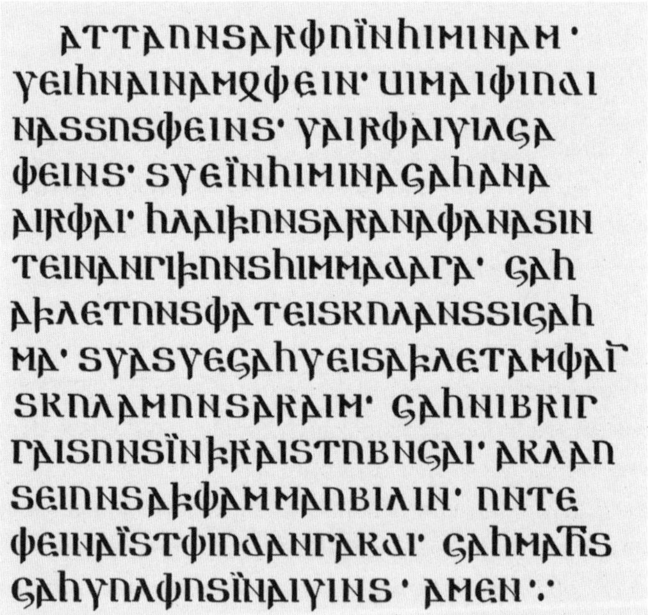

Atta unsar þu in himinam,
weihnai namo þein.
qimai þiudinassus þeins,
wairþai wilja þeins,
swe in himina jah ana airþai.
hlaif unsarana þana sinteinan gif uns himma daga.
jah aflet uns þatei skulans sijaima,
swaswe jah weis afletam þai skulam unsaraim.
jah ni briggais uns in fraistubnjai,
ak lausei uns af þamma ubilin;
unte þeina ist þiudangardi jah mahts
jah wulþus in aiwins. Amen.

Für die Niederschrift seiner Bibelübersetzung entwickelte der gotische Bischof Wulfila ein eigenes Alphabet auf griechischer Grundlage. Der abgebildete Textauszug beruht auf einer Nachzeichnung aus der wichtigsten und vollständigsten Handschrift der Wulfilabibel, dem Codex Argenteus. Der Codex liegt heute in der Universitätsbibliothek Uppsala.

In der Tat kann die Übernahme eines für eine andere Sprache entwickelten Alphabetes Probleme aufwerfen, da die eigene Sprache andere Laute besitzen kann, die in der Gebersprache nicht existierten. Leicht erkennbar wird das im modernen Deutschen an den Wörtern *Jeans* oder *Job*. Der anlautende Konsonant, der als *dsch* gesprochen wird, existiert im gesprochenen Deutschen nicht. Hier ist ein solches anlautendes *-j-* immer ein Halbvokal, der lautlich in der Aussprache von *ja, jetzt* etc. vorliegt. Wer nicht des Englischen mächtig ist, kann nicht wissen, wie *Job* ausgesprochen wird. Auch für die nasalierten Vokale in aus dem Französischen stammenden Lehnwörtern wie *Balkon* gibt es keine Entsprechungen im Deutschen, so dass besondere Schriftzeichen (Grapheme) fehlen. Es wird einfach die französische Schreibung übernommen. Einige Regionen, zum Beispiel Westfalen, zeigen eine der (deutschen) Schreibung angepasste Aussprache ohne Nasalierung des *-n-* und mit Betonung auf der zweiten Silbe (*Balkón*).

Generell hat die Schrift auch im Deutschen die Aufgabe, die gesprochene Sprache möglichst genau abzubilden. Das bedeutet, dass zwischen den Lauten und den Buchstaben eine feste Beziehung besteht, im Idealfall also ein bestimmter Buchstabe (oder eine Buchstabenkombination wie das *-ch-*) einen bestimmten Laut der Sprache abbildet. Dass im Deutschen keine Eins-zu-eins-Beziehung besteht, zeigen die Wörter *Rum* und *nun*, wo das *-u-* einmal kurz und einmal lang ist. Dass die Länge oder Kürze eines Vokals bedeutungsunterscheidend ist, wird an *Rum* gegenüber *Ruhm* deutlich. Bei Letzterem schwankt noch im 16. und beginnenden 17. Jahrhundert die Schreibung zwischen *rum, rumb, rhum* und *ruhm*, bis sich im Verlaufe des 17. Jahrhunderts die heutige Schreibung durchsetzt. Anderseits kann ein langes *-ê-* sowohl durch einfaches *-e-* (*Met*) wie durch *-ee-* (*Meer*) oder *-eh-* (*mehr*) wiedergegeben werden. Diese verschiedenen Wiedergabemöglichkeiten bzw. nicht eindeutigen Zuordnungen stellen Lerner der deutschen Schrift häufig vor Schwierigkeiten, denn eine feste Regel, wann *-ee-, -e-* oder *-eh-* stehen muss, existiert nicht. Ähnliches klang bereits in der Klage von Jacob Grimm über die Setzung oder das Fehlen eines *-h-* als Anzeiger für einen vorausgehenden Langvokal an. Während dieses *-h-* in *mehr* keinen Lautwert hat, nicht ausgesprochen wird und nur als Längenmarkierung dient, ist das bei den beiden *-h-* in *Hoheit* anders. Sie geben den Hauchlaut wieder. Trotz dieser Uneindeutigkeiten ist festzuhalten, dass im Deutschen Regeln vorliegen, nach denen Laute und Buchstaben aufeinander bezogen sind. Wäre das nicht der Fall, könnte die Schrift ihre zentrale Aufgabe nicht erfüllen, die Sprache abzubilden.

Vor dem Problem, dass das lateinische Grapheminventar, das Alphabet, nicht für alle althochdeutschen Laute (Phoneme) ausreichte, standen bereits die ersten Schreiber im 8. Jahrhundert. Anders als Wulfila für das Gotische ergänzten sie fehlende Grapheme nicht aus anderen Systemen, sondern benutzten entweder die vorhandenen Buchstaben für andere Laute (wie das *-i-* für den Halbvokal *-j-* oder das *-u-* für den dem *-w-* entsprechenden Laut, der dann auch teilweise verdoppelt als *-uu-* erscheint und somit die Basis unseres Buchstaben *-w-* wird) oder schufen auf andere Weise Abhilfe. Für die Kennzeichnung von Langvokalen, die es im Lateinischen nicht gab, wurden so zum Beispiel Vokale doppelt geschrieben oder auf diese Vokale ein Akzentzeichen gesetzt. Auch die im Zuge der Lautverschiebung entstandenen Affrikaten (wie *-pf-*) – ein Kennzeichen des Hochdeutschen – waren in ihrer schriftlichen Abbildung schwierig. Die althochdeutsche Zeit war im Hinblick auf die schriftliche Fixierung von dem Ringen um die Entwicklung eines deutschen Graphemsystems geprägt. So kann in althochdeutschen Texten der Buchstabe *-g-* natürlich für den Laut *-g-* stehen. Daneben aber dient er der Wiedergabe des Lautes *-j-*, kann ein *-k-* wiedergeben (*asga* anstelle von *aska* 'Asche') oder auch den Laut, der im heutigen Schreibsystem mit *-ch-* wiedergegeben wird: *ig* für 'ich'.

Da es keine althochdeutsche Standardsprache gab, die überall im deutschsprachigen Raum galt, sondern jeweils Dialekte, die sich teils beträchtlich voneinander unterschieden, kam erschwerend hinzu, dass auch diese unterschiedlichen Aussprachen und Varianten abgebildet werden mussten. Aus diesem Grund erscheint die Schreibung des Althochdeutschen auf den ersten Blick äußerst schwankend, wenn nicht gar beliebig. Das ist jedoch in dieser Schärfe nicht der Fall, denn es begannen sich relativ schnell bestimmte Traditionen herauszubilden, die häufig mit einzelnen Schreibstätten oder auch einzelnen

Schreibern verbunden waren und entsprechend unterschiedliche Konventionen innerhalb des deutschen Raumes ergaben. Dennoch ist das Althochdeutsche von einer Norm im Sinne einer überregionalen Verbindlichkeit der Schreibung noch sehr weit entfernt.

Eine solche gab es in den folgenden Jahrhunderten noch nicht. Durch die zunehmende Schriftlichkeit in der mittelhochdeutschen Zeit kann man zwar von einer Stabilisierung der Schreibung sprechen. Gleichwohl blieb diese dem jeweiligen Dialekt verpflichtet, und auch innerhalb eines Dialektraumes konnte die Schreibung ein und desselben Wortes schwanken, je nach Schreiber oder zunehmend den Gewohnheiten der Kanzleien oder Schreibstuben der Städte. Es fehlten noch sämtliche Satzzeichen bis auf den Punkt sowie seit dem Beginn des 14. Jahrhunderts die Virgel. Dieser fast vertikale Strich / (der dem sogenannten Slash der Internetkommunikation formal entspricht) diente der Markierung von Sprechpausen, ähnlich dem später aufkommenden Komma, und wurde zunehmend häufiger, bis er im Frühneuhochdeutschen das am meisten verwendete Satzzeichen war. Die Kennzeichnung der Umlaute von *-o-* und *-u-*, d. h. des *-ö-* und *-ü-*, fehlte fast vollständig; lediglich der Umlaut des *-a-* wurde mit *-e-* annähernd lautgerecht bereits graphisch wiedergegeben. Weiterhin wurde die Länge oder Kürze des Vokals in aller Regel nicht markiert. Insofern stellen die vor allem seit dem 19. Jahrhundert von Germanisten herausgegebenen Ausgaben der mittelhochdeutschen Texte keine authentische Abbildung der Originale dar, weil in ihnen ein konstruiertes „Normalmittelhochdeutsch“ geboten wurde, in dem zum Beispiel konsequent die Längen mit einem Zirkumflex über dem Vokal (*-â-*, *-ê-*, *-î-*, *-ô-*, *-û-*) erschienen und auch dialektale Eigenheiten oder abweichende Graphien eliminiert wurden, obwohl die Längenbezeichnungen in den Handschriften fehlen und dort anderseits aber individuelle oder dialektal bedingte Schreibungen auftreten. Schließlich gab es noch immer keine Großschreibung der Substantive.

Diese für das Deutsche charakteristische Eigentümlichkeit, die es von den anderen germanischen Sprachen wie dem Englischen, dem Niederländischen und den skandinavischen Sprachen heute unterscheidet und den Lerner heute in nicht wenigen Fällen vor Probleme stellt, ist eine relativ junge Erscheinung. Sie begann sich seit dem 16. Jahrhundert langsam durchzusetzen, wobei die Durchsetzung in den einzelnen Gebieten des deutschsprachigen Raumes unterschiedlich lange dauerte. Zuvor war es, wie in den anderen germanischen Sprachen, üblich, Namen als besondere Kategorie des Wortschatzes mittels eines Großbuchstabens, einer Majuskel, zu kennzeichnen. Neben den Namen galt das auch für *Gott* und einige weitere namenähnliche Wörter aus dem religiösen Bereich. Von den Namen wurde die Großschreibung zunächst auf bestimmte Wörter und Sachgruppen übertragen, die als namenähnlich galten. Zu nennen wären hier Völker, Krankheiten, Bezeichnungen für Tiere, Pflanzen, Feste oder Maße. Diese empfundene Nähe zu den Namen wird noch heute in den häufig anzutreffenden Begriffen *Krankheitsnamen, Tiernamen, Pflanzennamen* deutlich, auch wenn es sich streng genommen nicht um Namen handelt. Dann wurden Bezeichnungen für Berufe und Ämter groß geschrieben. Von hier aus ist der Weg zu einer Großschreibung aller Konkreta und als letztem Schritt der Abstrakta nicht mehr weit. Die Substantivgroßschreibung wurde von nicht wenigen Grammatikern und Sprachgelehrten kritisiert. So schreibt Jacob Grimm in seiner Vorrede zum „Deutschen Wörterbuch" folgende deutliche Worte: „im laufe des 16 jh. führte sich zuerst schwankend und unsicher, endlich entschieden der misbrauch ein, diese auszeichnung auf alle und jede substantiva zu erstrecken, wodurch jener vortheil wieder verloren gieng, die eigennamen unter der menge der substantiva sich verkrochen und die schrift überhaupt ein buntes, schwerfälliges ansehen gewann, da die majuskel den doppelten oder dreifachen raum der minuskel einnimmt." Weiter merkt er an, dass die „der edlen lateinischen schrift pflegenden völker ... gar nicht auf den gedanken einer so sinnlosen verkleisterung der substantive" kämen, wobei ja auch das Deutsche das lateinische Alphabet benutzt. Dem Leser seines Wörterbuches, für das er – wie erwähnt – konsequente Kleinschreibung verwendete, werde „die daraus entsprungne sauberkeit und raumersparnis angenehm ins auge fallen". Demgegenüber lobte der Gelehrte und Schriftsteller Johann Christoph Gottsched (1700–1766) die Großschreibung als herausragende Errungenschaft des Deutschen, die dem Hauptwort (dessen Begriff er für den sprachwissenschaftlichen Bereich prägte) seine angemessene Stellung gebe.

Auch wenn die Entwicklung überregionaler oder großregionaler Schreibsprachen bereits in spätmittelhochdeutscher bzw. mittelniederdeutscher sowie beginnender frühneuhochdeutscher Zeit begann, indem gewisse Ausgleichsprozesse stattfanden und zum Beispiel mit der „Hansesprache" oder dem „Meißnischen Deutsch" im Obersächsischen erste Ansätze zu Ausgleichsformen entstanden, so stellt doch die Erfindung des Buchdrucks um 1450 mit ihren Folgen den wohl größten Einschnitt und Impulsgeber für die Schriftsprache und deren Tendenz zur Einheitlichkeit dar. Allein durch die neuen technischen Möglichkeiten wurde die Herstellung von Schriften deutlich billiger, was zu einer Ausweitung der Textproduktion führte. In der Folge stellte der Besitz von Büchern und Schriftstücken keine Besonderheit mehr dar. Vielmehr war er nun der in zunehmendem Maße lesekundigen Bevölkerung ohne Weiteres möglich. Dies wiederum brachte in Verbindung mit der Reformation, politischen Auseinandersetzungen und einer kulturellen wie ökonomischen Blütezeit eine vermehrte Produktion auch volkssprachlicher Schriften mit sich. Druckereien siedelten sich in bestimmten Städten wie Lübeck, Ulm, Köln, Basel, Bamberg, Augsburg oder Nürnberg an, so dass regelrechte Druckerzentren entstanden. Diese waren natürlich bemüht, die Druckerzeugnisse nicht nur in der näheren Umgebung, sondern möglichst flächendeckend zu verkaufen. Eine stark regional geprägte Schreibung war hinderlich, so dass bereits früh sogenannte „Druckersprachen“ und damit Druckerorthographien entstanden. Sie beförderten überregionalen Angleich und Austausch. Hinzu kam eine vermehrte Auseinandersetzung mit grammatischen und orthographischen Fragen. Sie resultierte aus dem zunehmenden Schulunterricht und der immer wichtiger werdenden Arbeit der (städtischen) Kanzleien. Auch bedeutende Einzelpersonen wie Marthin Luther hatten durchaus Anteil an der Verbreitung überregionaler Formen, Wörter und Schreibungen.

Das Prinzip „Schreib, wie du sprichst“, erste Schreiblehren, aber auch – etwas unspezifische – Forderungen nach einer hochdeutschen Orthographie im Gegensatz zu dialektalen Schreibungen sind in dieser Zeit anzusiedeln. Rein der Schriftsprache verhaftete Phänomene, die in der gesprochenen Sprache keine Entsprechung haben, begannen wirksam zu werden. Dazu gehören die bereits erwähnte Großschreibung, aber auch die Zunahme der Interpunktionszeichen, die Silbentrennung und die lesefreundlichere Gestaltung der Texte insgesamt. Schriften wurden nicht mehr nur laut vorgelesen, sondern auch von Einzelpersonen still gelesen. Hier wurde die bisher durchaus übliche Praxis immer stärker als hinderlich angesehen, eine Zeile möglichst voll auszuschöpfen und erst dann die nächste Zeile zu beginnen. Diese Praxis konnte bedeuten, dass ein Wort wie *Geschäft* in der einen Zeile mit *Gesch* endete und in der nächsten mit *äft* fortgesetzt wurde. Die Wörter wurden nun nach (Sprech-)Silben, teils nach enthaltenen Wortteilen oder formalen Kriterien getrennt. Die Nahtstelle wurde durch einen Trennstrich am Zeilenende angezeigt, was bis heute Geltung hat. Unter formale Kriterien fällt die inzwischen aufgehobene Regel „Trenne nie *st* …“, die schlicht gelernt werden musste. Ihren Ursprung hat sie der Praxis des Bleisatzes zu verdanken, da hier -*s*- und -*t*- in einer Ligatur verbunden waren und diese Ligatur physisch nicht aufgebrochen werden konnte.

Schwieriger ist die Trennung nach den Wortteilen vor allem bei Lehnwörtern, denn eine Silbentrennung von *Pädagoge* in *Päd-agoge* entspricht zwar der griechischen Basis, nicht aber dem deutschen Silbenverständnis. In diesem Zusammenhang ist zu erwähnen, dass auch die Worttrennung im ältesten Deutsch noch nicht konsequent durchgesetzt war. Sie etablierte sich in dieser Zeit erst, wie die althochdeutschen „Merseburger Zaubersprüche“ zeigen. Hier kommt an einigen Stellen noch Zusammenschreibung mehrerer Wörter vor: *sumaherilezidun* anstelle von *suma heri lezidun* ‘einige setzten Heere in Bewegung’. Die fehlende Worttrennung findet sich in vielen Sprachen, so auch im ältesten Latein, wo zunächst alles fortlaufend ohne Leerzeichen notiert wurde, später dann ein Punkt als Trennzeichen eingesetzt und schließlich zwischen den Wörtern ein Leerraum eingeführt wurde.

In den beiden folgenden Jahrhunderten setzten sich die beschriebenen Entwicklungen fort. Die Textmengen und damit die Schriftlichkeit in allen Bereichen stiegen an. Die Schülerzahlen nahmen zu und Universitäten wurden etabliert. Nach dem 30-Jährigen Krieg richtete man seinen Blick stärker auf das Nationale. Das zeigte sich unter anderem daran, dass zu Beginn des 17. Jahrhunderts erstmals Forderungen nach einem auf Deutsch abgehaltenen Schulunterricht laut wurden. Es entstanden Sprachgesellschaften, die sich kritisch mit der eigenen Sprache auseinandersetzten und die Reinhaltung der deutschen Sprache von fremden Einflüssen propagierten. Die Zeit der Aufklärung im 18. Jahrhundert brachte neben allen anderen gesellschaftlichen Veränderungen eine weitere Konzentration auf das Deutsche als (Schrift-)Sprache sowie Bildungsbestrebungen für breitere Bevölkerungskreise. Zahlreiche Gelehrte erforschten systematischer die Teilbereiche der Sprache, somit auch intensiver die Orthographie, verbunden mit Überlegungen und Forderungen nach einer Norm, die über die einzelnen deutschen Staaten hinaus Geltung haben sollte. Diese Faktoren bedeuteten für die Schriftsprache und eine einheitliche Orthographie unmerkliche, aber stetig voranschreitende Ausgleichs- und Angleichungsprozesse. Vielfach wurde der Schreibgebrauch als Kriterium für die Orthographie angeführt.

Von den zahlreichen in dieser Zeit entstehenden Sprachlehren, Grammatiken und Wörterbüchern sollen zwei besonders wirkmächtige hier genannt werden. Der bereits erwähnte Johann Christoph Gottsched veröffentlichte 1748 die „Grundlegung einer Deutschen Sprachkunst". Von diesem Werk erschienen bis 1777 insgesamt 14 Auflagen, was für seine Popularität spricht. Noch bedeutsamer für die Normierung der Orthographie war der Sprachforscher und Lexikograph Johann Christoph Adelung (1732–1806). Zwar wurde seine Meinung, die Norm entspreche der Sprache bzw. Schrift der obersächsischen gehobenen Schicht, von vielen anderen Sprachforschern nicht geteilt. Sein fünfbändiges Wörterbuch „Versuch eines vollständigen grammatisch-kritischen Wörterbuches der Hochdeutschen Mundarten" (1774–1786), in dem er neben grammatischen Angaben auch etymologische Herleitungen und Bedeutungsangaben zu den Wörtern bietet, wurde aber für längere Zeit das wichtigste Nachschlagewerk für die Orthographie.

Denn im 19. Jahrhundert – dem Jahrhundert, in dem endgültig die Weichen für eine Einheitsorthographie gestellt wurden – folgten zahlreiche Sprachwissenschaftler, aber auch andere gesellschaftliche Gruppen wie Lehrer, Beamte, Drucker oder Schriftsteller dem Adelung'schen Wörterbuch sowie seinen Auffassungen zur Orthographie. Eine der Gegenpositionen, die im 19. Jahrhundert zu einer verstärkten Diskussion über orthographische Regelungen führten, ist die eingangs vorgestellte von Jacob Grimm, der nicht den Gebrauch oder die Gewohnheit zur Grundlage nehmen wollte, sondern ausgehend von seinem sprachhistorischen Ansatz eine zeitlich und dialektal unabhängige Orthographie schaffen wollte. Sie sollte sich zudem durch Einfachheit auszeichnen – kurz, eine nicht unwesentlich auf dem Mittelhochdeutschen basierende Rechtschreibung. Im Zuge dieser Auseinandersetzungen konnten sich „gemäßigte Vertreter" wie Konrad Duden, Rudolf von Raumer und Wilhelm Wilmanns weitgehend durchsetzen, die auf dem Schreibgebrauch aufbauten und eine Angleichung von Schreibung und Aussprache anstrebten, wobei Veränderungen in der Orthographie möglichst behutsam und in kleinen Schritten vorgenommen werden sollten. So veröffentlichte Konrad Duden 1872 „Die deutsche Rechtschreibung".

Nachdem 1871 das Deutsche Reich entstanden war, befassten sich die Kultusminister auch mit der in den Ländern unterschiedlichen Orthographie, beauftragten von Raumer mit einer Erstellung eines Regelwerkes und beriefen dann 1876 in Berlin eine Orthographische Konferenz ein, an der neben von Raumer, Duden und Wilmanns weitere Fachleute teilnahmen. Einige von ihnen sprachen sich dezidiert gegen das Raumer'sche Regelwerk (inklusive ausführlicher theoretischer Begründungen für die Regeln) und Wörterverzeichnis aus, so dass trotz Verabschiedung der Regelungen diese nicht umgesetzt wurden, weil die Gegner mittels der Presse eine breite Kampagne gegen die Reformen anstießen. Die dabei geführte Debatte war weniger inhaltlich oder pädagogisch geprägt, vielmehr wurden sehr emotional Einzelfälle herausgegriffen und schwere kulturpolitische Konsequenzen befürchtet. Sie hat sehr viel Ähnlichkeit mit den in der Öffentlichkeit geführten Auseinandersetzungen anlässlich der überarbeiteten Orthographie in den Jahren um 1998, wo neben berechtigter Kritik ebenfalls der Untergang der deutschen Sprache beschworen wurde. In der Folge entwickelten einzelne Länder eigene Orthographien für die Schule. So erklärte Bayern bereits 1879 eine Regelung auf der Basis der Raumer'schen Ausarbeitungen. Preußen folgte umittelbar und beschloss eine ähnliche Regelung. 1880 erschien das auf den preußischen Regelungen beruhende „Vollständige orthographische Wörterbuch der deutschen Sprache" von Konrad Duden. Es gab zunächst zwei verschiedene Ausgaben: für die Schule und für die Druckereien. Schätzungen gehen davon aus, dass bis 1885 ungefähr 80 000 Exemplare im Umlauf waren. 1892 bildete es die Grundlage der Schweizer Amtsorthographie, die damit noch vor dem Deutschen Reich eine kodifizierte und verbindliche Norm aufwies. Da Bayern und Preußen an ihren – recht ähnlichen – orthographischen Regelungen festhielten, übernahmen in der Folge die meisten anderen Länder diese Regeln, womit de facto ab 1883 die preußische Schulorthographie nahezu im gesamten Deutschen Reich Anwendung fand. Zwar handelte es sich um eigentlich nur für den Schulunterricht geltende Regeln, doch zeigen Untersuchungen, dass sich seit 1890 die überwiegende Menge aller Druckerzeugnisse nach der preußischen Schulorthographie richtete. Eine endgültige Verabschiedung einer reichsweit geltenden Orthographie fand 1901 auf einer zweiten Orthographischen Konferenz statt, an der dieses Mal kaum Sprachwissenschaftler teilnahmen, sondern fast ausschließlich Sachverständige aus Schule und Verwaltung. Auch deshalb kam es nicht zu kontroversen Diskussionen, sondern zu einer raschen Verabschiedung der orthographischen Regelungen. Dass diese nicht unveränderlich waren, zeigt die Tatsache, dass mit dem von Konrad Duden entwickelten „Buchdruckerduden" (iniitiert von Druckereien aus Deutschland, der Schweiz und Österreich) 1903 ein umfängliches Wörterbuch erschien, in dem bestehende Varianten und Unklarheiten beseitigt wurden. Der Duden, dem die Kultusministerkonferenz 1955 mit der Aussage: „In Zweifelsfällen sind die im Duden gebrauchten Schreibweisen und Regeln verbindlich", gewissermaßen amtlichen Status zuerkennt, nimmt in den folgenden Auflagen immer wieder neue Wörter auf, aber auch Veränderungen der Schreibung einzelner Wörter. Er reagiert damit auf den sich trotz einer vorhandenen verbindlichen Norm allmählich ändernden Schreibgebrauch in Einzelfällen.

Einen großen Einschnitt stellt die Orthographiereform im Jahre 1998 dar. Ihr gingen allerdings bereits seit den 30er Jahren des 20. Jahrhunderts verschiedene Vorschläge und Empfehlungen voraus (so 1931 das Erfurter Rechtschreibprogramm). Für das Schuljahr 1944–45 wollte der Reichsminister für Bildung, Erziehung und Wissenschaft, Bernhard Rust, eine zuvor ausgearbeitete Orthographiereform durchsetzen, die (optionale) Eindeutschungen von Lehnwörtern wie *Filosof* anstelle von *Philosoph,* Kommasetzungsänderungen oder eine Silbentrennung nach Sprechsilben beinhaltete. Auf Befehl Adolf Hitlers wurde die Reform verschoben. Über eine Million bereits gedruckte Regelhefte wurden eingestampft. Nach dem Krieg folgten weitere Reformansätze wie 1958 die Wiesbadener Empfehlungen. Auf internationalen Kongressen in Wien vereinbarten die deutschsprachigen Staaten eine Kooperation. Seit 1987 diskutierten dann in Vorbereitungsgremien Sprachwissenschaftler und Fachdidaktiker über die 1996 verabschiedete und 1998 in Kraft getretene

Reform, die eine Übergangszeit bis Ende Juli 2005 vorsah. Die Reform sollte moderate Veränderungen beinhalten, die Regeln vereinfachen und damit das Schreiben erleichtern. Eine zwischenzeitlich erwogene Kleinschreibung der Substantive gelangte gar nicht bis zur Verabschiedung. Konkret sollte das sogenannte Stammprinzip stärker zur Geltung kommen, aus *behende* wurde *behände* (damit der Stamm *Hand* erkennbar bleibt), aus *verbleuen* nun *verbläuen* (zu *blau*, wobei es sich hier um eine Volksetymologie handelt, denn *bleuen* hängt etymologisch keineswegs mit *blau* zusammen). Die Groß- und Kleinschreibung, die Getrennt- und Zusammenschreibung, die orthographische Integration von Fremd- und Lehnwörtern sowie das *-ß-* sind daneben Kernpunkte der Reform. Noch vor der offiziellen Einführung regte sich in der Öffentlichkeit und vor allem bei Literaten und großen Zeitungen teils heftiger Widerstand. Neben sachlichen Argumenten wie der nun nicht mehr möglichen Unterscheidbarkeit zwischen *(auf dem Stuhl) sitzen bleiben* und *(in der Schule) sitzenbleiben* (nach der Reform ebenfalls *sitzen bleiben*) u. Ä. wurden Kostenargumente, aber vor allem eher emotionale Gründe bzw. schlicht strikte Ablehnung geäußert. Trotz der vorzeitigen Einführung ab dem Schuljahr 1996/97 an den Schulen in zehn Bundesländern reißt die Kritik nicht ab. In einer Umfrage im Oktober 1996 äußerten 75 % der befragten Bürger, dass eine Reform unnötig sei. Nachdem große Zeitungsverlage wieder die alte Orthographie verwendeten, wurde Ende 2004 eilends ein „Rat für die deutsche Rechtschreibung" einberufen. Er sollte sich mit der Kritik auseinandersetzen und vor allem eine Lösung finden, die die gespaltenen Lager befriedete. In der Folge wurden zahlreiche Änderungen wieder zurückgenommen, so dass in einigen Bereichen der Stand vor 1998 erreicht ist. Bei der Fremdwortschreibung sind nun ganz pragmatisch sowohl die eingedeutsche Form (*Majonäse*) wie die Originalform (*Mayonnaise*) erlaubt.

Auch in anderen Punkten wurden die Vorschriften gelockert und alte neben neuen Schreibungen zugelassen. Am vorläufigen Ende der Entwicklung einer deutschen Orthographie steht damit wieder ein größerer Variantenreichtum. Ob es bei dem im Regelwerk erlaubten Nebeneinander verschiedener Schreibformen bleibt, wird der Sprachgebrauch ergeben.

5. Was die Sprache trägt und prägt: Medien vom Pergament zum LCD-Schirm

Hätte Johannes Gutenberg seine Bibel komplett auf Pergament gedruckt, hätte er für die ungefähr 180 Exemplare die Haut von 25 000 bis 26 000 Kälbern benötigt, was nach Umrechnung auf die heutige Währung ungefähr 2,4 Millionen Euro gekostet hätte – eine unvorstellbare Summe. Für jedes einzelne Exemplar wären damit 13 300 Euro allein für das zu bedruckende Material aufzubringen gewesen. Wäre nicht die Kenntnis über die Herstellung von Papier bereits nach Europa und speziell nach Deutschland gelangt, hätte sich Gutenbergs Erfindung wohl kaum so schnell – oder vielleicht gar nicht – durchsetzen können.

Das Papier, das heute trotz zunehmender Verbreitung elektronischer Medien allgegenwärtig ist, stellte in der Vergangenheit nur einen Beschreibstoff neben anderen dar. Es löste allmählich das Pergament ab, dessen Kosten zu denen des Papiers im 15. Jahrhundert in einem Verhältnis von ungefähr 5 : 1 lagen. Neben diesen beiden für die Schriftkultur so wichtigen Materialien dienten zahlreiche andere ebenfalls als Träger sprachlicher Informationen. Da Schriftlichkeit ohne Beschreibstoffe nicht möglich ist, stellen diese einen elementaren Faktor in der Sprachgeschichte des Deutschen dar. Aus diesem Grund wird dem Trägerstoff ein gesondertes Kapitel gewidmet.

Das wohl älteste Beschreibmaterial ist Stein. Dass Steine nicht nur in grauer Vorzeit genutzt wurden, belegen zum Beispiel die beiden Steintafeln, in die Erzbischof Engelbert von Köln 1266 die von ihm gewährten Judenfreiheiten meißeln ließ. Die Tafeln wurden öffentlich aufgestellt, so dass sie der Bevölkerung ständig vor Augen waren. Ein ähnliches Verfahren, wenngleich auf einem anderen Material, wendete der Mainzer Erzbischof Adalbert I. an, als er 1135 das den Mainzer Bürgern zugestandene Stadtprivileg in die Bronzetüren des Doms eingravieren ließ. Auch anderes Metall, vor allem das weiche Blei, diente gelegentlich als Beschreib- bzw. Einritzmaterial. Bleitafeln waren oft Grabbeigaben oder wurden in Kirchenaltäre gelegt. So enthält der Altar des Braunschweiger Doms einen Reliquienbehälter aus Blei. Seine Aufschrift gibt Zeugnis von der 1188 vollzogenen Weihe. Ein weiterer Schriftträger war lange Zeit Holz. Neben eingeschnitzten Inschriften, wie sie noch heute auf zahlreichen Fachwerkhäusern zu sehen sind, fand Holz auch in Form von Tafeln Verwendung als Beschreibstoff. Eine besondere Form der schriftlichen Überlieferung stellen die in Europa seit dem 10./11. Jahrhundert benutzten Kerbhölzer dar. Auf ihnen wurde allerdings keine oder kaum Schrift angebracht. Vielmehr dienten die mit Symbolen und Kerben versehenen Stöcke oder länglichen Brettchen der Dokumentation einer Schuld. Es wurde dann in der Mitte längs zertrennt, und der Schuldner und der Gläubiger erhielten jeweils eine Hälfte. Auf diese Weise war die Summe fälschungssicher festgehalten. Daher stammt die bis heute existierende Redewendung *etwas auf dem Kerbholz haben* (ursprünglich also: *Schulden haben, sich schuldig gemacht haben*). Auch als Warenbestandsübersicht der Kaufleute und Händler sowie bestimmter Pflichten und sogar der Steuerverwaltung dienten die Kerbhölzer. In England waren diese in letzterer Funktion bis 1834 in Gebrauch. Pikanterweise sorgte die Vernichtung der durch eine Steuerreform ausrangierten großen Mengen von Kerbhölzern dafür, dass der Westminister-Palast, in dessen Hof die öffentliche Verbrennung stattfand, ebenfalls fast völlig abbrannte. Der vergleichsweise große Aufwand, der mit dem Beschreiben der bisher genannten Materialien verbunden war, beschränkte die Produktion auf vergleichsweise kurze Texte.

Ein weiteres Beschreibmaterial, das zahlreiche andere Länder und Kulturen nutzten, wurde offenbar in Deutschland nur wenig verwendet. In feuchte Tontafeln konnte mit einem Griffel Schrift geritzt werden. Nach dem Brennen des Tons war die Schrift unveränderlich und somit dauerhaft fixiert. Dass dieses Material äußerst beständig ist, belegen die erst im 20. Jahrhundert gefundenen 30 000 Tontafeln in Hattuša (Anatolien). Durch sie wurde ein bis dato kaum bekanntes indogermanisches Volk – die Hethiter – „entdeckt“. Die Hethiter beherrschten im zweiten Jahrtausend vor Christus ein Großreich. Nach ihrem Verschwinden im 12. vorchristlichen Jahrhundert verlor sich jede Spur. Lediglich in der Bibel werden an mehreren Stellen Hethiter erwähnt. Erst durch die Tontafeln wurde deren Schrift und Kultur Tausende Jahre später bekannt. Ein besonders bemerkenswertes Schriftzeugnis sei hier am Rande erwähnt. Nach kriegerischen Auseinandersetzungen und jahrelangen Grenzstreitigkeiten schlossen der ägyptische Pharao Ramses II. und der hethitische König Hattusili III. im November 1259 vor Christus einen bis heute erhaltenen Friedensvertrag, der als der älteste (bekannte) schriftliche Friedensschluss gilt.

Das geflügelte Wort vom *Scherbengericht* hat seinen Ursprung in einer besonderen Verwendung von Ton als Schriftträger. Im antiken Athen und anderen Städten Griechenlands schrieben in einem Gerichtsverfahren die Stimmberechtigten den Namen desjenigen, den sie der Stadt verweisen wollten, auf eine glasierte Tonscherbe.

Im Gegensatz zu Ton wurden die seit der Antike bekannten Wachstafeln auch im deutschen Sprachraum benutzt. Das in einem Holzrahmen befindliche Wachs war durch seine Elastizität vorzüglich dafür geeignet, um mit einem Griffel Schrift einzuritzen. Bei Bedarf konnte diese wieder durch Glattstreichen oder Erhitzen gelöscht werden. Mehrere dieser Wachstafeln konnten zu einer Art Notizbuch zusammengebunden werden. Das Wort *Codex* hat hier seinen Ursprung, denn lateinisch *caudex* bedeutete „Holzstamm", dann aber auch übertragen „die aus mehreren mit Wachs überzogenen Holztäfelchen bestehende Schreibtafel; Notizbuch". Obwohl später die Wachstafeln durch Pergament, Papyrus oder Papier ersetzt wurden, blieb dieses Wort bis heute für ein aus mehreren Blättern oder Lagen bestehendes, durch einen Einband zusammengehaltenes Schriftgut erhalten. Eine andere Art, längere Schriftstücke auf ein handliches Maß zu bringen, war die Rolle. Diese war vor allem für den Beschreibstoff Papyrus vorgesehen. Die Nachteile derartiger, meist längs beschriebener Rollen liegt auf der Hand. Es muss jeweils das gesamte Schriftstück ausgerollt werden, um den Text lesen zu können, was bei größeren Blättern nicht ganz einfach ist. Zudem unterliegen die Rollen stärkerer Abnutzung. Die Wachstafeln kamen in einigen Bereichen auch lange nach der Einführung des Papiers in Deutschland nicht aus der Mode. So ist in einigen Salzwerken der Gebrauch dieser Tafeln für das Rechnungswesen bis in das 18. und vereinzelt sogar im 19. Jahrhundert belegt.

Der bereits erwähnte Papyrus lässt sich in Deutschland nur in wenigen Spuren und während einer kurzen Zeit nachweisen. Die bis zu fünf Meter hoch werdende feuchtigkeitsliebende Papyrusstaude war vielseitig verwendbar. Nur das innere Zellgewebe, das Mark benötigte man für die Papyrusproduktion. Es wurde in dünne Scheiben geschnitten, nebeneinander ausgebreitet, quer eine zweite Schicht darübergelegt, alles mit Wasser übergossen, anschließend gepresst, getrocknet und schließlich geglättet. Über Jahrhunderte war es der Hauptträger für die schriftliche Überlieferung. So blieb in Italien beispielsweise auch nach der Erfindung des Pergaments lange Zeit der Papyrus der alleinige Beschreibstoff im häuslichen Bereich, obwohl Pergament sich durch eine deutlich längere Haltbarkeit auszeichnet. Pergament war jedoch erheblich teurer. Dass Papyrus in Deutschland kaum genutzt wurde, hat seinen Grund darin, dass hier die Schriftlichkeit erst zu dem Zeitpunkt einsetzte, als Pergament bereits das üblichste Material war. Nur bis zum achten Jahrhundert wurde Papyrus noch vereinzelt für Urkunden gebraucht.

Leder, d. h. gegerbte Tierhaut, war auch schon im Altertum neben den bereits erwähnten Materialien ein Beschreibmaterial. Anders als das Pergament ist Leder nur einseitig benutzbar. Bei der Herstellung von Pergament dagegen wird die Oberseite von Haaren befreit. Außerdem wird das Material nicht gegerbt, sondern mit Kalk gebeizt. Dadurch wird es nicht weich wie Leder, sondern härter, dabei aber relativ glatt und hell und kann beidseitig beschrieben werden. Seine Herstellung ist anders als die von Papier oder Papyrus relativ einfach und kann dezentral vollzogen werden. Man benötigt nur Tierhaut, Kalk und einige Hilfsmittel zum Enthaaren. Bis zur Einführung des Papiers blieb es in Deutschland der Hauptüberlieferungsträger. Gleichwohl war es kein Massenprodukt, zumal sich die Schriftlichkeit weitgehend auf die geistlichen Einrichtungen und die zunächst wenig ausgebaute weltliche Verwaltung beschränkte. Wollte ein Schreiber eine Urkunde oder einen längeren Text anfertigen, so konnte er nicht einfach mit dem Schreiben beginnen. Zunächst musste das Pergament gereinigt werden, damit es die Tinte überhaupt annahm. Danach erfolgte eine mechanische Glättung mit Bimssteinen, und es musste geprüft werden, ob das Pergament Risse oder Löcher aufwies. War dies der Fall, mussten diese genäht oder verklebt werden. Anschließend war die Seite zu liniieren, um einen gleichmäßigen Zeilenverlauf zu gewährleisten. Dazu musste zunächst die Seite eingeteilt werden, was mit Hilfe eines Zirkels geschah (nicht wenige Pergamenthandschriften zeigen bis heute diese Einstichlöcher). Die Liniierung selbst erfolgte mit einem Griffel oder dann auch mit einem bleistiftähnlichen Schreibgerät. Erst jetzt konnte das Schreiben beginnen. Neben der Sepia, die aus dem Beutel der Tintenfische gewonnen wurde, waren vor allem Mischungen aus Ruß und Gummi, Galläpfeln und vor allem eine Mischung aus Kupfervitriol und Galläpfeln verbreitet. Außer Schwarz (bzw. Schwarzbraun) kamen noch Rot, Silber und Gold als Farbtöne vor. Letztere verwendete man besonders gern bei aufwändig mit Purpur eingefärbten Pergamenten, die bis zum 12. Jahrhundert nachzuweisen sind. So ist ein Exemplar der Wulfilabibel – der Codex Argenteus –, dessen Reste sich heute in der Universitätsbibliothek Uppsala befinden, durchweg mit Gold und Silber auf derartigem Purpurpergament geschrieben. Auf der Schreibfarbe beruht auch die Bezeichnung als Silberkodex. Die Wiener Bibliothek besitzt ein ganz in Gold geschriebenes Evangeliar, das 1368 für Herzog Albrecht III. von Österreich angefertigt wurde.

Die Größe der Tierhaut bestimmte auch den Umfang des Textes. Das sprichwörtliche *Das geht auf keine Kuhhaut* hat wahrscheinlich hier seinen Ursprung, obwohl in der Realität kaum eine ganze Kuhhaut unzerteilt zu Pergament verarbeitet wurde. Der nicht geringe Preis führte dazu, dass auch kleine Pergamentschnipsel benutzt wurden bzw. das Pergament möglichst passgenau zugeschnitten wurde. Weiterhin wurden Pergamentblätter, deren Texte man als überholt ansah, wieder verwendet, indem der Text mit einem Messer ausradiert und das Pergament erneut geglättet wurde. Danach war es wieder beschreibfähig (der Fachausdruck hierfür ist „Palimpsest“. Das Wort stammt aus dem

Griechischen und bedeutet 'wieder abgekratzt'). Zum Glück erkannte die Forschung in der Neuzeit, dass Tinte stärker in das Pergament eindringt und trotz Ausradierens in den tieferen Schichten Spuren hinterlässt. Mittels Fluoreszenz werden zahlreiche Textpassagen wieder lesbar. Ein besonderes, wenn auch nicht deutschsprachiges Beispiel ist die mehrbändige Schrift *De re publica* des Marcus Tullius Cicero, die er in den Jahren zwischen 54 und 51 vor Christus verfasste. Bis ins 19. Jahrhundert galt die Schrift als vollständig verschollen oder vernichtet. Hinweise und Textteile waren nur in den Werken anderer Autoren erhalten. 1819 wurde in der Vatikanischen Bibliothek ein umfängliches Palimpsest entdeckt, so dass zumindest Teile des Werks wieder lesbar wurden.

Wie teuer Pergament oder angefertigte Handschriften waren, lässt sich nur schwer beantworten. Die eingangs erwähnten 2,4 Millionen Euro für die 180 Bibelexemplare sind von Forschern aus Seitenanzahl, -größe, Buchanzahl und dem heutigen (!) Preis für Kälber ermittelt worden. Nicht eingerechnet sind die Arbeitskosten zur Gewinnung des Pergaments. Zudem ist das handschriftliche Abfassen von Texten deutlich langwieriger als das Drucken. Schreiber waren im Mittelalter zumeist die Angehörigen geistlicher Einrichtungen. Zumindest aus Paris ist jedoch belegt, dass weltliche Schreiber und Illuminatoren, die die Schmuckelemente und Bilder der Handschriften anfertigten, zu einer recht wohlhabenden Schicht gehörten, wie sich aus ihren Steuerzahlungen ergibt. Dass es in Paris schon früh Schreiber gab, die nicht dem Klerikerstand angehörten, hängt mit der dort seit Beginn des 13. Jahrhunderts existierenden Universität zusammen, die zahlreiche Gelehrte aus vielen Ländern nach Paris führte. Die einzige Möglichkeit, einen Text für den Eigenbedarf bzw. den des Klosters zu erhalten, bestand darin, ihn abschreiben zu lassen. Die Vorlesungsskripte der Dozenten konnten nach deren

Einverständniserklärung sogar vermietet werden, damit die Studenten eine Abschrift selbst erstellen oder anfertigen lassen konnten – eine an vielen Universitäten gängige Praxis dieser Zeit.

Einige Beispiele belegen die große Kostbarkeit von Handschriften. So ist einer Quelle zu entnehmen, dass der reine Pergamentpreis für eine vierbändige Bibel so hoch war, dass man zur selben Zeit (übrigens während einer Hungersnot) davon 50 Fässer Wein hätte kaufen können. 1346 wurden bei dem Verkauf eines fünfbändigen Rechtswerkes 70 Mark gezahlt. Da ein Pferd – wahrlich keine alltägliche und für jedermann erschwingliche Anschaffung – vier Mark kostete, entspricht der Wert der Bücher dem von 17 Pferden. Bereits um die Mitte des 12. Jahrhunderts erklärte der Abt des Klosters Reinhausen in Niedersachsen, dass er einerseits zur Aufbesserung der desolaten finanziellen Lage des Klosters eigene Schriften (*meis scriptis*) verkauft habe. Anderseits habe er mit großer Mühe (*maximo labore*) Bücher geschrieben – es ist hier nicht sicher, ob er sie als Autor verfasst oder nicht doch eher abgeschrieben hat –, mit deren Erlös er einen Acker von ca. 25 Hektar erwerben konnte. Auch die Tatsache, dass Bücher verpfändet werden konnten, um an Geldmittel zu gelangen oder Schulden zu begleichen, spricht für sich.

Privatpersonen besaßen zumindest bis ins 14. Jahrhundert hinein in aller Regel keine Bücher, und wenn doch, dann waren es Kleinstmengen, wie zum Beispiel Testamente von Lüneburger Bürgern belegen. Diese gehörten der wohlhabenderen Schicht an. Besaß ein Bürger ein Buch oder gar mehrere Bücher, so wurden diese in den Testamenten eigens erwähnt.

Das änderte sich im Verlauf des 14. und vor allem des 15. Jahrhunderts, da nun immer mehr Adlige Wert auf Bücher legten. Neben die bisher dominierenden Textgattungen (Bibeln und andere religiöse, lehrhafte und erbauliche Literatur) traten vermehrt die Heldenepik und vergleichbare Erzählliteratur. Vereinzelt betrieben nun Schreiberwerkstätten einen regelrechten Handel mit Büchern. Die Handschriftenwerkstatt des Diepold Lauber in Hagenau im Elsass hatte ein Verlagsprogramm mit immerhin 38 unterschiedlichen Titeln. Zwischen 1426 und 1467 beschäftigte Diepold bis zu fünf Schreiber und 16 Illustratoren zeitgleich und ließ diese auf Vorrat produzieren, so dass ein Kunde nicht lange auf eine Handschrift warten musste. In seinem Programm befanden sich unter anderem der „Tristan", der „Parzival" und Schriften von Konrad von Megenberg. Dass diese den Literaturgeschmack des Publikums trafen, belegt der Umstand, dass dieselben Titel nach Einführung des Buchdrucks sofort in die Programme der Druckereien aufgenommen wurden und nun auf Papier erschienen.

Zu einem entscheidenden Wandel kam es mit der Erfindung des Buchdrucks durch Johannes Gutenberg. Dieser wäre ohne das Papier kaum so erfolgreich geworden. Anderseits schaffte auch das Papier letztlich seinen Durchbruch erst in Verbindung mit dem Buchdruck, denn zwischen der Inbetriebnahme der ersten deutschen Papiermühle und dem Buchdruck liegen nur etwas mehr als 60 Jahre.

Die Erfindung des Papiers in China datiert auf das Jahr 105 nach Christus. Das älteste heute noch erhaltene Papier ist in einem Buch erhalten, das die japanische Kaiserin Shôtokû im Jahr 765 drucken ließ. Mit der Eroberung von Samarkand im Jahre 751 durch die Araber gelangten chinesische Papierhersteller als Kriegsgefangene in den arabischen Raum – und damit die Fertigkeit der Papierherstellung. Von dort aus verbreitete sich die Kunde allmählich nach Europa und hier vor allem nach Italien. Der Gebrauch von Papier in der Kanzlei in Palermo ist bereits für die Zeit vor 1100 nachgewiesen. Roger II. von Sizilien befahl Mitte des 12. Jahrhunderts, auf Papier ausgestellte Urkunden noch einmal auf Pergament abschreiben zu lassen, weil dieses ihm dauerhafter erschien, für Rechtsangelegenheiten nicht unwichtig. Ähnlich ordnet Kaiser Friedrich II. im Jahre 1231 an, dass für Urkunden kein Papier benutzt werden solle.

Trotz dieser Vorbehalte verbreitete sich allmählich die Kenntnis der Papierherstellung in den Ländern Europas. Nach der ersten Errichtung einer Papiermühle durch den Nürnberger Patrizier Ulman Stromer im Jahre 1390 stieg die Zahl der Papiermühlen nur gering an. Bis 1450 waren es etwa zehn im gesamten Reichsgebiet. Mit der Erfindung des Buchdrucks änderte sich das rapide. In den folgenden 50 Jahren verfünffachte sich die Zahl, so dass am Ende des 15. Jahrhunderts ungefähr 50 Papiermühlen – vorwiegend im Südwesten Deutschlands – für den steigenden Bedarf produzierten. Die Schätzungen über die Anzahl der in diesem Zeitraum gedruckten Werke belaufen sich auf ungefähr 30 000 verschiedene Titel. Die Auflagenhöhe variierte je nach Einzelwerk sicherlich nicht unerheblich. Durchschnittlich betrug sie 300–400 Exemplare.

Das allein zeigt bereits, dass Pergament als Beschreib- bzw. Bedruckmaterial keinesfalls ausreichte. Allerdings wurde es nicht sofort vollständig vom Papier verdrängt. So druckte Gutenberg einen Teil der Bibel auf Pergament. Auch für wichtige Druckerzeugnisse, wie sie die Ablasszettel darstellten, wurde weiterhin Pergament verwendet, um deren Bedeutung zu unterstreichen. Schulbücher (Lateinlehrhefte mit einem Umfang von ca. 30 Seiten) wurden ebenfalls auf Pergament gedruckt, da dieses deutlich mehr Schülergenerationen überdauerte als Papier.

Das Bahnbrechende an der Erfindung Johannes Gutenbergs war nicht die Drucktechnik als solche, denn das Drucken mit Hilfe von Holzmodeln wurde auch in Deutschland seit dem 14. Jahrhundert praktiziert. Neu war, dass er bewegliche Lettern einsetzte, aus denen sich nach Bedarf Wörter zusammenfügen ließen. Das verringerte den Materialbedarf und gestaltete den

Papierherstellung

Grundlage sind – oder vielmehr waren – Gewebefasern wie Hanf, Baumwolle, Leinen. Diese wurden meist aus alten, nicht mehr brauchbaren Kleidungsstücken (Lumpen oder Hadern) gewonnen. Sie werden zunächst gereinigt, anschließend mit Kalk, Soda und Wasser aufgekocht, dann fein gemahlen. Auf diese Weise entsteht ein feiner Brei, aus dem mit einem feinmaschigen Sieb jeweils etwas Brei geschöpft wird, der durch Schütteln gleichmäßig auf dem Sieb verteilt wird. Für die häufig verwendeten Wasserzeichen werden entsprechende Formen vorher auf dem Schöpfsieb verteilt, so dass hier die Papierbreischicht etwas dünner ist. Der leicht entwässerte Bogen wird zwischen Filzen in einer Presse weiter entwässert und anschließend an Seilen zum Trocknen aufgehängt. Danach wird das Papier durch eine Lösung aus Leim gezogen. Zunächst handelte es sich dabei um Pflanzenleim oder Weizenstärke. Der aus Tierknochen bestehende Leim erwies sich jedoch als deutlich geeigneter, so dass er sich bald durchsetzen konnte. Nach dem erneuten Trocknen muss das Papier geglättet werden, was entweder mechanisch durch ein Hammerwerk geschah oder aber manuell durch Reiben des Papiers mittels eines Achates auf einer Marmorplatte.

Zwar wurde die Herstellung allmählich technisiert, aber lange änderte sich am grundlegenden Prozess und an der Zusammensetzung der Inhaltsstoffe nichts. Mit stark steigender Papierproduktion begann die Basiszutat Hadern immer knapper zu werden. Es wurde nach Ersatzstoffen gesucht. Der in Hainichen geborene Friedrich Gottlob Keller experimentierte u. a. mit feingeschliffenem Holz, und 1843 konnte er erstmals aus Hadern und Holzschliff bestehendes Papier schöpfen. Das im Holz enthaltene Lignin bewirkte jedoch eine rasche Vergilbung und Brüchigkeit des Papiers, so dass bald nach anderen Wegen gesucht wurde. Wird aus dem Holz mit Natronlauge nur die Zellulose ausgelöst und diese für die Papierherstellung verwendet, kann die Vergilbung und Brüchigkeit vermieden werden. Seitdem wird dieses Verfahren angewendet. Daneben entwickelte der Göttinger Jurist Justus Claproth 1774 ein Verfahren, in dem altes bedrucktes Papier ausgewaschen wurde, so dass daraus neues hergestellt werden konnte. Dieses Recyclingverfahren konnte sich erst deutlich später durchsetzen, dient heute aber zur Erzeugung großer Papiermengen.

Die auf Papiererzeugnissen stehenden Begiffe *hadernhaltig, holzfrei* und *holzhaltig* beziehen sich auf die beschriebenen Basismaterialien. Heute ist hadernhaltiges Papier selten und wird hauptsächlich für besondere Papiere wie Urkunden verwendet; das *holzfreie* Papier ist nur insofern holzfrei, als kein Holzschliff enthalten ist, sondern Zellulose (aus Bäumen gewonnen) benutzt wird. Das *holzhaltige* Papier wird wegen seiner geringeren Beständigkeit für Zeitungen, Verpackungen und ähnliche, nicht auf Dauerhaftigkeit angelegte Produkte verwendet.

Druck deutlich wirtschaftlicher. Ein weiterer Unterschied bestand darin, dass die Seiten in dem von Gutenberg entwickelten Verfahren beidseitig bedruckt werden konnten. Dies war beim Holzmodeldruck (Blockdruck) nicht möglich, da nach einem Druckgang die Rückseite zu uneben war. Wollte man ein Buch aus mehreren Seiten herstellen, klebte man jeweils zwei Rückseiten zusammen. Derartige Bücher werden Blockbücher genannt. Auch diese Technik wurde in China spätestens seit dem 8. Jahrhundert verwendet.

Zunächst versuchten die Drucker, die Handschriften möglichst genau zu imitieren. Erst in den folgenden 50 Jahren löste man sich allmählich von diesem Vorbild und entwickelte Neuerungen wie das Titelblatt, das erstmals bei einem 1484 bei Peter Schöffer gedruckten Herbarius (Kräuterbuch) nachzuweisen ist. Hinzu kommt, dass mit steigender Verbreitung der Bücher bei den Lesern das Bedürfnis nach einer gewissen Einheitlichkeit wuchs. Das hatte zur Folge, dass die Druckereien, die zunächst ihre jeweils eigenen Drucklettern und damit Schriften herstellten, zunehmend gleiche Schrifttypen verwenden. Auch Sonderformate wie zum Beispiel das (um 1500 in Venedig gedruckte) *Officium beatae Mariae*, das gerade einmal eine Größe von 4,5 × 3,5 cm aufweist, treten zugunsten einheitlicher Größen zurück. Spätestens seit dem 16. Jahrhundert mit einer geradezu explodierenden Buchproduktion sinkt bei einer steigenden Auflagenzahl nicht selten die Qualität der Bände. Das betrifft gelegentlich auch den Inhalt. So wurde nach dem Lübecker Drucker Johann Balhorn ein Verb *verballhornen* '(Wörter, Wendungen etc.) entstellen' gebildet, da er eigenmächtig in den Manuskripten „Verbesserungen" größeren Ausmaßes vornahm.

Die Verbreitung des Buchdrucks hatte einen weiteren einschneidenden Wandel zur Folge. Gab es in Zeiten der Handschriften den Begriff des geistigen Eigentums nicht und war das Abschreiben von Texten normal oder sogar erwünscht, änderte sich dies nun. Die Drucker arbeiteten auf eigene Kosten und waren daran interessiert, möglichst viel abzusetzen, um ihre Unkosten zu decken und Gewinn zu machen. In der Regel waren sie gleichzeitig auch die Verleger. Raubkopien waren also geschäftsschädigend oder gar ruinös. Dennoch sind bereits aus dem 15. Jahrhundert solche Raubkopien bekannt. Einige Werke erschienen nahezu zeitgleich bei mehreren Druckern, so dass davon auszugehen ist, dass einige sich die Manuskripte auf illegalem Weg beschafften. Neben ihrer Verlegertätigkeit – bis 1500 gab es in Deutschland nachweislich weniger als 15 reine Verleger, alle übrigen betrieben gleichzeitig eine Druckerei – hatten die Drucker zumeist einen eigenen Buchladen, waren also auch noch Buchhändler. Da es in den Städten häufig zu wenig Käufer gab, um die gesamte Auflage vor Ort abzusetzen, etablierte sich rasch der

Fernhandel mit Büchern. Das wiederum hatte eine Vereinheitlichung und Konsequenzen in der Sprache zur Folge, damit die Bücher überregional verstanden werden konnten. Diesen besorgten sogenannte Buchführer, die in Diensten der Verleger standen, die Bücher mit sich führten (häufig in wasserdichte Fässer verpackt), in verschiedenen Orten Quartier nahmen und die Bücher verkauften. Zu diesem Zwecke wurden schon früh Buchhändleranzeigen mit dem zu erwartenden Buchsortiment verschickt. Größtenteils wurden diese Anzeigen an öffentlichen Plätzen ausgehängt, seltener auch bibliophilen Einzelpersonen zugesandt. Große Druckwerkstätten richteten daneben schon im 15. Jahrhundert Bücherlager in anderen Städten ein, in denen die Bücher vorrätig waren. Ebenfalls wichtig waren die seit dem 15. Jahrhundert abgehaltenen Buchmessen. Davon war zwischen dem 15. und 17. Jahrhundert die Frankfurter Buchmesse die bedeutendste, bis sie dann von der Leipziger Buchmesse abgelöst wurde. Über die Bücherpreise in der ersten Zeit ist für Deutschland wenig bekannt, da der Preis für ein und dasselbe Buch durchaus schwanken konnte. Insgesamt führte die rasant ansteigende Buchproduktion aber zu einem rapiden Preisverfall. So sanken etwa in Italien die Preise zwischen 1470 und 1480 um zwei Drittel. Ähnliches, wenn auch vielleicht nicht in der gleichen Größenordnung, ist auch für Deutschland zu vermuten.

In den folgenden Jahrhunderten wurde die Buchproduktion immer stärker ausgeweitet. Dies trug zu einer Verbreiterung der Leserschicht und damit zur Vermittlung von immer mehr Wissen bei. Die Verfahren wurden technisch ausgereifter, veränderten sich aber im Großen und Ganzen nicht gravierend. Im 19. Jahrhundert wurden Bücher und andere Drucksachen zur Massenware, was eine zunehmende Spezialisierung der ursprünglichen Druckereien oder Trennung von Druckerei, Verlag, Buchbinderei etc. mit sich brachte. Das Aufkommen und die

Ausweitung der Tageszeitungen Ende des 19. und Anfang des 20. Jahrhunderts ging mit technischen Neuerungen wie Linotype- und Monotype-Satzmaschinen einher, mit denen deutlich schneller gesetzt werden konnte. Neu war auch die Rotationsmaschine, mit der fortlaufende Papierrollen gleichzeitig von beiden Seiten bedruckt werden konnten. Nach dem Zweiten Weltkrieg kamen unter dem Label *rororo* (= Rowohlt Rotations Romane) die neuen und preiswerten Taschenbücher auf den Markt, deren Format von anderen Verlagen übernommen wurde.

Nachdem das Papyrus als Hauptbeschreibstoff im Frühmittelalter dem Pergament gewichen war, wurde dieses dann im Spätmittelalter vom Papier als Massenprodukt abgelöst. Seit dem letzten Vierteljahrhundert bekommt das Papier durch die elektronischen Medien Konkurrenz, auch wenn diese das Papier kaum ganz ersetzen werden. Visionen von einem gänzlich papierlosen Büro haben sich trotz der inzwischen weitgehend auf elektronischer Datenverarbeitung, E-Mail-Verkehr usw. basierenden Arbeitsgesellschaft nicht durchsetzen können. Ganz im Gegenteil stieg der Papierverbrauch in Betrieben, Büros und Firmen nach Einführung von Computern zunächst stark an. Dies ist wohl zum einen durch Angst vor Datenverlust begründet, zum anderen aber auch durch ein geändertes Schreibverhalten. Bei einem elektronisch gespeicherten Text sind Korrekturen, Ergänzungen, Umstellungen recht einfach, ein Wiederausdruck jederzeit möglich.

Die elektronischen Medien verlagern die Schrift in eine andere Dimension. Sie besteht nun nicht mehr aus ohne Hilfsmittel lesbaren Zeichen, sondern aus codierten Ja-Nein-Entscheidungen, bedarf also durchweg eines technischen Gerätes, um lesbar zu werden. Geänderte Dateiformate, Programme, aber auch ein einfacher Magnet können nun das Lesen der Texte unmöglich machen. Dass sich das Leseverhalten nicht ohne Weiteres ändert, belegen die nicht wenigen Menschen, die vor dem „Umblättern" einer Seite auf ihrem E-Book noch immer den Blätterfinger anfeuchten. Auch die Tradition des Erzählens bzw. Vorlesens – im Mittelalter und der frühen Neuzeit den mangelnden Lesefähigkeiten der meisten geschuldet – erlebt mit den elektronischen Medien eine neue Blüte. Die Anzahl an Hörbüchern wächst stetig. Es kommen nicht mehr nur Hörspiele auf den Markt, sondern vermehrt Vorlesefassungen literarischer Werke und hier vor allem auch ungekürzte Lesungen kompletter Titel, die nicht selten eine Laufzeit von bis zu 50 Stunden erreichen können.

Diese kurze Darstellung der Beschreibstoffe, ihrer Fertigung und Verbreitung zeigt, dass sie nicht nur die Sprache tragen, sondern auch prägen. Mit dem Massenprodukt Papier geht eine Zunahme an Texten einher, die von immer mehr Menschen gelesen werden können. Beschränkungen der Textmenge, wie sie aufwändige Träger wie Stein oder Metall oder das Pergament mit seiner Ressourcenbegrenztheit darstellen, existieren nicht mehr. Buchdruck und das Papier tragen wesentlich zu einer Zunahme der Schreib- und Lesekultur bei und bedingen sprachliche Ausgleichsprozesse. Neue Medien wie das Internet ziehen anderseits kürzere sowie überschriften- oder stichpunktartige Texte nach sich. Sie prägen damit ebenfalls die Sprache.

IV. Die Sprachentwicklung in der Gegenwart

1. Die Sprachen der Fächer: Wie kommen Wissenschaft und Technik zur Sprache?

„Ich bin eifrig allen wörtern der ältesten stände des volks nach gegangen, in der sicher begründeten meinung, dasz sie für geschichte der sprache und sitte die ergibigste ausbeute gewähren." Diese Äußerung stammt aus dem Vorwort des „Deutschen Wörterbuches" von Jacob und Wilhelm Grimm, das Jacob Grimm im März 1854 verfasste. Mit den „ältesten stände[n] des volks" meinte er keineswegs die gesprochene Sprache des einfachen Volkes, die Umgangssprache, sondern vielmehr Fachsprachen in einem weiteren Sinne, ist doch das Kapitel mit der Überschrift versehen „Sprache der hirten, jäger, vogelsteller, fischer u. s. w.". Auch die weiteren Ausführungen weisen darauf hin, wenn er etwa feststellt: „ärmer scheint die sprache des fischers, der etwas von der stummheit der thiere angenommen hat, denen er nachstellt" – eine aus heutiger Sicht kaum haltbare Begründung. „Lange zeit hindurch hatte kein andrer stand dem anbau der deutschen sprache stärker angehangen als die ärzte, sei es, dasz die heimische benennung der krankheiten oder der heilmittel, voraus aller kräuter und thiere sie dazu anregte." Demgegenüber sei die Rechtssprache „ungesund und saftlos, mit römischer terminologie hart überladen", und die „chemie kauderwelscht in latein und deutsch, aber in Liebigs munde wird sie sprachgewaltig". In ähnlicher Weise urteilt er über verschiedene Fachsprachen.

Heutzutage würde kaum jemand die Auffassung Jacob Grimms teilen, dass sich die Ärzte einer besonders vorbildlichen und „ausgebauten" Sprache befleißigen, sind doch Klagen oder Witze (Kommt jemand vom Arzt und sagt: „Ein Glück, nichts gebrochen, ist nur eine Fraktur") über das ausgeprägte „Fachchinesisch" der Ärzte kaum zählbar. Auch der Wissenschaft allgemein sowie anderen Fachgebieten wird heute eher eine vom Standarddeutsch abweichende und nur einem Eingeweihten verständliche Sprache attestiert.

'Sprache der Stände (= Fächer) als Bestandteil der Sprache des Volkes' gegenüber 'Fachsprache als Gegensatz zur allgemein gebrauchten Hochsprache' und 'Fachsprache als reiche Quelle des Deutschen' gegenüber 'unverständlichem Fachchinesisch' – wie kann es zu so unterschiedlichen Einschätzungen kommen?

Tatsache ist, dass die Bewertungen letztlich so unterschiedlich nicht sind bzw. verschiedene Aspekte desselben Themenbereiches in den Vordergrund stellen. Beiden gemeinsam ist, dass die Fachsprachen, zu denen selbstverständlich auch die in der Überschrift genannten Bereiche Wissenschaft und Technik gehören, als etwas Besonderes innerhalb der Sprache angesehen werden. Dabei steht damals wie heute in der Regel vor allem der Wortschatz im Blickpunkt, die anderen sprachlichen Ebenen wie Syntax, Wortbildung oder Semantik spielen kaum eine Rolle. Davon zeugen Veröffentlichungen wie „Die Sprache des niederdeutschen Reepschlägerhandwerks" von Jürgen Eichhoff aus dem Jahre 1968, „Die Sprache des Schmiedehandwerkes im Kreis Olpe auf Grund der Mundart von Rhonard“ von Josef Bröcher (1907) oder zahlreiche Wörterbücher wie „Knaurs Großes Jagdlexikon“ von Ilse Haseder u. a. (1988), „Deutsches Krankheitsnamen-Buch“ von Otto Höfler (1899), „Seemannssprache. Wortgeschichtliches Handbuch deutscher Schifferausdrücke älterer und neuerer Zeit …“ von Friedrich Kluge (1911), „Wörterbuch der deutschen Kaufmannsprache auf geschichtlichen Grundlagen …“ von August Schirmer (1911), „ABC-Komiker bis Zwitschergemüse. Das Bundessoldatendeutsch“ von Heinz Küpper (1978) oder das seit 2005 erscheinende „Wörterbuch der Deutschen Winzersprache“ der Akademie der Wissenschaften und der Literatur Mainz, herausgegeben von Maria Besse, Wolfgang Haubrichs und Roland Puhl. Die Liste ließe sich beträchtlich verlängern.

Die teilweise recht alten Veröffentlichungen machen deutlich, dass bereits früh Sammlungen und Forschungen zu diesen fachsprachlichen Bereichen angelegt wurden. Dies steht in einem gewissen Widerspruch zu der Tatsache, dass die Wissenschaft das Thema „Fachsprache(n)“ erst verhältnismäßig spät verstärkt als Untersuchungsgebiet entdeckte. Dabei besteht bis heute keine Einigkeit darüber, wie genau *Fachsprache* zu definieren ist, wie genau die verschiedenen Fachsprachen allgemein anerkannt voneinander abzugrenzen seien, was diese genau ausmacht, oder ob *Fachsprache* überhaupt der geeignete Terminus ist. Neuere Forschungen legen ihren Schwerpunkt auf die Kommunikationssituation, die wesentlich sei, und sprechen eher von Experten- und Laienkommunikation. Aber auch hier wurden bislang keine verbindlichen wissenschaftlichen Definitionen und Vereinbarungen gefunden.

Allerdings besteht Konsens darüber, dass die deutsche Sprache kein einheitliches Gebilde ist, über das alle Sprachteilhaber in Gänze gleichermaßen verfügen können oder müssen. Am deutlichsten wird das am Wortschatz des Deutschen, der in einen sogenannten Basiswortschatz und einen Standardwortschatz (auch Gebrauchs- oder Alltagswortschatz genannt) aufgeteilt werden kann. Der Basiswortschatz, der wohl allen Deutschsprechern zu eigen ist, wird von der Forschung auf ca. 3000 Wörter geschätzt. Er enthält vor allem zentrale Verben, Substantive und Adjektive wie *gehen, laufen, machen, groß, klein, Auto, Baum, Haus*. Der Standardwortschatz umfasst einen deutlich größeren Bereich. Die Anzahl der enthaltenen Wörter ist nicht genau anzugeben; die Zahlen schwanken für einen gegenwärtigen Sprecher des Deutschen zwischen 6000 und 10 000 Wörtern. Hinzu kommt ein ebenfalls in der Größe nicht genau quantifizierbarer Anteil an passivem Wortschatz. Hiermit sind Wörter gemeint, die beim Lesen eines Textes oder Hören einer Aussage verstanden werden, ohne dass der Sprecher dieses Wort selbst aktiv in einer Kommunikationssituation verwenden würde. So ist ein Satz wie *er hob sein Antlitz der güldenen Scheibe entgegen und erspürte den Odem des Windes* zwar zumindest unter der Voraussetzung eines gewissen Bildungsgrades interpretierbar als 'er hob sein Gesicht zur Sonne und spürte den Atem des Windes'. Gleichwohl dürften sich weder *Antlitz* noch *gülden* oder *Odem* in einem gegenwartssprachlichen Text oder gar einer mündlichen Sprechsituation finden lassen. In diesem Fall liegen Wörter vor, die als veraltet und allenfalls noch poetisch einzustufen sind. Solche passiven Kenntnisse liegen auch im Bereich der Fachsprachen vor.

Die ca. 6000 bis 10 000 Wörter des Standard- oder Gebrauchswortschatzes eines durchschnittlichen Sprechers sind angesichts der Zahl von 300 000 bis 500 000 angenommenen Wörtern des heutigen Deutsch mit einem Anteil von ungefähr zwei Prozent eine nur geringe Menge. Hinzu kommt, dass dieser „durchschnittliche Sprecher" eine fiktive Größe darstellt. Bei jedem realen Sprecher variiert durch Bildung, Lektüregewohnheiten, Beruf und Hobby bedingt die Zusammensetzung dieses Wortschatzes – wie man in einem beliebigen Gespräch selbst schnell feststellen wird. Die Bereiche Beruf und Hobby zeigen dabei bereits den fließenden Übergang zum Fachwortschatz an. Dabei sollte insgesamt besser der Terminus „Domänensprache" verwendet werden, der sich neben „Fachsprache" heute durchgesetzt hat, da dieser erstens neutraler ist und zweitens nicht wie „Fachsprache" suggeriert, es handele sich um die Sprache einer wissenschaftlichen Disziplin oder eines spezialisierten Berufes. Der folgende Satz wurde sinngemäß einer Anleitung zum Erlernen des Klöppelns entnommen: „Zum Schluss wird eine Eternelle geklöppelt. Beginnen Sie, indem Sie zwei Paare in Punkt B einhängen, und einen kleinen Flechter bis Punkt C anfertigen. Anschließend werden mit den beiden anderen Paaren stets Grundschläge (bestehend aus Kreuzen, Drehen, Kreuzen, Drehen) angefertigt; dabei zunächst links und rechts, dann in der Mitte, dann wieder rechts und links."

Es handelt sich um keinen Fachtext im engeren Sinn, richtet er sich doch an Leute, die die Handarbeit als Hobby erlernen möchten. Und tatsächlich finden sich bis auf *Eternelle* durchweg bekannte Wörter bzw. mit *Flechter* eines, dessen Sinn erschließbar ist. Dennoch dürfte jemand, der die Grundlagen des Klöppelns nicht beherrscht, anhand dieses Textes kaum die Tätigkeit ausüben oder umschreiben können, was genau gemeint ist. Ähnliches gilt für andere Hobbys oder Sportarten. Auch die Wissenschaften, die Technik und die einzelnen Berufe haben spezifische Sprachausprägungen, gehören also zu den Domänensprachen.

Der Grad an „Unverständlichkeit" für den Laien ist dabei je nach Sach- oder Fachbereich recht unterschiedlich. Zwischen den stark abstrakten, teils auf Formeln oder logische Symbole zurückgreifenden Sprachen der Mathematik oder Informatik

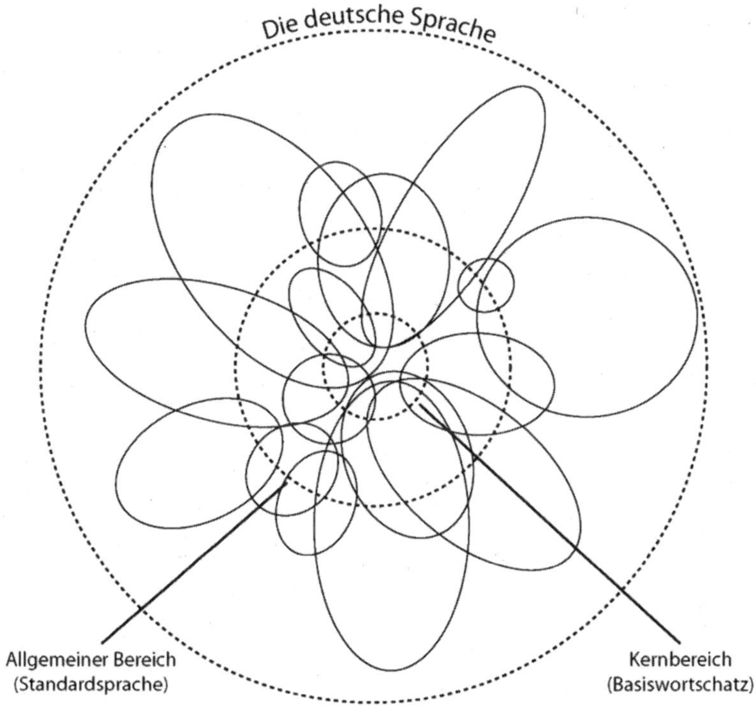

Die einzelnen Kreise und Ellipsen stehen stellvertretend für verschiedene Sprachbereiche wie Jugendsprache oder Sprache der Medizin, des Klempnerhandwerks, der Germanisten, Juristen, Biologen, des bairischen oder badischen Dialekts etc. Die einzelnen Domänen überschneiden sich teils, haben teils eigene Bereiche (nicht nur im Wortschatz). Alle gemeinsam bilden die deutsche Sprache.

und der zum Beispiel eines Sportlehrers, Fußballtrainers oder Germanisten bestehen gravierende Unterschiede.

Ein *Engländer* ist für einen Laien, der der Domäne „Handwerk“ sehr fern steht, schlicht eine Person, die aus England kommt oder die Nationalität dieses Landes besitzt. Für einen informierten Laien, also jemanden, der gewisse Kenntnisse hat, ist *Engländer* in dieser Domäne mit einem Werkzeug, evtl. sogar mit einem Werkzeug zum Schrauben verbunden. Der Experte schließlich versteht unter einem *Engländer* einen verstellbaren Schraubenschlüssel zum Lösen und Anziehen von Schraubverbindungen, dessen Gewindespindel dafür sorgt, dass der Abstand der Spannbacken stufenlos verstellt werden kann. Es bestehen demnach in dieser wie in allen anderen Domänen graduelle Abstufungen, die auf mehr oder weniger ausgeprägtem Wissen beruhen.

Ein weiterer wichtiger Faktor ist darüber hinaus die konkrete Kommunikationssituation, denn es ist ein erheblicher Unterschied, ob zwei Experten miteinander ein Fachgespräch führen, ob ein informierter Laie und ein Laie über ein Thema sprechen oder ob ein Experte sein Wissen einem (informierten) Laien zu vermitteln versucht. Die Menge des verwendeten Fachwortschatzes sowie der ergänzenden Erklärungen variiert beträchtlich. Vor dem Problem der Vermittlung bestimmten Wissens stehen unter anderem die Verfasser von Bedienungsanleitungen. Eine tatsächlich existierende Anweisung „Wenn die Auswähler an ‘OFF’ Stellung ist, ist das Radio off“ für einen Radiowecker namens „Taiga“ regt eher zum Schmunzeln an, auch wenn der Informationsgehalt ‘Das Radio ist ausgeschaltet, wenn der entsprechende Knopf sich in *off*-Stellung befindet’ verstanden wird. Nicht selten jedoch sind oder waren Bedienungsanleitungen ein Ärgernis, wie jeder Leser bestätigen kann. Es werden in knapper Fachsprache, häufig genug auch unter Verwendung zahlreicher fachlicher Abkürzungen, der Aufbau und die Funktion erläutert, wobei diese für einen (informierten) Laien häufig zu komprimiert und zu wenig verständlich sind. In vielen Fällen scheitert eine Bedienungsanleitung daran, dass ihr Verfasser dem Handlungscharakter der Sprache zu wenig Beachtung schenkt. Ein Satz wie „dabei bleibt der Stift in der Bohrung" ist deshalb nicht eindeutig. Heißt es nun, dass der Stift unbedingt in der Bohrung bleiben muss, oder ist es einfach eine Beschreibung des Vorgangs? Inzwischen reagieren große Firmen auf Verständigungsprobleme der beschriebenen Art, indem sie von (informierten) Laien diese Bedienungsanleitungen vorab auf Verständlichkeit prüfen und die Texte dann anpassen lassen.

In diesem Zusammenhang ist auf die Werbung hinzuweisen, der eine gewisse Rolle als Vermittler zwischen Domänensprache und Alltagssprache zukommt. Einerseits sollen bestimmte Produkteigenschaften hervorgehoben werden, um den potentiellen Käufer zum Erwerb zu animieren. Gebrauchssprachliche Adjektive wie *schnell* und *sicher* für das neue Modell eines Autobauers reichen nicht aus, deshalb greift die Werbung zu Fach- oder Domänenwortschatz. Anderseits sollen die Werbetexte von informierten Laien zumindest so weit verstanden werden, dass eine Kaufentscheidung die mögliche Folge ist. Aus diesem Grund findet sich in Werbetexten häufig eine Mischung aus werbender Alltagssprache und Fachwortschatz. Gern werden Wörter aus Domänen übernommen, die ein hohes Prestige besitzen, da diese Wörter positiv bewertet werden und damit die Werbefunktion erfüllen. Nicht selten enthält die Werbung aber auch Pseudofachwörter, Wörter also, die bis dato nicht existierten und eigens von der Werbebranche erfunden wurden. *Probiotisch, Pflegevitamin, Pro-Calcium-Komplex, Stimulift-Wirkkomplex* sind nur einige Beispiele. Die Sprachwissenschaft nennt Bildungen dieser Art „Plastikwörter". Gerade die Kosmetikindustrie macht reichen Gebrauch von der Möglichkeit, sich lateinisch-griechischer Elemente zu bedienen, diese mit englischen oder deutschen Wörtern oder Wortteilen zu kombinieren und auf diese Weise neue „Fachwörter“ zu kreieren, die eine positive Wirkung haben (sollen). So ist bei dem *Pro-Calcium-Komplex* durch *Pro-* etwas Positives ausgedrückt, dass *Calcium* wichtig für den Körper ist, ist ebenfalls allgemein bekannt, und *Komplex* schließlich beinhaltet in der Vorstellung etwas aus mehreren Bestandteilen Bestehendes, das von Wissenschaftlern geschaffen wurde.

Diese Beispiele machen deutlich, dass die Fach- oder Domänensprache über einen eigenen Wortschatz verfügt. Dieser wird von der Sprachgemeinschaft auch als Hauptkriterium für eine Einordnung als nicht-allgemeinsprachlich oder eben fachsprachlich wahrgenommen. Es lassen sich für den Domänenwortschatz generell bestimmte Wortbildungselemente feststellen. So existieren viele substantivierte Infinitive (*Eggen, Fräsen, Verlegen [von Parkett], Streichen*), Bildungen auf *-er* (*Bohrer, Akkuschrauber, Gabelstapler, Diskuswerfer* etc.), viele Adjektive auf *-bar* (*brennbar, spanbar, überbrückbar, schiffbar*), *-los* (*rückstandslos, fleischlos*), *-arm* (*säurearm, schadstoffarm, koffeinarm*), *-reich* (*vitaminreich, ballastreich*), *-frei* (*glutenfrei, alkoholfrei, portofrei*), *-fest* (*kratzfest*) und *-sicher* (*drucksicher*); ferner Bildungen mit *nicht-* (*nichtleitend, nichtrostend*). Auch Bildungen mit Ziffern und Buchstaben *(A-Klasse, 8-Volt, T-Träger, 40-Watt-Birne*) sowie komplexe Zusammensetzungen wie *Hörsprachgeschädigtenpädagogik, Abfallentsorgungseinrichtungsverordnung* oder *Bundesautobahnmeistereiangestellter* sind keine Seltenheit. Hinzu kommen sogenannte Zwillingsverben wie *trennschleifen, spritzgießen* oder *mähdreschen,* Funktionsverbgefüge wie *Anwendung finden, zur Ausführung bringen* und mehrwortige Einheiten (Syntagmen), die wie *nackte Elektrode* oder *galvanische Zelle* eine bestimmte Definition aufweisen. Ableitungen von Namen bzw. Zusammensetzungen mit Namen sind ebenfalls sehr häufig.

An einem weiteren sprachlichen Phänomen haben die Domänensprachen einen großen Anteil, dem der Wortkürzung nämlich. Die Beschreibung der Leistung bzw. Ausstattung eines Computers, der über USB-Ports, ein DVD-Laufwerk und einen PCMCIA-Slot verfügt, WLAN-fähig ist, als internen Speicherttyp DDR3-SDRAM besitzt und als TV-Ausgang HDMI aufweist, mag als Beispiel genügen. Doch sind derartige Abkürzungen natürlich nicht auf den Computerbereich beschränkt. Aktuelle Diskussionen über den von der EU beschlossenen ESM, der den EFSF ablöst und vom IWF unterstützt wird, belegen dies. Generell gibt es verschiedene Möglichkeiten, Abkürzungen und Kurzwörter zu bilden. Bei den Abkürzungen können erstens die Anfangsbuchstaben einzelner Wortbestandteile verwendet werden (LKW für *Lastkraftwagen,* DVD für *digital versatile disc*), zweitens kann die Abkürzung auf einen Teil des ganzen Wortes beschränkt bleiben wie bei *U-Bahn* für *Untergrundbahn* oder *D-Zug* für *Durchgangszug,* der seine Bezeichnung dem Umstand verdankte, dass die einzelnen Abteile durch einen längs durch den Waggon verlaufenden Korridor zu betreten waren. Drittens können wie bei *Dr.* oder *Bd.* mehrere Buchstaben aus dem Ausgangswort verwendet werden. Einen Sonderfall stellen die sogenannten Silbenwörter dar, die gerade bei Produktbezeichnungen beliebt sind, entstehen doch durch das Aneinanderfügen mehrerer Silben sprechbare Wörter. *Fewa* (aus *Feinwaschmittel*), *Persil* (aus *Perborat* und *Silikat*), *Haribo* (aus *Hans Riegel, Bonn*) sind typische Beispiele.

Neben Abkürzungen können Kurzwörter gebildet werden. Der häufigste Typ im Deutschen ist das „Kopfwort", bei dem der erste Teil eines Wortes erhalten bleibt und der Rest entfällt (*Uni, Akku, Auto, Labor, Foto, Lok*). Gelegentlich treten für die bessere

Sprechbarkeit auslautende Vokale (meist *-i* oder *-o*) an den Stamm, so dass *Kin-o* aus *Kinematograph(ie)*, *Prof-i* aus engl. *professional* oder *Tax-i* aus *Taxameter* entsteht. In der zweiten Gruppe von Kurzwörtern entfällt ein mittlerer Teil des Ausgangswortes – aus *Autoomnibus* wird *Autobus*, aus *Motorhotel* das *Motel*. Bei vielen Wörtern ist sich die überwiegende Menge der Sprachteilhaber dieser Kürzung überhaupt nicht mehr bewusst. Ein *Bierdeckel* ist natürlich kein Deckel für das Bier, sondern für das Bierglas und entstanden aus *Bierglasdeckel* mit Einsparung des mittleren Elementes. Auch der *Kirschgarten* oder *Ölzweig* haben ihr ursprüngliches *-baum-* in der Mitte „verloren". Als dritte Gruppe können „Schwanzwörter" entstehen, Wörter also, bei denen das Ende erhalten bleibt. *Bus* (aus *Omnibus*), *Schirm* (aus *Regenschirm*), *Bahn* (aus *Eisenbahn*) dürften die wohl am häufigsten verwendeten Wörter in dieser Gruppe sein.

Hinzu kommt der große Bereich der aus anderen Sprachen übernommenen Wörter oder Wortteile (*anti-*, *bio-*, *-elektro-* etc.). Hierbei handelt es sich zum einen um aus dem Griechischen oder Lateinischen, zum anderen aber auch zunehmend aus dem Englischen stammende Elemente. Neben dieser besonderen Lexik können aus dem Allgemeinwortschatz stammende Wörter zu Fachwörtern werden, indem sie eine bestimmte Bedeutung entwickeln. So ist die *Blume* (eines Hasen) in der Jägersprache deutlich von der alltagssprachlichen *Blume* unterschieden. Auch ein *Speicher* ist je nach Domäne etwas durchaus Verschiedenes. In einigen Regionen Deutschlands entspricht er dem 'Dachboden', im Allgemeinen 'einem Gebäude, das der Lagerung von etwas dient'; in der Technik jedoch je nach fachlicher Ausrichtung einem 'Medium, das der Speicherung von Informationen dient', 'einem Gelände, in dem Wasser aufgestaut wird' oder aber einer 'Vorrichtung, in der Wärme, Elektrizität etc. eingespeist und zurückgehalten wird'.

Fachsprache

Die Werkfeuerwehr sieht in der Aufstellung der beschriebenen Stellwände an den angegebenen Positionen weder ein Problem der Entfluchtung, da diese an gut geeigneten Positionen verplant wurden, noch ein Problem der zusätzlichen Brandlasten. Feuerlöscher sind in ausreichender Anzahl vorhanden. Es kann also wie geplant umgesetzt werden. Ferner habe ich die Achsen im beiliegenden Plan vermaßt.

Aus der Stellungnahme eines Brandschutzbeauftragten. Besonders auffällig ist neben den Fachausdrücken *Entfluchtung, Brandlasten* und *vermaßt* die fachspezifische Verwendung von *verplant*, was in diesem Zusammenhang – anders als in allgemeinsprachlicher Verwendung – nichts mit 'Fehlplanung' zu tun hat.

Insgesamt besteht in den einzelnen Fächern oder Domänen eine große Tendenz zur Normierung, so dass sich feste Terminologien entwickeln. Teils sind diese – wie die Nomenklaturen in der Botanik – schon recht alt. In Deutschland entstand 1917 das Deutsche Institut für Normung (DIN), das keine staatliche Stelle ist, sondern ein eingetragener Verein. Bis auf den Bereich der Eletrotechnik, der in einem eigenen Verband – dem VDE, d. h. Verband deutscher Elektrotechniker – organisiert ist, werden hier Normen erarbeitet, die auch den Bereich Terminologien und Nomenklaturen berühren.

Domänenspezifischer Wortschatz kann allmählich in den Alltagswortschatz übergehen. Häufig geschieht dies über den metaphorischen Gebrauch. Das gilt insbesondere für den Bereich der Technik. So sind aus den im 19. Jahrhundert gemachten Erfindungen Eisenbahn und Dampfmaschine Begriffe wie *entgleisen, Trittbrettfahrer, Notbremse ziehen, unter Dampf stehen, Dampf ablassen, unter Hochdruck stehen, schmalspurig* in die Alltagssprache gelangt. Zu Beginn des 20. Jahrhunderts war es die Entwicklung des Automobils (*Spätzündung, ankurbeln, durchdrehen, auf die Bremse treten, Gas geben*), und gegenwärtig ist der Computerbereich (*einen Gedanken abspeichern, aus dem Gedächtnis löschen*) Impulsgeber für einen solchen Übergang vom Domänen- zum Gebrauchswortschatz. Bereiche, die jeden unmittelbar betreffen (Verkehr, Medizin, EDV) oder von breitem Interesse sind wie Sport oder Touristik, sind von solchen Erscheinungen deutlich stärker betroffen als „randständige" Bereiche wie Archäologie oder Geologie. Dieser Weg ist jedoch keine Einbahnstraße, denn umgekehrt gelangen auch Technik und Wissenschaft zu einzelnen Elementen ihrer Fachsprache, indem über Metaphern Alltagssprache in die Fächer „wandert". So ist ein *Flügel* ein 'paariges, am Rumpf sitzendes Organ, mit dessen Hilfe Vögel und Insekten fliegen'. Die Medizin eignet sich das Wort zum Beispiel im *Lungenflügel* und *Nasenflügel* an, das Handwerk kennt die *Flügelschraube* und den *Fenster-* oder *Türflügel,* das Militär den *Armeeflügel,* der Sport das *Flügelspiel,* die vergangene Mode die *Flügelhaube,* die Architektur den *Gebäudeflügel,* in der Politik gibt es *Flügelkämpfe,* und auch die Windmühlen haben *Flügel.* Die Metaphorik erfolgt hier entweder über die äußere Ähnlichkeit (*Flügelmutter*), die Beweglichkeit (*Türflügel*) oder die Tatsache, dass Flügel von einem Körper abstehen (*Windmühlenflügel, Gebäudeflügel*) und damit einen äußeren Teil darstellen *(Armeeflügel*).

Domänensprachen zeichnen sich nicht nur durch Besonderheiten im Wortschatz aus. Fachtexte oder fachlich geprägte Texte zeigen darüber hinaus weitere Merkmale. So sind Substan-

Grippe sprachlich betrachtet: Wie eine volkssprachliche Bezeichnung zum medizinischen Fachbegriff wurde

Eine Erkältung mit etwas Fieber ist medizinisch gesehen noch keine Grippe. Diese ist eine durch Viren ausgelöste Infektionskrankheit, die mit hohem Fieber einhergeht und deren Symptome in der Regel 7 bis 14 Tage andauern. Die Viren können sich immer wieder verändern, so dass verschiedene Typen von Grippeviren auftreten. In der Medizin werden Bezeichnungen verwendet, die Hinweise auf den Ort enthalten, an dem das Grippevirus zum ersten Mal isoliert und entdeckt wurde: 1/H3N"/Sydney/5/97, B/Beijing/184/93 oder A/Bayern/7/95. Das Wort *Grippe* wurde Ende des 18. Jahrhunderts aus dem Französischen entlehnt. Es verdrängte *Influenza*, das seitdem ein Randdasein fristet. Dieses stammt aus dem Italienischen und war bis Ende des 18. Jahrhunderts im Deutschen geläufig, wie ein Blick in ein zeitgenössisches medizinisches Wörterbuch zeigt: „ein alter Name, eines schon 1743 und zuvor in Europa herrschend gewesenen Catarrhfiebers, welches seit 1781 wieder Mode geworden". Zunächst wurde *Grippe* nur für eine Grippewelle, eine Epidemie, verwendet. Im einzelnen Krankheitsfall sprach man noch von *Influenza*. Erst nach und nach bürgerte sich der heutige Wortsinn ein.

Anfang des 19. Jahrhunderts gab es Bestrebungen, die Wörter *Influenza* und *Grippe* durch Eindeutschungen zu ersetzen: „Ein allgemein verbreitetes Schnupfenfieber. Man könnte Landschnupfen (wie Landregen oder Landplage) dafür sagen. Auch der Fang- oder Greifschnupfen, weil wir ihn fangen oder weil er uns ergreift."

Bemerkenswert an der Wortgeschichte ist vor allem die Frage, wie das französische Wort überhaupt zu seiner medizinischen Bedeutung kam. Ursprünglich bedeutete es nämlich 'Laune, Grille'. Es scheint, dass das Wort anlässlich einer Grippeepidemie von 1743 in Paris zu seiner heutigen Bedeutung gekommen ist. Selbstverständlich gab es im Französischen schon eine Reihe von Begriffen für Erkältungs- und Infektionskrankheiten, aber offensichtlich wollte man diese große Grippewelle mit einem eigenen „Namen" bezeichnen. Sich dabei eines Wortes zu bedienen, das 'Laune, Grille' bedeutete, ist nicht so abwegig. Schon früher waren Bezeichnungen für Grippewellen auf der Grundlage von Wörtern mit ähnlichen Bedeutungen gebildet worden: *la follette, la quinte, l'allure.* Vermutlich handelte es sich dabei um Anspielungen auf das plötzliche Auftreten und Verschwinden der Krankheit nach zwei, drei Wochen sowie auf die deutliche „launenhafte" Veränderung des Zustands des Patienten. Zudem war der Krankheitsverlauf der Grippewelle von 1743 verhältnismäßig harmlos. *Grippe* war also zunächst eine saloppe, volkssprachliche Bezeichnung einer bestimmten Krankheit. Ein medizinisches Handbuch von 1780 spricht gar von einem *mot vulgaire,* d. h. einem umgangssprachlichen Ausdruck.

tive oder substantivierte Infinitive und Adjektive in der Fachsprache erkennbar häufiger als in allgemeinsprachlichen Texten zu finden. Es werden komprimierte Formulierungen wie *nach dem Abkühlen des Motors* anstelle von *nachdem der Motor abgekühlt ist,* komplexe Satzglieder wie *die zu verbindenden Flächen* oder *die Untersuchung des Verhaltens der zentralen Teile eines beweglichen Kranauslegers* ebenso bevorzugt wie die 3. Person Singular, die meist im Indikativ Präsens steht (*der Patient spricht auf das Medikament an*), oder passivische Konstruktionen. Auch Nebensätze des Typs *wenn ..., dann ...* und *damit ...* oder *um ... zu tun, ist ...* sind überdurchschnittlich häufig vertreten. Auf einer höheren Ebene schließlich werden die entsprechenden Texte nicht selten hinsichtlich ihres Typs explizit bezeichnet, indem sie etwa mit *Bedienungsanleitung, Dienstanweisung* u. ä. betitelt werden. Für die Texte selbst sind Zwischenüberschriften,

Verweise (*es folgt, vgl., wie oben ausgeführt*) und nicht-textuelle Bestandteile (Diagramme, Karten, Tabellen, Skizzen, Abbildungen) charakteristisch. Die eben angeführten Charakteristika beruhen auf den Hauptfunktionen dieser Texte. Neben einer beschreibenden (deskriptiven) Funktion, die in der Dokumentierung und Weitergabe von Wissen beruht, ist eine instruktive Funktion relevant, die darin besteht, Handlungsanleitungen zu geben (Kochbücher, Ratgeber, Bedienungsanleitungen etc.). Eine dritte Funktion ist nur einem Teil der Texte eigen. Sie ist als direktiv zu bezeichnen und fordert in Form von Dienstanweisungen, Handlungsgeboten und -verboten, Gesetzen oder Verordnungen zu einem bestimmten Verhalten auf. In der Sprachwissenschaft wird deshalb nicht selten *Fachsprache* als Oberbegriff angesehen und dieser in die Bereiche *Wissenschaftssprache* (eher theoretisch orientiert und mit dem Schwerpunkt der deskriptiven Funktion), *Techniksprache* (eher praxisorientiert und mit dem Schwerpunkt der instruktiven Funktion) sowie der *Institutionensprache* (ebenfalls eher praxisorientiert und mit dem Schwerpunkt der direktiven Funktion) untergliedert.

Unser heutiges Verständnis von Fach als „Wissens-, Sach-, Arbeitsgebiet" ist erst jung und laut dem „Deutschen Wörterbuch" von Jacob und Wilhelm Grimm (Neubearbeitung) seit 1756 belegt. Natürlich gab es auch schon früher Domänensprachen, arbeiteten die Menschen seit Jahrhunderten in bestimmten Berufen oder Handwerken und bildete sich dort ein tätigkeitsspezifischer Wortschatz heraus. Allgemein bietet sich eine Einteilung in drei Perioden an. Für die mittelalterliche Zeit (8. bis 14. Jahrhundert) ist die Überlieferung als recht spärlich zu betrachten, da auch insgesamt die Schriftlichkeit wenig ausgeprägt ist. Zwar weisen aus dem Lateinischen stammende Lehnwörter wie *Mauer, Estrich, Mörtel, Ziegel, Feige, Rettich, Kürbis, Birne, Wein, Most, Kelter* auf eine noch deutlich früher zu datierende Integration von Sachwortschatz im Bereich Hausbau, Gartenbau und Weinbau hin, doch ist die Folgezeit zum einen von der lateinischen Schriftlichkeit sowie einer überwiegend mündlichen Tradierung der (mundartlich geprägten) Handwerker- und sonstigen Berufssprachen geprägt. Fachliches findet sich vorwiegend in Bau- und Zunftordnungen oder enzyklopädischen Werken wie den seit dem 12. Jahrhundert entstehenden *Summen* (von lateinisch *summa* 'Gesamtheit'), die das bekannte Wissen der Zeit zusammenzustellen versuchten. Die volkssprachliche „Fachliteratur" ist in dieser Zeit vor allem von den sogenannten *Artes mechanicae* bestimmt. Zu diesen gehören *Lanificium* (Wollverarbeitung und das verarbeitende Handwerk ingesamt), *Armatura* (Waffenherstellung und das technische Handwerk ingesamt), *Navigatio* (Reisen und Handel), *Agricultura* (Landwirtschaft und Gartenbau), *Venatio* (Jagd und Lebensmittelerzeugung), *Medicina* (Heilkunde) und *Theatrica* (Schauspiel).

Auch in der frühneuzeitlichen Periode (14. bis Ende 17. Jahrhundert) sind vor allem die Handwerkersprachen, die *Artes mechanicae* die Hauptüberlieferer von fachlich geprägten Texten. Aber weiterhin wurde diese Sprache überwiegend mündlich überliefert. Das änderte sich allmählich mit der Erfindung von Papierherstellung und vor allem Buchdruck. Hinzu kamen die Entdeckungen neuer Länder, das starke Anwachsen der Städte und zunehmende Ansätze zu theoretischer Reflexion und empirischem Vorgehen in Technik und Handwerk. Es entstanden Universitäten als Ausbildungs- und Forschungsstätten. All dies führte zu einem Zuwachs an Schriftlichkeit auch in diesen Domänen und zu einer seit dem 16. und 17. Jahrhundert immer stärkeren Verdrängung des Lateinischen. Hinzu kommt, dass die Zahl der Leser stark wuchs, denn im Zusammenhang mit der steigenden sozialen Durchlässigkeit entstand in der bürgerlichen Gesellschaft eine regelrechte Gelehrtenschicht.

Die dritte Periode (18. Jahrhundert bis in die Gegenwart) ist geprägt von zahlreichen technischen Erfindungen wie Dampfmaschine, Eisenbahn, Automobil, elektrischen Geräten jeder Art usw. Diese halten immer mehr Einzug in die Privathaushalte, so dass auf diesem Wege der Bedarf an domänensprachlicher Teilhabe in der Bevölkerung wächst. Auch der kultur- und sozialgeschichtliche Wandel wie die Einführung der allgemeinen Schulpflicht, die Gründung weiterer Universitäten und ihre Öffnung für einen breiteren Kreis tragen zu einer Etablierung der Domänensprachen in heutigem Verständnis bei. Die industrielle Massenproduktion, die Erfindung und Entdeckung zahlloser Produkte und Wirkweisen zum Beispiel in der Chemie führten letztlich einerseits zu immer differenzierteren Berufen und „Fächern", anderseits zur steigenden Verknüpfung und Überlappung einzelner Bereiche, denn in der Landwirtschaft beispielsweise werden chemische Erzeugnisse und technische Geräte eingesetzt.

Diese Überlappung spiegelt heute in besonderem Maße die Politik und ihre Sprache wider. Einerseits werden in der Politik fachspezifische Probleme und Themen behandelt, die zu verschiedenen Domänen wie Energie (Kernenergie, erneuerbare Energien), Finanzen, Verwaltungsstrukturen, Bildung etc. gehören, womit die jeweilige Domänensprache zentral ist. Anderseits muss die Fachthematik sowohl den anderen nicht fachlich einschlägigen Abgeordneten der Landtage oder des Bundestages wie dann auch der Öffentlichkeit vermittelt werden. Damit wird die Domänensprache „heruntergebrochen", um die Verständlichkeit zu sichern. Auf diese Weise gelangen immer wieder Fachbegriffe in die Öffentlichkeit und werden dort verbreitet. Im Zuge der Finanzturbulenzen des Jahres 2012 diffundierten auf diese Weise Wörter wie *Eurobonds, Finanztransak-*

tionssteuer oder *Fiskalpakt* aus dem fachlich geprägten Geltungsbereich in den allgemeineren Wortschatz – wobei häufig zu bezweifeln ist, ob die Wörter und deren Bedeutungen genau verstanden werden. Gleichwohl hat die Politik gegenwärtig eine nicht zu unterschätzende Rolle in dem Spannungsfeld Domänensprache – Standardsprache.

2. Technik macht Sprache: Der Einfluss von Technik und neuen Medien auf die Sprache

„Guten Morgen, Frau XY." Auf diese Weise beginnen heute nicht wenige E-Mails. Eine derartige Anrede sucht man bei Briefen in Papierform wohl vergeblich, werden diese – in der Gegenwart – doch durch „Sehr geehrte ..." oder „Liebe ..." eingeleitet. Ist diese abweichende Anredefloskel ein Phänomen des neuen Mediums Internetkommunikation oder ein Ausdruck gewandelter Anrede- und Umgangsformen? Aus sprach- und kommunikationswissenschaftlicher Perspektive dürfte wohl eher Ersteres der Fall sein und das Zweite das Resultat der neuen Kommunikationsform darstellen. „Neue Medien" gibt es nicht erst seit dem World Wide Web. Seinerzeit war die Einführung des Papiers ebenfalls ein neues Medium. In Verbindung mit dem Buchdruck nahm seine Erfolgsgeschichte ihren Anfang und löste eine enorme Zunahme an Schriftzeugnissen aus. In diesem Kapitel geht es jedoch um die Medien Telefon, Radio, Fernsehen und Internet.

Generell können Kommunikationssituationen dialogischer (oder dialogähnlicher) und monologischer Struktur unterschieden werden, wie sie in einem Roman, einem Gesetzestext, einem Radiofeature oder auch auf einer Homepage der Firma XY oder der Stadt ABC vorliegt. Hier ist der Adressat passiv, er wird informiert, belehrt oder unterhalten, tritt jedoch nicht in einen verbalen Austausch mit dem Verfasser, wie es bei einem direkten Gespräch, einem Briefwechsel, Telefonat oder einer E-Mail-Korrespondenz der Fall ist. Normalerweise wird Letzterem eine größere Nähe zur gesprochenen Sprache und Ersterem eine größere Nähe zur Schriftsprache zugewiesen. Zwischen beiden bestehen sprachlich durchaus Unterschiede, nicht nur, was Satzlänge oder -komplexität anlangt. Die modernen Medien sind je nach Kommunikationsform eher der dialogischen Kommunikation oder der monologischen zuzurechnen. Gleichwohl zeigen sie, dass die Unterscheidung in sprechsprachlich versus schriftsprachlich zunehmend weniger aufrechtzuerhalten ist bzw. die Unterschiede verschwinden.

Wollte man ein Gespräch führen, war es bis zur Erfindung des Telefons nötig, dass der Gesprächspartner sich in unmittelbarer Nähe befand. Nun war es möglich, mit jemandem zu sprechen, der nicht vor Ort anwesend war oder sich sogar an einem weit entfernten Ort aufhielt. So präsentierte auch Werner von Siemens, als er 1878 in der Berliner Akademie der Wissenschaften eingehend über die Telefonie berichtete, das Telefon als Sprechverstärker: Das Telefon dient „zur Übertragung der menschlichen Stimme mit Hilfe des elektrischen Stromes; ... Das Telephon ist ein elektrisches Sprachrohr, welches ebenso wie dieses von jedermann gehandhabt werden und die persönliche Besprechung vollständig ersetzen kann." Damit ist das Telefon das erste Medium, das die menschliche Stimme vom menschlichen Körper löst. Durch diese Eigenschaft erschien das Telefonieren in seiner Frühzeit zunächst oft als eine außerordentliche, ja geheimnisvolle Erfahrung. So schrieb um die Jahrhundertwende vom 19. zum 20. Jahrhundert der Bankier Wilhelm Weber seiner Frau Anna einen Brief, nachdem er mit ihr telefoniert hatte, und hielt darin „mit einer gewissen Erregung" fest: „Deine Stimme so unmittelbar zu hören hat mich wie aus dem Geisterreich berührt. Wunderbarer Zauber!“ Dieser Zauber ist heute längst verflogen, Telefonieren ist nichts Geheimnisvolles mehr, sondern Bestandteil unseres Alltagslebens. Spätestens seit der Verbreitung der Mobiltelefone und der Flatrates, die die Kosten für fernmündlichen Kontakt in Grenzen halten, ist das Telefonat sogar Bestandteil der Öffentlichkeit geworden. So kann man als Bahnreisender mit Erheiterung bis Ärger bemerken, dass per Telefon nicht nur Berufliches verhandelt wird, sondern auch Beziehungen beendet und Belanglosigkeiten wie „ich sitze im Zug“ oder die für andere Leute nicht wissenswerten Wochenendbeschäftigungen des Telefonierers ausgetauscht werden. Mit seiner allgemeinen Durchsetzung hat das Telefon den Sprachgebrauch und die Sprechgewohnheiten verändert und sich auf das Verhältnis von gesprochener und geschriebener Sprache ausgewirkt. Insgesamt gewann die gesprochene Sprache mehr Gewicht, weil man nun in vielen Fällen telefoniert, wo man früher einen Brief schrieb. Gerade die Sprache des 19. Jahrhunderts war als Folge der Industrialisierung, des Aufbaus einer neuzeitlichen Staatsverwaltung und der Durchsetzung der allgemeinen Schulpflicht durch die Tendenz zu maximaler Schriftlichkeit gekennzeichnet. Hier bewirkte die Durchsetzung des Telefons zusammen mit dem Aufkommen des Rundfunks in den zwanziger Jahren des 20. Jahrhunderts eine klare Verschiebung in Richtung Mündlichkeit.

Am 22. Dezember 1920 wurde in Deutschland die erste Rundfunkübertragung ausgestrahlt. Beamte der Post musizierten, sangen und rezitierten Gedichte. Knapp ein Jahr später nahm die erste Rundfunkgesellschaft mit der Funk-Stunde Berlin ihren Sendebetrieb auf. Zwar gab es zu Beginn des Jahres 1924 nicht einmal 2000 zahlende Teilnehmer; dennoch fand bereits im Mai 1924 die erste Rundfunkausstellung (in Hamburg) statt, und schon Ende 1925 war die Zahl der Rundfunkteilnehmer auf über eine Million angestiegen. Bereits im selben Jahr gab es den ersten Livekommentar zu einem Fußballspiel (Arminia Bielefeld gegen Preußen Münster). Die Nationalsozialisten erkannten die Vorteile des Rundfunks und nutzten ihn als wichtiges Propagandainstrument. Der „Volksempfänger" sollte in jedem Wohnzimmer stehen. Dennoch geht die Forschung davon aus, dass nur knapp die Hälfte der Deutschen über einen Rundfunkempfänger verfügten. Dieses ist allerdings immer noch eine beträchtliche Zahl, so dass dem Radio bereits früh der Status eines Massenmediums zuzusprechen ist. Anders als die technische Errungenschaft Telefon können mittels Radio unzählige Personen gleichzeitig erreicht werden. Es handelt sich jedoch nicht um eine dialogische Kommunikation, sondern um eine monologische. Gleichwohl veränderte das Radio die Sprache, denn die Radiosprecher wurden sprachlich und stimmlich anders ausgebildet als Bühnenschauspieler, deren Intonation bis dahin als vorbildlich galt. 1898 erschien die „Deutsche Bühnenaussprache" des Germanistikprofessors Theodor Siebs. Diese orientierte sich weitgehend an der norddeutschen Aussprache (jedes *-ig* sollte als *-ich* ausgesprochen werden), sah aber für die Aussprache des *-r-* das rollende *-r-* (Zungenspitzen-*r*) vor. Mit der Verbreitung des Rundfunks wurde nun die Aussprache der Radiosprecher vorbildhaft.

Neben das Radio trat wenig später das Fernsehen. Nach vereinzelten Tests wurde im März 1935 in Deutschland der Sendebetrieb aufgenommen, um den Engländern zuvorzukommen, denn die BBC hatte verkündet, mit dem Fernsehbetrieb zu beginnen. Anders als beim Radio blieb der Kreis der Zuschauer zunächst sehr begrenzt, weil die Technik noch unausgereift war und auch die Industrie nicht in der Lage war, Fernsehempfangsgeräte in größeren Mengen zu bauen. Um das Fernsehen populärer zu machen und es ebenfalls als Propagandainstrument nutzen zu können, wurden bereits im April 1935 öffentliche Fernsehstuben eingerichtet, in denen die Bevölkerung kostenlos das Fernsehprogramm verfolgen konnte. Die Übertragung der Olympischen Spiele 1936 in Berlin wurde als mediales Großereignis inszeniert. Es wurden fahrbare Kameras entwickelt, und zwischen Berlin und Leipzig wurde sogar ein Fernsehsprechdienst angeboten – ein Vorläufer der Bild- bzw. Videotelefonie. Anders als das Radio (oder Telefon) nutzt das Medium Fernsehen nicht nur die gesprochene Sprache. Das Bild ist ein ebenso wesentlicher Bestandteil. Dienten die ersten Fernsehübertragungen der Erbauung (Musiksendungen) oder Belehrung der Bevölkerung und war die Sprache der Moderatoren daher eher schriftsprachlich – wenn auch mündlich vorgetragen –, so kamen mit Spielfilmen und vor allem der steigenden Anzahl an Sendern und längerer Sendedauer immer weitere Fernsehformate vor, die explizit mündliche Sprache vermitteln. In *Talkshows, Dokusoaps, Biopics* oder Realityformaten wie „Bauer sucht Frau", „Dschungelcamp", „Big Brother" oder noch weiter reichenden Nahaufnahmen aus der Privatsphäre wie „Das Messie-Team – Start in ein neues Leben" kommen bekannte und vor allem unbekannte Menschen zu Wort – und dies möglichst ungefiltert und umgangssprachlich.

Mit dem Einzug des Computers und des Internets an den Arbeitsplatz und in den privaten Bereich tritt auf den ersten Blick wieder die Schriftlichkeit stärker in den Vordergrund. Mit dem Aufkommen der Fax-Geräte hatte sich das bereits an-gekündigt. „Schriftlich" heißt in diesem Zusammenhang aber nur, dass eine Übermittlung in Form von schriftlichen Zeichen erfolgt. Die Rahmenbedingungen, die sonst zu einem relativ geordneten und variantenarmen Gebrauch der Schriftsprache führen, gelten hier nicht. Entsprechend groß ist die Bandbreite der sprachlichen

Äußerungen, wie ein Vergleich eines Internetchats mit der Homepage einer Firma belegt. Die These, dass „alles, was sprachlich möglich ist, auch im Internet zu finden ist", dürfte nicht ganz falsch sein. Das zeigen bereits die eingangs erwähnten E-Mails. Inzwischen wird ein nicht geringer Anteil der Kommunikation mit Behörden, staatlichen Stellen oder Firmen über E-Mail-Verkehr abgewickelt. Diese Mails ähneln in Form (Anrede- und Grußfloskeln) und verwendeter Sprache, die konzeptuell schriftlich ist, den „Papierbriefen". Ganz anders sieht das bei Mails zwischen Freunden aus, die zum Beispiel ein abendliches Treffen vereinbaren. Diese Sprache ist konzeptuell mündlich geprägt. Die gegenüber einem direkten Gespräch fehlenden Ausdrucksmöglichkeiten werden teils simuliert, indem Emotionen über die „Emoticons" in den Text integriert werden können. Das sind Smileys mit unterschiedlichen Gesichtsausdrücken oder deren Ersatz durch Satzzeichen wie :–) für Freude oder :–(für Traurigkeit. Emphase wird durch Großschreibung ausgedrückt (*ich freue mich RIESIG*), andere Gefühlsäußerungen werden durch **freu**, **grins** etc. in den Text eingebettet. Auch durch Verkettung von Satzzeichen wie *!* oder *?* (*Hast du morgen Zeit????*) können Textabschnitte hervorgehoben werden. Einzelne Wörter werden betont, indem Dehnungen durch das Setzen mehrerer gleicher Buchstaben angezeigt werden (*Gaaaaanz toll gemacht*). Hinzu kommen aus Comicstrips entlehnte lautmalerische Äußerungsformen (*und dann – peng – hatte ich keine Lust mehr; der Unterricht war langweilig, ächz, würg, spei*) oder die gehäufte Verwendung von Abkürzungen wie *LG* (für *Liebe Grüße*) oder *LOL* (für *Laughing out loud*, um Erheiterung anzuzeigen). Viele dieser Abkürzungen entstammen dem Englischen (so die geläufigen *CU* für *See you* oder *Cul8r* für *See you later*), werden dennoch auch in deutschen Mails, Chats und SMS verwendet. Gerade für die SMS-Kommunikation stellen diese Verkürzungen eine Eingabe- und Übermittlungszeitersparnis dar. Das war auch in den Anfangszeiten der E-Mail-Kommunikation durchaus ein Grund, denn die langsame Datenübertragung bedeutete höhere Kosten, wenn die Mail länger war.

Eine weitere Auffälligkeit ist die durchgehende Kleinschreibung sowohl in Mails wie bei SMS. Ist das bei dem Verfassen einer SMS verständlich, muss doch nicht für jede Großschreibung diese Funktion erst aktiviert werden, scheinen die Gründe bei den Mails latent englischer Einfluss sowie der informellere Charakter zu sein.

Weiterhin wird häufig die hohe Rechtschreibfehlerquote in E-Mails beklagt und darin ein Verfall der Schriftlichkeit gesehen. Dass viele Verfasser von E-Mails diese – anders als Briefe oder anderes Schriftgut – nicht mehr Korrektur lesen oder weniger auf die Orthographievorgaben achten, scheint an der gedachten höheren Flüchtigkeit, der Quasi-Mündlichkeit der Kommunikation zu liegen. Dies ist allerdings eine Illusion, kann doch jede Mail ausgedruckt und abgeheftet werden. Ein häufig unterschätzter Vorteil der E-Mail-Kommunikation liegt in der *reply*-Funktion. Aussagen des Gegenübers können in die eigene Mail integriert werden (durch > kenntlich gemacht). Auf diese Weise wird das genaue Antwortobjekt erkennbar und das Gedächtnis entlastet.

Anders als bei einem direkten Gespräch oder einem Telefonat handelt es sich bei der E-Mail-Kommunikation um eine zeitversetzte, da nicht jede Mail sofort gelesen und beantwortet wird oder werden muss. Gegenüber einem Papierbrief suggerieren die kurze elektronische Übermittlungsdauer und der fehlende „reale“ Transport per Post jedoch eine Gleichzeitigkeit. Daraus dürfte unter anderem auch die zunehmende Anrede mit „*Guten Morgen; Guten Tag* etc.“ resultieren, da erwartet wird, dass das Gegenüber die Mail mit keiner oder kaum Zeitverzögerung zur Kenntnis nimmt. Darüber hinaus enthebt eine derartige Anrede den Verfasser der Überlegung bzw. Entscheidung, wie er den Empfänger in der Anrede einordnen soll. *Liebe(r)* beinhaltet eine gewisse Vertraulichkeit und Bekanntschaft, *Sehr geehrte(r)* wird zunehmend als antiquiert und steif empfunden.

Kann E-Mails – wenigstens partiell – ein gewisser schreibsprachlicher Charakter nicht abgesprochen werden, so sind Chats und SMS-Kontakte dezidiert konzeptuell mündliche Kommunikationswege, die das Medium Schrift nutzen. Neben den schon erwähnten Möglichkeiten, Emotionen zu verschriftlichen, sowie der Verwendung von Abkürzungen usw. zeigen Forschungen, dass der Satzbau mit wenig komplexen Sätzen, Satzabbrüchen, Wiederholungen oder nicht korrekten sprachlichen Anschlüssen (*Weißt du, der Werner, ich habe dem gesagt*) dem mündlichen Sprechen gleicht. In einem Chat, in dem eine größere Anzahl von Teilnehmern gleichzeitig miteinander „spricht“, kommen daneben auch thematische Brüche bzw. mehrere Kommunikationsstränge nebeneinander vor.

Mails und Chats setzen einen Computer sowie die Anbindung an das Internet voraus. Der Computer ist ein für die Kommunikation nahezu universal verwendbares Gerät. Er kann als Schreibmaschine, Lesegerät, Musik- und Filmabspielgerät bzw. statt eines Fernsehers oder Radios genutzt werden; selbst für den Telefonkontakt ist er geeignet. Mit dem World Wide Web 2.0 eröffnen sich dem Nutzer breite Kommunikationsmöglichkeiten. Er kann Homepages erstellen und aufrufen, Recherchen betreiben, an Diskussionsforen teilnehmen usw. Die alte Trennung zwischen Individual- und Massenmedium ist damit aufgehoben, und anders als beim klassischen Buch ist Schrift oder Text hier nur eines der Elemente. Die Schrift ist zudem nicht „linear“ zu lesen, sondern „flächig“.

Im *World Wide Web* ergänzen sich Bild und Text teils gegenseitig, teils stehen sie unverbunden nebeneinander. Die Textelemente bestehen aus mehreren kleinen Einheiten, Überschriften geben knappe Hinweise, stichpunktartige Listen ermöglichen das gezielte „Springen" zu einer bestimmten Informationseinheit, und Hyperlinks verschränken den Text mit anderen Texten oder Textteilen. Auf diese Weise werden einerseits Texte in fragmentartige Gebilde aufgespalten. Ähnlich wie die Überschriften in Zeitungen geben sie damit komprimiert Informationen. Anderseits erlauben die Hyperlinks intertextuelle Verknüpfungen, mit deren Hilfe sich ein Leser gewissermaßen durch den gesamten Kosmos der Daten und des bereitgestellten Wissens hangeln kann.

Anders als zunächst angenommen, bewirken die Massenmedien, und hier das Internet speziell, keineswegs einen Ausgleichs- und Nivellierungsprozess der Sprache. Vielmehr können Dialekte (so gibt es zum Beispiel eine niederdeutsche Wikipediavariante, die immerhin ca. 20 000 Artikel enthält), gruppenspezifische Sprache, Alltagssprache, Domänensprache usw. aufgenommen und weiter verbreitet werden, als es mit den „alten" Medien der Fall war. Erkennbar ist insgesamt, trotz aller Unterschiedlichkeit der einzelnen Internetseiten, eine Tendenz zu einer ausgeprägteren Nominalisierung, kürzeren Sätzen und kleineren Informationseinheiten. Vor allem jedoch werden die Grenzen zwischen mündlicher und schriftlicher Kommunikation tendenziell aufgelöst.

Neben diesen allgemeineren sprachlichen Veränderungen bewirkt die Integrierung des Computers in den Alltag im Wortschatz eine vermehrte Aufnahme von Anglizismen. Es wird *gegoogelt, gechattet* und *getwittert*. Dass das *CC* bei den E-Mail-Programmen als *carbon copy* aufzulösen ist, also keineswegs eine für die digitale Kommunikation erfundene Abkürzung ist, sondern die aus heutiger Sicht archaisch anmutende und mittels Kohledurchschlag erstellte Kopie bezeichnet, dürfte den meisten *Usern* unbekannt sein. Sprachspielereien wie *Windoof* für *Windows* oder *DAU* (für *dümmster anzunehmender User*), das an *GAU* (für *größter anzunehmender Unfall*) angelehnt ist, haben längst die *community* verlassen und sind in die Alltagssprache übergegangen. Die Präsenz der Massenmedien im Alltag der meisten Menschen hat als weitere Folge die rasche Verbreitung nicht nur von Nachrichten, sondern auch von sprachlichen Neubildungen, bestimmten Wendungen oder Wortverwendungen. Gegenwärtig scheinen Fußballspieler einen Ball nicht mehr über den Torwart zu *spitzeln* oder zu *heben*, sondern zu *chippen*, wie anlässlich der Berichterstattung im Fernsehen, dann auch rasch im Internet und den Zeitungen zu bemerken war. Ob sich dieser aus dem Golfsport übernommene Anglizismus durchsetzen wird, ist derzeit nicht zu beantworten. Auch das *Public viewing*, das im Vorfeld der 2006 in Deutschland stattfindenden Fußballweltmeisterschaft aufkam (sowie die von den Medien erfundene „Übersetzung“ *Rudelgucken*), erfuhr mit Hilfe der Massenmedien eine außerordentliche Verbreitung, so dass bereits bei der Weltmeisterschaft 2006 allerorten die Leute zum *Public viewing* gingen. Nebenbei bemerkt, wurde der Begriff 2007 beim Deutschen Patent- und Markenamt eingetragen, und die Engländer übernahmen den Begriff wiederum mit dem im Deutschen entwickelten Gebrauch auch für sportliche Großveranstaltungen – im Englischen bedeutete *public viewing* davor viel allgemeiner eine ‘öffentliche Präsentation’. Nicht selten wird das Wort für das Aufbahren eines Leichnams verwendet.

Die folgende, keineswegs fiktive Szene zeigt, wie sehr die heutige Gesellschaft von den (modernen) Medien umgeben ist und sie nutzt, so dass diese aus dem Alltag der Menschen nicht mehr wegzudenken sind: Auf einer Zugfahrt spielt ein Junge mit seiner Mutter ein Wissensspiel auf einer Spielekonsole. Bei einer unklaren Frage kontaktiert die Mutter per Smartphone das Internet. Vor ihr sitzt ein Mann und liest ein E-Book, während er über seinen MP3-Player Musik hört. Neben ihm schaut ein anderer Mitfahrer auf seinem Tablet-PC einen Film. Mehrere andere Mitreisende telefonieren mit ihren Mobiltelefonen, teils mit einem weiteren Mobiltelefon ausgestattet, das sie zum Verfassen von SMS-Nachrichten oder Lesen von Zeitungsschlagzeilen benutzen. Recht altmodisch wirkt der Herr, der einen Discman neben sich liegen hat und Zeitung liest, während sein Banknachbar mit seinem Laptop Mails verfasst, denen er wiederholt zuvor aufgerufene Dateien anhängt, bevor er sich der Erstellung einer Präsentation widmet.

3. *Tempo* = Taschentuch? Wie Namen zu Wörtern werden und Wörter zu Namen

Namen sind ein wichtiger Bestandteil der Sprachgeschichte. Sie entstehen in der Regel aus dem Wortschatz der Sprecher. Diesen Prozess nennt man Onymisierung (aus griechisch *ónoma, ónyma* 'Name'). Prinzipiell kann jedes Wort zu einem Namen werden. Voraussetzung ist, dass es zu einem Substantiv umgeformt wird, da Namen stets Substantive sind. Dass auch der gegenläufige Prozess, die Deonymisierung, einen gewissen Einfluss auf die Sprache hat, ist den Sprachteilhabern weit weniger bekannt. Er scheint allenfalls auf, wenn in den Medien, wie jüngst, ein neues, von einem Namen abgeleitetes Wort erscheint und (kontrovers) diskutiert wird. So entstanden aus aktuellem Anlass die Verben *guttenbergen* und *wulffen*. Während bei ersterem keine Schwankungen hinsichtlich der Bedeutung bestehen – es wird im Kontext wie etwa *Hausarbeiten guttenbergen,*

d. h. 'Kopieren und Einfügen digitaler Quellen in eigene Ausarbeitungen ohne Angabe der Quellenstelle' verwendet –, werden für Letzteres zwei Bedeutungen angegeben, nämlich erstens 'vollsprechen eines Anrufbeantworters' und zweitens 'nicht lügen, aber auch nicht die (volle) Wahrheit sagen'. Ob sich diese in einer erhitzten politischen Auseinandersetzung gebildeten Wörter halten und dauerhaft Eingang in den Wortschatz finden werden, darf bezweifelt werden. Dennoch gibt es auch aus jüngerer Zeit Beispiele, die sich durchgesetzt haben. So findet sich *riestern* nicht nur in der gesprochenen Sprache, sondern auch auf Werbeplakaten. Das Wort *hartzen* für 'Arbeitslosengeld II empfangen' ist zumindest umgangssprachlich etabliert. Während Letzterem, wenigstens partiell, eine negative Konnotation nicht abgesprochen werden kann, ist Ersteres zur Bezeichnung der privaten (Zusatz-)Sicherung der Altersvorsorge durchaus wertfrei gemeint bzw. sogar positiv besetzt.

Nicht nur die Namen von Politikern, die erst in den letzten Jahren in den Fokus derartiger Deonymisierungen gelangt sind, sondern auch von Wissenschaftlern bilden die Basis von Ableitungen, die Bestandteil der Sprache sind. Als Beispiele sind hier *röntgen* oder *pasteurisieren* zu nennen, die technische Verfahren bezeichnen und aus dem Namen des jeweiligen Entdeckers bzw. Erfinders gebildet wurden. Neben Verben entstanden Substantive aus (Familien-)Namen. Man denke nur an *Diesel* (nach Rudolf Diesel) und die zahlreichen damit zusammengesetzten Wörter.

Dass dies keine auf das Deutsche beschränkte Art der Wortbildung ist, illustriert das englische *Sandwich*, das im 18. Jahrhundert entstand und auf John Montagu, den vierten Earl of Sandwich zurückgeht, der sich eine zwischen zwei Brotscheiben gelegte Scheibe Braten bringen ließ, um nicht vom Spieltisch aufstehen zu müssen.

Witzbold und *Trunkenbold*

Das Deutsche kennt einige Bildungen mit dem Zweitglied *-bold*. Neben den wohl prominentesten *Witzbold* und *Trunkenbold* sind *Lügenbold, Tugendbold* und *Raufbold* zu nennen. Bereits im Mittelhochdeutschen finden sich *trunkenbolt, wankelbolt, diebolt, hetzebolt, trimmebolt, witzbolt, kurzebolt.* Damit kann von einem lange Zeit in Grenzen produktiven Wortbildungsmuster ausgegangen werden.

Das Element *-bold* seinerseits ist ein ursprüngliches Namenelement. Es geht zurück auf althochdeutsch *bald,* altsächsisch *bald,* mittelhochdeutsch *balt,* mittelniederdeutsch *bolt, balt* 'kühn, tapfer'. Mit ihm gebildete Personennamen sind seit alter Zeit häufig. Als Beispiele sind zu nennen *Balduin* oder *Wigbold.* Bis 1200 lassen sich 200 Namen ermitteln, bei denen *-bold* als Zweitelement mit jeweils verschiedenen Erstgliedern zusammengesetzt ist. Der Übergang von einem reinen Namenelement zu einem appellativischen Zweitglied lässt sich im Falle von *-bold* recht genau nachzeichnen. Dass ein onymisches Element die Basis ist, zeigt auch die Verdumpfung des alten *-a-* zu *-o-* vor *-ld-*, die zwar typisch für das Niederdeutsche ist, im Hochdeutschen aber fast nur in Namen beobachtet werden kann.

Ausgangspunkt dürfte Graf Konrad von Niederlahngau sein, der 984 starb. Dieser anscheinend klein gewachsene Konrad führte den Spitznamen *Kurzibold,* wie zwei zeitgenössische Textstellen belegen: *Chuonradus qui Curcipold dicebatur* (= genannt wurde) bzw. *Chuono ... Churzibold ... cognominatus* (= mit Beinamen versehen). *Kurzibold* ist eine Bildung aus dem geläufigen Namenelement *-bold* und dem charakterisierenden Adjektiv *kurz,* offenbar speziell für Konrad von Niederlahngau gebildet. Dieser Bei- oder Spitzname wurde anschließend deonymisiert und bereits im Althochdeutschen ein Begriff für eine 'kleingewachsene Person', vor allem aber ein 'kurzes Gewand', einen 'kurzen Überwurf'. Beide Bedeutungen reichen noch bis in die mittelhochdeutsche Zeit. Sie sind naheliegend, denn eine kleine Person benötigt auch nur kleinere Kleidung. Von dort bis zu einem 'kurzen Gewand' ist der Weg nicht weit. Analog zu anderen Namenelementen wie *-wolf* und vor allem *-rich* (das sich zum Beispiel in *Wüterich* oder *Fähnrich* findet) wird auch *-bold* dann zur Bildung weiterer Appellative verwendet. Verstärkend kommen weitere zunächst als Namen aufzufassende *-bold*-Bildungen hinzu, wie *Hetzebold,* der zunächst der Name eines bestimmten Jagdhundes war, dann aber als Appellativ bereits im Mittelhochdeutschen den Jagdhund allgemein bezeichnete. Dass *-bold* nicht mehr als Onym betrachtet wurde, sondern als Appellativ (nicht hochdeutscher Herkunft), zeigt die mittelhochdeutsche Nebenform *trunkenbolz* für den *Trunkenbold* mit falscher Verhochdeutschung von *-d-/-t-* zu *-z-*. Schließlich kann das als Kompositum empfundene *Trunkenbold* sogar wieder zerlegt werden, so dass gelegentlich *trunkener Bold* in Texten auftaucht, was sich jedoch gegenüber *Trunkenbold* nicht halten kann.

Insgesamt ist die Anzahl solcher Deonymisierungen im Deutschen erheblich größer, als es auf den ersten Blick scheint. Dabei sind verschiedene Typen zu unterscheiden, die im Folgenden kurz vorgestellt werden. Nicht nur Familiennamen, sondern auch Vornamen, Orts- oder Ländernamen sowie seltener andere Flur- oder Raumnamen bilden die Basis. Dass es sich um keine erst in jüngerer Zeit produktive Erscheinung der Sprache handelt, belegen die bis in die althochdeutsche Zeit zurückgehenden *-bold*-Bildungen.

Recht häufig erscheinen (Familien-)Namen bei Pflanzenbezeichnungen, entweder nach dem Entdecker oder zu Ehren einer Person. Zu nennen wären hier exemplarisch die *Dahlie* nach dem schwedischen Botaniker Andreas Dahl (1751–1789), die *Fuchsie* nach dem deutschen Botaniker Leonhart Fuchs

(1501–1566), die *Kamelie* nach dem Brünner Jesuitenpater und Missionar Georg Josef Camel (1661–1706), der die Pflanze aus Japan nach Europa brachte, oder die *Klementine,* wohl nach dem ersten Züchter, dem französischen Trappistenmönch Père Clément. Interessanterweise wird die *Forsythie* trotz der englischen Abstammung ihres Namengebers, des Botanikers William Forsyth (1737–1804), nicht englisch ausgesprochen. Ähnliches wie bei vielen Pflanzenbezeichnungen gilt für die Bezeichnung einzelner Krankheiten wie *Alzheimer* nach dem Neurologen Alois Alzheimer (1863–1915), *Parkinson* nach dem englischen Arzt James Parkinson (1755–1824) oder den *Daltonismus,* die angeborene Farbenblindheit, nach dem englischen Physiker John Dalton (1766–1844). Nun mag eingewendet werden, dass es sich bei Pflanzen und Krankheiten nicht um Appellative, sondern ebenfalls um Namen handelt, wie die nicht nur laiensprachlich übliche Charakterisierung als „Pflanzennamen“ oder „Krankheitsnamen“ suggeriert. Dennoch handelt es sich nach übereinstimmender Auffassung von Namenkunde wie Sprachwissenschaft nicht um Namen, sondern um Gattungsbezeichnungen, da bestimmte Kriterien, die für Namen charakterisch sind, auf Pflanzen und Krankheiten (wie im Übrigen auf Wochentags-, Monats- oder Gestirns„namen“) nicht zutreffen. Generell beziehen sich Namen immer auf eine individuelle Einheit, sei es eine Person, eine Stadt oder ein Land, Appellative hingegen auf eine Klasse oder Menge von Einheiten – das Appellativ *Rose* umfasst zum Beispiel eine Vielzahl unterschiedlichster Pflanzen der Gattung *Rosa,* wie Bourbonrosen, Wildrosen, Heckenrosen, Kletterrosen etc. Weiterhin können Namen in der Regel entweder nur im Singular (*Frankreich,* nicht aber mehrere *Frankreichs*) oder im Plural (*die Niederlande,* nicht aber das *Niederland*) stehen, also den Numerus nicht wechseln. Das Genus eines Appellativs muss bei der Verwendung als Name nicht beibehalten werden (so sind Namen für Schiffe fast immer weiblich, auch wenn sie „Peter“ oder „Polarstern“ heißen; also *die Peter, die Polarstern* und nicht, wie das zugrunde liegende Appellativ *der Polarstern* bzw. *„der“ Peter* als Name für eine männliche Person). Charakterisierende Zusätze beziehen sich bei Namen immer auf das Objekt, nicht auf den Namen selbst (bei *der alte Kurt* ist nicht *Kurt* alt, sondern die so benannte Person). Schließlich werden Namen in der Regel nicht übersetzt. In einem deutschen Satz bliebe *Winston Churchill* stehen und würde nicht zu *Freundstein Kirchhügel* verdeutscht. Gerade an Letzterem wird erkennbar, dass Pflanzen- und Krankheitsbezeichnungen keine Namen sind, denn für diese existieren in jeder Sprache eigene Bezeichnungen. Die Osterglocke ist beispielsweise im Englischen *the daffodil,* im Französischen hingegen *le narcisse* und im Italienischen *il trombone.*

Insgesamt sind einige Bereiche festzustellen, in denen das Prinzip der Deonymisierung wirksamer ist und war als in anderen. Das betrifft neben der Botanik und Medizin auch den technischen Bereich. Als Beispiele seien hier genannt die Temperatureinheit *Kelvin* nach dem britischen Physiker Lord Kelvin (1824–1907), *Dolby*(-system) nach dem amerikanischen Elektrotechniker Ray Dolby (*1933), die *Draisine* nach dem deutschen Erfinder Karl Freiherr von Drais von Sauerbronn (1785–1851), das *Schrapnell* nach dem englischen Offizier Henry Shrapnel (1761–1842), das nicht nur eine Artilleriegranate bezeichnet, sondern umgangssprachlich auch eine ältere, unattraktive Frau, oder das *Dum-Dum-Geschoss* nach der nördlich von Kalkutta gelegenen Stadt Dum Dum, in der diese Geschosse erstmals von den Engländern produziert wurden. Die Geologie mit zum Beispiel den Gesteinsarten *Dolomit* (nach dem französischen Mineralogen Déodat de Dolomieu, 1750–1801) oder den Erdzeitaltern *Devon* (nach der englischen Grafschaft Devon[shire]) und *Kam-*

brium (nach der lateinischen Bezeichnung Cambria für Nordwales) sei hier nur am Rande erwähnt.

Der Bereich Textilien und Stoffe weist ebenfalls eine große Anzahl derartiger Deonymisierungen auf, wobei hier weniger die Namen einzelner Personen, sondern vielmehr die von Städten, Landschaften oder ganzen Ländern Verwendung fanden. Neben eher nur fachsprachlich bekannten Bezeichnungen wie *Täbris* (nach der gleichnamigen iranischen Stadt) für eine bestimmte Teppichart dürften *Afghane, Perser* oder *Axminster* (nach der gleichnamigen englischen Stadt) oder *Aubusson* (nach der gleichnamigen französischen Stadt) allgemeiner geläufig sein. Der *Damast* wurde aus dem italienischen *damasco* entlehnt und geht letztlich auf die Stadt Damaskus zurück. Der *Dufflecoat* trägt einen Städtenamen, denn *Duffle* geht auf die belgische Stadt Duffel zurück. Der *Tweed*stoff hat seinen Namen von dem des schottischen Flusses Tweed, der durch das ursprüngliche Herstellungsgebiet fließt. Auch hier ließen sich zahlreiche weitere Beispiele nennen.

Ein weiterer Bereich mit zahlreichen Deonymisierungen findet sich bei den der Nahrungsmitteln. Von *Fürst-Pückler-Eis* (geschichtetes Eis mit den Geschmacksrichtungen Schokolade, Erdbeer und Vanille) nach Fürst von Pückler-Muskau (1785–1871), *Kölsch* nach der Stadt Köln, die *Korinthe* nach der griechischen Stadt Korinth, *Kognak* nach der französischen Stadt Cognac, über die Käsesorten *Edamer* oder *Appenzeller* nach der niederländischen Stadt Edam bzw. dem Schweizer Kanton Appenzell, dem *Kassler* und der *Krakauer* nach den Städten Kassel bzw. Krakau, *Amerikaner* oder *Florentiner* für Gebäck (wobei Letzteres auch eine Bezeichnung für einen Damenstrohhut ist) bis hin zu Weinen wie *Trollinger* (vermutlich eine Kürzung aus Tirolinger) nach der Landschaft (Süd-)Tirol, *Traminer* nach dem Südtiroler Ort Tramin oder *Tokaier* nach der ungarischen Stadt Tokaj reicht die Spannbreite. Dabei sind viele durch das *-er* noch als Herkunftsbezeichnungen zu erkennen; sie gehen auf Wendungen wie *Appenzeller Käse* zurück, sind also ursprüngliche Adjektive auf *-er*, bei denen das Bezugswort später wegfällt.

Während bei den mit Städte- oder Ländernamen gebildeten Appellativen der jeweils zugrunde liegende Name oft relativ gut erkennbar ist, wird das bei Entlehnungen wie *Damast* (zu Damaskus) oder *Kannibale* schon schwieriger. Letzteres ist aus dem Spanischen *caníbales* entlehnt, das seinerseits auf eine ältere spanische Form *caríbales* zurückgeht und auf dem Stammesnamen der Kariben beruht. Auch Kürzungen verdunkeln nicht selten eine Herkunft aus einem Namen, wie es bei *Taler* – die niederdeutsche Form ist noch heute in der amerikanischen Währungsbezeichnung *Dollar* enthalten – der Fall ist. Dieses geht auf den Namen St. Joachimsthal, heute Jáchymov, in Tschechien zurück, wo die dortigen großen Silbervorkommen seit dem 16. Jahrhundert die Herstellung der sogenannten Joachimstaler möglich machten. Ein anderes Beispiel ist das Element *Kanter* in *Kantersieg* oder *Kantergalopp*. *Kanter* ist eine Kürzung aus englisch *Canterbury gallop* und bezog sich auf die nach Canterbury reitenden Pilger. Hinter dem umgangssprachlichen *Tussi* ist der Frauenname *Thusnelda* kaum noch zu erkennen.

Allgemein gilt für die aus Personennamen stammenden Appellative, dass die namengebende Person bekannt sein muss, damit eine onymische Herkunft erkannt wird, denn wer weiß schon, dass die Hunderasse *Dobermann* auf den deutschen Hundezüchter Friedrich Louis Dobermann (1834–1894) oder der *Schrebergarten* auf den Leipziger Arzt Moritz Schreber (1808–1861) zurückgeht. Nur am Rande sei die sehr treffende Bezeichnung *Derrickkran* erwähnt, der über einen verstellbaren Ausleger verfügt. Sie geht zurück auf den Namen des englischen Henkers Thomas Derrick, der im 17. Jahrhundert lebte.

Eine zweite aus Personennamen stammende Gruppe von Appellativen hingegen geht auf sehr geläufige Personennamen zurück, wobei hier die Bezeichnungsmotivation häufig genug nicht ermittelbar ist. So ist klar, dass *Dietrich* in der Bedeutung „Einbruchswerkzeug" direkt aus dem Personennamen stammt. Warum dieser aber gewählt wurde, bleibt unklar. Ähnliches gilt für die kölnische Kellnerbezeichnung *Köbes*, die auf der dialektal üblichen Form für *Jakob* beruht. Zumeist bilden für diese Art der Deonymisierungen häufige Personennamen die Basis wie *-fritze, -suse, -liese, -heini* oder *-hans* (*Filmfritze, Heulsuse, Transuse, Bummelliese, Bummelfritze, Prahlhans* usw.). Sie können entweder reihenbildend werden (*Filmfritze, Fernsehfritze, Bummelfritze*) oder die Zweitelemente sind gegeneinander austauschbar (*Heulsuse, Heulliese, Heultrine*). Prototyp für diese geläufigen Personennamen ist die Wendung *Hinz und Kunz*, die 'jedermann' meint und ihren Ursprung darin hat, dass *Heinrich* und *Konrad* bzw. ihre jeweiligen Kurzformen *Hinz* und *Kunz* sehr häufig vergebene Personennamen waren. In manchen Gebieten trug im 14. Jahrhundert fast die Hälfte der männlichen Bevölkerung diese beiden Namen.

Bislang wurden die Appellative betrachtet, die aus Namen im engeren Sinne entstanden. Hinzu kommt eine weitere große Gruppe von Deonymisierungen, nämlich die aus Waren- und Markennamen. Bei diesen handelt es sich um einen besonderen Namentyp, auf dessen Besonderheiten hier nicht näher eingegangen werden soll. Auch für Warennamen gilt, dass sie für ein einzelnes bestimmtes Produkt oder aber für eine Gruppe gleichartiger Produkte verwendet werden. So war *Fön* ursprünglich eine von AEG entwickelte Bezeichnung für ein Haartrockengerät und stellt noch heute ein eingetragenes Warenzeichen dar. Gleichwohl wird *Fön* appellativisch für Haartrockengeräte gleich welcher Firma verwendet. Deutlicher wird der Prozess der

Deonymisierung an den Beispielen *Uhu* und *Tempo*. Beides sind Markennamen für einen Klebstoff bzw. ein Papiertaschentuch einer bestimmten Firma, und beides eingetragene Warenzeichen. Auch wenn heute Papiertaschentücher verschiedenster Hersteller auf dem Markt sind, ist die Frage „Hast du mal ein Tempo für mich?" geläufig, wobei der Hersteller des Produkts keine weitere Rolle spielt.

Produkt-, Waren- und Markenbezeichnungen bzw. -namen sind innerhalb der Namen ein Sonderbereich. Doch gerade dieser Bereich ist in der Gegenwart besonders anfällig für Deonymisierungen. Ein Grund ist, dass die Firmen sehr viel Wert auf wohlklingende, eingängige und gut sprechbare Benennungen legen. Ein anderer Grund liegt darin, dass sich bestimmte Produkte als marktführend oder zumindest dominant behaupten können. Damit wird der Weg eröffnet, aus einem Substantiv (einem Namen) ein dazugehöriges Verb oder Adjektiv zu bilden. Heute *googelt* man nicht nur, wenn man eine Internetsuchmaschine benutzt, sondern man *photoshoppt* auch Bilder, womit gemeint ist, dass ein Bild nachträglich auf elektronischem Weg verändert oder retuschiert wird. Es ist wesentlich sprachökonomischer, von *googeln* oder *photoshoppen* zu sprechen, anstatt zu sagen, dass man etwas *mit einer Internetsuchmaschine gesucht hat* oder ein Bild *mit einem digitalen Bildprogramm nachträglich verändert hat*. Wenn in einer Kleinanzeige zu lesen ist, ein *Billy* sei zu verkaufen, weiß jeder sofort, dass es sich um ein Bücherregal handelt. An eine neue Form von Sklavenhandel würde niemand denken.

4. Von *geil* und *weil*: Jüngere und jüngste Entwicklungen

„Fakt ist, dass ich in 2012 eine Lehre in Sabine's Haarstudio beginne. Das ist geil, weil ich habe dann mega-mehr Geld und es macht Sinn, weil Friseure braucht man immer."

Diese zwei Sätze in einer normalen Unterhaltung wären noch vor 15 Jahren so kaum möglich gewesen. Sie zeigen eine Vielzahl von jüngeren bzw. jüngsten Entwicklungen der Sprache auf und machen gleichzeitig deutlich, dass sich Sprache in einem permanenten Veränderungsprozess befindet. Das erstaunt auf den ersten Blick, lernen Kinder doch in der Schule, dass es Regeln für den korrekten Gebrauch der Sprache gibt. Und wir alle benutzen immer wieder den Duden und andere Rechtschreibwörterbücher, um die korrekte Schreibung des einen oder anderen Wortes nachzuschlagen. Und nicht zuletzt hat der teils erbittert geführte Streit um die jüngste Rechtschreibreform vielen die Regelgebundenheit und Normiertheit der deutschen Gegenwartssprache stärker in das Bewusstsein geführt. Diese Reform, über deren Ausmaß und Einzelheiten Expertengruppen jahrelang rangen, hatte zum einen das Ziel, das Erlernen der „Rechtschreibung" – der richtigen Schreibung – zu erleichtern, indem bestehende Inkonsequenzen in der Schreibweise getilgt und schwierige Graphien, d. h. Schreibungen speziell bei Lehnwörtern vereinfacht werden sollten. Zum anderen sollte ein Sprachwandelprozess, die sogenannte Univerbierung, aufgehalten bzw. sogar rückgängig gemacht werden. Darunter versteht man die Tendenz, Mehrwortgruppen (Syntagmen) wie *Rad fahren* oder *auseinander falten* als ein Wort aufzufassen und folglich *radfahren* oder *auseinanderfalten* als Verben zusammenzuschreiben und mit einem Kleinbuchstaben zu beginnen. Dass einige Zusammenschreibungen wie *radfahren* nach den jeweils aktuellen Wörterbüchern zulässig waren, andere – wie *schlittschuhlaufen* – hingegen nicht, ist in der Tat schwer zu vermitteln und entbehrt nicht einer gewissen Uneinheitlichkeit. Es ist nicht unwahrscheinlich, dass im Laufe der Zeit immer mehr Wörter zusammengeschrieben worden wären und so auch *schlittschuhlaufen* zu irgendeinem Zeitpunkt als regelkonform gegolten hätte, wäre der Prozess der Univerbierung nicht durch einen bewussten Akt der Reform aufgehalten worden. Die Tendenz zur Univerbierung zeigt gleichzeitig exemplarisch, dass auch in Zeiten der geregelten Orthographie Sprachveränderungen wirksam sind. Ob mit der jüngsten Rechtschreibreform die Univerbierungsprozesse tatsächlich dauerhaft aufgehalten werden, sei dahingestellt, ist aber zu bezweifeln.

In diesem Zusammenhang ist kurz auf die „Geregeltheit", die „Normhaftigkeit" der deutschen Sprache in der Gegenwart einzugehen. Die Rechtschreibwörterbücher – allen voran der von der Dudenredaktion herausgegebene Band *Die deutsche Rechtschreibung* – erwecken den Eindruck, dass die Rechtschreibung, die Interpunktion und andere Bereiche der Sprache gewissermaßen gesetzartig fixiert sind. Das unterstreichen Formulierungen wie „das ist nach Duden zulässig", „der Duden erlaubt beide Schreibweisen" oder „diese Präposition steht laut Duden mit Genitiv". 1996 wurde von den deutschsprachigen Ländern eine interstaatliche Erklärung zur Regelung der deutschen Rechtschreibung unterzeichnet, die die seit 1901 geltende amtliche Rechtschreibung ablöste und damit die Rechtschreibreform zum 1. August 1998 einführte.

Allerdings zeigt ein Blick in verschiedene Dudenausgaben, von denen mittlerweile 25 Auflagen erschienen sind, dass diese keine bloßen Wiederabdrucke sind, sondern häufig genug den Zusatz *völlig neu bearbeitet und erweitert* tragen. Es wurden nicht nur neue Wörter ergänzt oder einige veraltete nicht mehr aufgenommen. Vielmehr wurde auch Orthographieveränderungen im Verlauf nicht einmal eines Jahrhunderts Rechnung getragen – und dieses trotz nach wie vor bestehender amtlicher Rechtschreibung, die ja Verbindlichkeit und damit Unveränderlichkeit gewährleisten sollte. Wie kommt der Widerspruch zustande, oder vielmehr, wie lässt er sich auflösen? Der Grund liegt darin, dass es sich bei der amtlichen Rechtschreibung um kein Gesetz im engeren Sinne handelt wie beispielsweise die Grundgesetzartikel oder das Bürgerliche Gesetzbuch, die – nebenbei bemerkt – ebenfalls nicht unveränderlich sind. Sich vollziehende Sprachveränderungen, die zunächst den Regeln der amtlichen Rechtschreibung widersprechen, können in der Sprach- und Schreibgemeinschaft so verbreitet, usuell werden. Darauf reagieren die Wörterbuchredaktionen, indem sie die neue Variante in das Wörterbuch aufnehmen; zunächst meist als zweite Form mit dem Hinweis „(jünger) auch". Sollte eine Form dann allgemein üblich werden, erscheint sie der älteren gleichgeordnet oder wird die allein geltende. Mag ein altsprachlich Gebildeter bei dem Plural *Atlasse* auch zusammenzucken, so spiegelt diese Form doch den Sprachbrauch. Wörterbücher wie der Rechtschreibduden haben bei allem normativen Charakter, der im Vordergrund steht, auch einen deskriptiven, d. h. beschreibenden Anteil. Abgelaufene Sprachveränderungen, die einen gewissen Grad von Gebräuchlichkeit in der Sprachgemeinschaft gewonnen haben, werden dokumentiert und damit als zulässig betrachtet.

Zurück zum eingangs angeführten Satz und den angedeuteten jüngeren und jüngsten Entwicklungen. Sie betreffen sehr verschiedene Bereiche der Sprache und stehen stellvertretend für Phänomene, die ihrerseits nicht neu sind, sondern sich durch die Jahrhunderte deutscher Sprache ziehen. In Zeiten der stark vernetzten und kommunikativ äußerst aktiven Bevölkerung werden sie aber deutlich schneller verbreitet und haben somit größere Chancen auf eine Durchsetzung. Das betrifft nicht nur die Aufnahme neuer Wörter, sondern auch die Bedeutung und den Gebrauch vorhandener Wörter. Ein prominentes Beispiel ist das Wort *geil*. Noch im Mittelhochdeutschen und Frühneuhochdeutschen bezeichnete es das 'Fröhliche, Lustige', auch das 'Kraftvolle, Lebensmutige', wie ein Blick in die Literatur des Mittelalters verrät. Stellvertretend sei hier ein Neujahrswunsch aus dem 14. Jahrhundert zitiert: *so geb dir got gelück und hail und bewar dir dein leben gail.* Daraus entwickelte sich ein Bedeutungsübergang zu 'übermütig, mutwillig', auch 'wolllüstig', der dann seit dem 18. Jahrhundert vorherrschend wurde. Aus diesem Grund stellte *geil* lange ein Wort dar, das einem Tabubereich angehörte und kaum verwendet wurde bzw. allenfalls in gewollt drastischer Sprache. Und genau deshalb fand es in der jüngeren Vergangenheit vermehrt Eingang in die Jugendsprache. Deren Bestreben ist es unter anderem, sich durch die Verwendung tabuisierter Wörter von der Sprache der Erwachsenen abzugrenzen, zu schockieren. Hier allerdings drückte es etwas besonders Hervorragendes aus und konnte dann als allgemeine positive Qualifizierung verwendet werden, wie zum Beispiel die Wendungen *geile Musik, geile Party* deutlich machen, die keinerlei sexuelle Bedeutungskomponente mehr beinhalten. Wie es häufig bei Gruppensprachen der Fall ist, gelangte das Wort dann in seinem abgeschwächten Bedeutungsgehalt allmählich in den allgemeinen Sprachgebrauch, wo es inzwischen zumindest in der informellen gesprochenen Sprache durchaus nicht mehr tabuisiert ist, sondern als alltagssprachlich angesehen werden kann.

Der Bedeutungswandel von Wörtern ist der Sprache von Anbeginn eigen, stellt also keine Besonderheit der jüngsten Sprachentwicklung dar. In quantitativer Hinsicht sind Bedeutungserweiterungen oder -verengungen, in qualitativer Hinsicht Bedeutungsverbesserungen bzw. -verschlechterungen die hauptsächlichen Wandelphänomene. Alle vier zeigt letztlich das Beispiel *geil*. Zunächst wird die Bedeutung eingegrenzt, verengt. Gleichzeitig geht damit eine Bedeutungsverschlechterung im Sinne einer sprachlichen Markiertheit im sexuellen Bereich einher. Mit der Übernahme in die Jugendsprache wird das Wort enttabuisiert, seine Bedeutung wieder verbessert und durch die Anwendung auf jegliche positive Qualifizierung wiederum erweitert.

Bedeutungswandel oder auch semantischer Wandel ist ein der Sprache inhärenter Prozess. Dennoch scheint gerade in jüngerer Zeit das Bedürfnis nach steigernden und wertenden Wörtern oder Wortteilen stark ausgepägt zu sein, wie auch das Beispiel *mega-mehr* belegt. *Super-*, *mega-*, *extra-*, *hyper-*, *ober-* kann in der Gegenwart nahezu alles sein, auch die *geile Musik* ist inzwischen eher die *megageile* oder *hypergeile Musik*. Ähnliches deutet die Verwendung des Adjektivs *voll* an, das nicht mehr nur den Zustand des (vollständig) Gefülltseins, des Vollständigen oder Fülligen beschreibt, sondern als Verstärkungspartikel wie älteres *total* verwendet wird.

In diesen Bereich gehören ebenso Wendungen wie die *oberste Priorität*, die *optimalste Auslastung* und in einem weiteren Sinne die *zahlreichen Alternativen*. Sowohl das Wort *Priorität* wie auch *optimal* drücken bereits von ihrem semantischen Gehalt das Bevorzugte, das Beste aus. Gerade Letzteres stellt eine Superlativform von lateinisch *bonus* 'gut' dar, ist also eigentlich nicht mehr steigerungsfähig. Dennoch wird mit deutschen Wortbildungsmitteln ein ursprünglicher Superlativ erneut superlativisch gesteigert. Dass der alte Superlativ nicht mehr erkannt wird, dürfte kaum der Grund sein, da den meisten Sprachteilhabern zumindest die Bedeutung als 'bestes, unübertroffenes, bestmögliches' geläufig sein dürfte. Vielmehr scheint hier der Wunsch nach einer hyperbolischen oder affektiven Ausdrucksweise ausschlaggebend zu sein, um die Wichtigkeit und das Besondere zu betonen. Ähnlich wurde diskutiert, was denn bei einem atomaren Störfall der *Super-GAU* sein solle, ist doch der *GAU* der *Größte anzunehmende Unfall*. Größer kann ein Unfall eigentlich gar nicht sein. *Super* bedeutet letztlich, dass etwas noch größer als das Vorstellbare ist. Interessanterweise ist dieses Wort inzwischen aus der fachlich geprägten und sehr ernsthaften oder bedrohlichen Sphäre einer atomaren Katastrophe in den allgemeinen Wortschatz übergegangen. So kann heute der sprichwörtliche Besuch der Schwiegermutter oder sogar der Verlust des Mobiltelefons ein Super-GAU sein. Etwas anders gelagert sind die *zahlreichen Alternativen*. Hier drückt das Wort, das über das Französische *alternative* aus dem Lateinischen *alternus* 'abwechselnd, gegenseitig' entlehnt wurde, eine von zwei Möglichkeiten, das Entweder – Oder aus. Mehr als zwei Möglichkeiten kann es daher eigentlich nicht geben. Der semantische Gehalt wurde hier zunehmend abgeschwächt, indem einfach eine (unter mehreren) Möglichkeiten bezeichnet wurde.

In diesen Bereich gehört auch die stark zunehmende Bindestrichschreibung, die jahrhundertelang in der deutschen Sprache einen Ausnahmefall darstellte und vorwiegend bei Mehrwortkonstruktionen vorkam, die zu einer Einheit zusammengefasst wurden. Beispiele sind *deutsch-französisch, blau-rot* oder *Pro-forma-Rechnung*. Demgegenüber findet man heute zum Beispiel bei einem Blick in eine Zeitschrift in der Regel zahlreiche durch Bindestriche verbundene (oder getrennte?) Wörter. Das betrifft nicht nur Einheiten, deren einer Bestandteil eine Abkürzung bildet, wie *Pdf-Dokument, EDV-Berater, TÜV-Stelle*, sondern auch Komposita, die bislang zusammengeschrieben wurden, wie die *Tüten-Suppe* einer bekannten Lebensmittelfirma, das *Familien-Angebot* der Deutschen Bahn oder die *Gebäck-Klassiker* eines großen Keksfabrikanten. Diese Beispiele entstammen der Werbung verschiedener Unternehmen – und tatsächlich ist es so, dass gerade im Bereich der Werbung die Vorliebe für Bindestrichschreibungen sehr ausgeprägt ist. Allerdings wäre eine Eingrenzung auf diesen Sonderbereich der Sprache zu kurz gegriffen, denn auch in der Standardsprache lassen sich viele derartige Bildungen oder Schreibungen nachweisen, wie ein Blick in eine beliebige Tageszeitung belegt. Es ist nicht von der Hand zu weisen, dass die eben angeführte Werbesprache einer der beiden Hauptfaktoren für die Verbreitung dieses Schreibgebrauches ist. Maßgeblich – und mit Ersterem eng verbunden – ist jedoch ebenso der Einfluss des angloamerikanischen Raumes, der seit 1945 immer weiter zunimmt. Anders als in der deutschen Sprache, deren Wortbildung stark durch die Komposition, d. h. die Verbindung mehrerer Wörter zu einem neuen Wort dominiert wird, ist die Kompositionsfähigkeit des Englischen wesentlich weniger ausgebildet. Neben die Komposition tritt als Wortbildungsmittel verstärkt die Bindestrichschreibung und die sogenannte Syntagmabildung. Hierbei stehen die Wörter unverbunden nebeneinander. Als Beispiel wären *major airport* für den deutschen *Großflughafen* oder *price agreement* für die deutsche *Preisabsprache* zu nennen. Sowohl der Einfluss der englischen Sprache auf die deutsche Sprache allgemein wie auch vor allem im Bereich der Werbung befördern die auch im Deutschen zunehmende Tendenz zur Bindestrichschreibung. Die Trennung der Worteinheiten kann sogar so weit gehen, dass der Bindestrich wegfällt und die Wörter unverbunden nebeneinander stehen. So findet man im Supermarkt nicht nur die *Vanille Sauce,* sondern auch die *Waldpilz Tütensuppe.*

Der angloamerikanische Einfluss – gerade im Bereich der Werbung, aber auch in den modernen Techniken und der Wissenschaftssprache – auf die deutsche Sprache und ihre Entwicklung ist nicht zu unterschätzen. Das wird auch an zwei anderen Teilen des eingangs angeführten fiktiven Gesprächs deutlich, dürfte aber dem normalen Sprachteilhaber kaum auffallen. Es handelt sich um die Phrasen *in 2012* und *das macht Sinn*. Beide sind aus deutschen Wörtern gebildet, stellen aber Übersetzungen aus englischen Syntagmen dar, die seit einigen Jahren die älteren deutschen Äquivalente *im Jahr 2012* und *das ergibt Sinn* allmählich verdrängen. Da das Deutsche über semantisch identische Wendungen verfügt und auf diese Weise die Zeitangabe bzw. die Sinnhaftigkeit von etwas ausgedrückt werden kann, besteht eigentlich nicht die Notwendigkeit, neue syntagmatische Ausdrücke zu kreieren oder zu entlehnen. Auch hier scheint die gerade in den Medien vorkommende Dominanz der englischen Sprache sowie die vorgeblich größere Kürze und Prägnanz ausschlaggebend für eine Übernahme und sukzessive Verbreitung dieser Wendungen zu sein. Sie sind anders als ausdrucksseitige Übernahmen von Lehnwörtern wie *City-Ticket, Laptop* oder *Dream-Liner* mit ihrem erkennbar nichtdeutschen Laut- und Buchstabenbestand jedoch wesentlich schwerer zu erkennen oder werden überhaupt nicht als ursprünglich fremde Einheiten erkannt.

Dass eine Wendung, ein Syntagma allmählich einen Platz im allgemeinen Sprachgebrauch findet, ist im Übrigen nicht nur auf die Übernahme aus anderen Sprachen – vor allem des Englischen – beschränkt. Ein prominentes Beispiel stellt *das ist (der) Fakt* und in leichter Abwandlung *Fakt ist* dar. Dieses Syntagma war besonders im Sprachgebrauch der DDR verbreitet und durchaus als ostdeutsch bzw. DDR-sprachlich markiert. Als solches wurde es – anders als viele andere Wörter oder Syntagmen – mit der Vereinigung Deutschlands keineswegs stigmatisiert, sondern kann im Gegenteil heute als in ganz Deutschland gebräuchlich gelten.

Anders als Wörter oder Syntagmen, die Orthographie oder die Wortbildung sind die syntaktischen Strukturen innerhalb einer Sprache relativ fest gefügt. Zwar weist das Deutsche eine gewisse Variabilität in der Füllung eines Satzrahmens auf, denn die Anordnung Subjekt – Prädikat – Objekt muss nicht unbedingt eingehalten werden. Vielmehr kann auch das Objekt vorangestellt werden, wie die Sätze *Paul badete den Hund* versus *Den Hund badete Paul* deutlich machen. Der zweite Satz ist möglich und syntaktisch korrekt, selbst wenn er kaum den üblichen Sprech- oder Schreibgepflogenheiten entspricht. Gleichwohl bestehen im Deutschen insgesamt recht starke Restriktionen auf der Ebene des Satzbaus. Dass hier dennoch gerade in jüngster Zeit Veränderungen möglich sind, zeigt die Konjunktion *weil*. Diese leitet begründende Nebensätze des Typs *er kam zu spät, weil er den Bus verpasst hatte* oder *weil wir gerade in der Stadt sind, kaufen wir noch Brot* ein. Zwischen Haupt- und Nebensätzen besteht im Deutschen ein Unterschied darin, dass bei Hauptsätzen das flektierte Verb in Zweitstellung steht, in Nebensätzen aber stets am Ende (die sogenannte Verbendstellung). Verbzweitstellung bei Hauptsätzen und Verbendstellung bei Nebensätzen bedeutet nicht, dass die Verben tatsächlich immer an dieser absoluten Position stehen müssen. Nicht für die Satzstruktur relevante Angaben zu Zeit, Ort u. Ä. sowie Konjunktionen können diese Verbstellung scheinbar verschieben. Beispiele wären: *Er ging nach Hause, und er goss die Blumen,* wo es sich beim zweiten Satzteil nicht um einen Nebensatz, sondern einen weiteren Hauptsatz handelt, bei dem das finite Verb offenbar erst an dritter Stelle kommt. Die Verwendung der Konjunktion *weil* hat – wie erwähnt – einen Nebensatz zur Folge. Dem widersprechen aber die Formulierungen *weil das macht Sinn* und *weil ich habe dann,* die klar erkennbar Verbzweitstellung und somit einen Hauptsatz zeigen. Als Einleitung eines Hauptsatzes hat sich inzwischen die Verwendung von *weil,* gefolgt von einem Hauptsatz – zumindest in der gesprochenen Sprache – weitgehend durchgesetzt. Sie wird von vielen nicht mehr als falsch empfunden. Schriftsprachlich lassen sich bislang wenige Belege finden, sieht man einmal von der quasimündlichen Kommunikation in Internetforen, Chats, Mails etc. ab. Erkennbar wird hier ein noch immer bestehender Unterschied zwischen Sprechsprache und Schriftsprache. Allerdings ist mit der Voranstellung des Verbs nach *weil* inzwischen nicht nur eine bislang ungrammatische Satzstellung verbunden. Vielmehr werden auf diese Weise auch Satzverbindungen ermöglicht, die andernfalls komplizierter ausgedrückt werden müssten. Das Beispiel *Er hat am Wochenende wieder getrunken, weil sie sieht verweint aus* ist nicht zu interpretieren als 'Er hat am Wochenende getrunken, weil sie verweint aussieht'. Vielmehr wird durch dieses *weil* eine Folge ausgedrückt (Weil sie verweint aussieht, ist zu schließen, dass er am Wochenende getrunken hat). *Weil* hat damit eine neue Funktion übernommen. Ist diese Verwendung bislang weitgehend auf die gesprochene Sprache beschränkt, steht zu vermuten, dass die fortschreitende Usualisierung in der gesprochenen Sprache Auswirkungen auch auf die Schriftsprache hat und man in naher Zukunft schriftsprachliche Sätze des Typs *er kam zu spät, weil er hatte den Bus verpasst* finden kann, so dass *weil* dann auch Hauptsätze einleiten kann. Dass Derartiges möglich ist und vorkommt, belegen Veränderungen des Kasusgebrauches bei der Präposition *trotz.* Diese wurde ursprünglich von einem Dativ gefolgt, wie es heute noch das aus der Präposition und bestimmtem Artikel gebildete Adverb *trotzdem* zeigt. Die Verwendung mit einem Genitiv statt eines Dativs ist erst seit dem 18. Jahrhundert bezeugt und wird von den Wörterbüchern und Grammatiken dieser Zeit noch als falsch bezeichnet. So schreibt Heinrich Campe 1810 in seinem Wörterbuch: „Aus diesem Grunde muß … der dritte Fall stehen, und der zweite Fall ist unrichtig.“ Der Kasusgebrauch bei *trotz* ist aber bereits bei Schriftstellern wie Goethe, Lessing und Schiller schwankend. Sie benutzen beides. Heute hat sich der Genitiv weitgehend etabliert, auch wenn formal noch beides erlaubt ist.

Sprachveränderungen sind generell nicht prognostizierbar. Sie sind von vielen Faktoren abhängig, wobei sie heute durch die stark medial geprägte Welt schnellere Verbreitung finden können und damit deutlich bessere Chancen auf Durchsetzung haben. Gegenwärtig erkennbar ist eine Tendenz der raschen Aufnahme von Neuerungen. Dies wird möglich durch die modernen Massenmedien sowie eine Durchlässigkeit zwischen verschiedenen Gruppen- und Fachsprachen und einen hohen Grad an schriftlicher und gesprochener Kommunikation. Ob sich diese Neuerungen dann schließlich durchsetzen und zu Veränderungen in Orthographie, Wortschatz, Satzbau oder Bedeutungen führen, lässt sich im Vorwege nicht beantworten.

Wege und Umwege der deutschen Sprachgeschichte

V.

Die vorangegangenen Kapitel haben sich dem Wandel der Sprache, ihrer Entwicklung und einzelnen Phänomenen unter verschiedenen Gesichtspunkten genähert. Dabei zeigte sich, dass außersprachliche Faktoren wichtig für den Sprachwandel sind.

Geschichte und damit auch Sprachgeschichte verläuft nicht teleologisch, d. h. auf ein vordefiniertes Ziel ausgerichtet. Eine solche Zielgerichtetheit würde bedeuten, dass zu irgendeinem Zeitpunkt dieses Ziel erreicht wäre und dann kein Sprachwandel mehr stattfände. Dies ist offensichtlich nicht der Fall.

Generell gilt, dass sprachlicher Wandel keine Einbahnstraße ist. Unter anderem beinhaltet Sprachwandel auch Wandel im Wortschatz. Einzelne Wörter fallen aus verschiedenen Gründen irgendwann aus dem allgemeinen Sprachgebrauch, werden seltener, nur in bestimmten Kontexten benutzt. Sie werden allmählich archaisch (wie *Odem* für *Atem*). Dadurch eignen sie sich zum Teil auch für poetische Verwendung. Dieser Prozess kann so weit gehen, dass das Wort gänzlich aus dem Wortschatz schwindet. Die Entwicklung kann jedoch auch in entgegengesetzter Richtung verlaufen, wie das folgende Beispiel zeigt: Das Wort *tarnen* und die davon gebildeten Komposita wie *Tarnkappenbomber* und Ableitungen wie *Tarnung* sind geläufige Bestandteile der gegenwärtigen deutschen Sprache, wie eine Suche mit einer Internetsuchmaschine belegt. Allein für das Verb *tarnen* wurden 1,3 Millionen deutschsprachige Einträge bzw. Internetseiten gefunden. Derartige Blindsuchen sagen zwar nichts über die Verwendung des betreffenden Wortes auf den Seiten aus, können aber zumindest einen ersten groben Befund über die Gebräuchlichkeit eines Wortes liefern. Bei *tarnen* handelt sich um ein altes Wort, denn bereits im Althochdeutschen ist *tarnen, ternen* in der Bedeutung 'zudecken, verbergen, unsichtbar machen, verhüllen' belegt. Auch das älteste Niederdeutsche, das Altsächsische hat ein entsprechendes Verb *(bi)dernian* in vergleichbarer Bedeutung. In mittelhochdeutscher Zeit verschwindet das Wort jedoch vollständig aus dem Wortschatz. Selbst das „Deutsche Wörterbuch" von Jacob und Wilhelm Grimm, das sich um eine umfassende Aufnahme auch seltener Wörter wie *trappfarben, tabor* oder *taiber* bemüht, weist in dem 1890 verfassten Teil des Bandes *T – Treftig* keinen Eintrag *tarnen* auf. Erst im 20. Jahrhundert wird das Wort, nun als deutsche Entsprechung von französisch *camoufler* 'tarnen, verkleiden' im militärischen Bereich und im Umfeld des 1. Weltkrieges wiederbelebt (wohl auch unter Einfluss des seit dem 18. Jahrhundert wieder gebräuchlichen Wortes *Tarnkappe,* das ebenfalls bereits älter ist, aber wie *tarnen* aus dem Wortschatz schwand).

Entwicklungen können sich zu einem Zeitpunkt wieder umkehren. Auch hierfür lassen sich in der deutschen Sprache eine Reihe von Beispielen finden. Das prominenteste dürften die Wörter *fliegen* und *fliehen* sein. Trotz ihrer lautlichen Ähnlichkeit sind sie nicht miteinander verwandt. Während *fliegen* bereits seit der ältesten deutschen Überlieferung 'sich in der Luft (mit Hilfe von Flugorganen) bewegen' und davon abgeleitet dann auch 'sich schnell bewegen, ereignen' bedeutet, ist für *fliehen* von 'meiden, flüchten', dann auch 'vergehen, verschwinden' (*die Zeit flieht*) auszugehen. Die Präsensformen für *fliegen* lauten bis in das 19. Jahrhundert hinein *du fleugst, er fleugt,* die für *fliehen* hingegen *du fleuchst, er fleucht.* Eventuell bedingt durch die starke Ähnlichkeit der Lautgestalt der beiden Verben kam es bereits seit älteren Zeiten zu einer stärkeren Vermischung beider, die im 15. und 16. Jahrhundert einen Höhepunkt hatte. So konnte zum Beispiel 1611 ein Autor schreiben: *die gebratene taub würde jhm ins maul fliehen,* oder 1585 ein anderer Autor *dieser könig ... ward ... auß seinem reich gejagt, vnd ... ist zu seinen feinden den Römern geflogen.* Weder floh die Taube in den Mund, sondern *flog,* noch benutzte der König ein Flugzeug oder anderes Fluggerät, sondern er *floh.* Die Sprachwissenschaft nennt ein solches Phänomen einen partiellen Wortzusammenfall. Seit dem 17. Jahrhundert setzt dann eine gegenläufige Bewegung ein und die Autoren bemühen sich zunehmend konsequenter, die beiden Wörter wieder auseinanderzuhalten. Das war von Erfolg gekrönt, denn für heutige Sprecher des Deutschen handelt es sich hier eindeutig um zwei Wörter. Reste dieses teilweisen Zusammenfalls existieren noch heute, denn die Wendung *alles, was kreucht und fleucht* meint nicht 'alles, was kriecht und flieht', sondern 'alles, was kriecht und fliegt'. Benutzt wird allerdings die Präsensform für das Verb *fliehen.*

Neben dem Wortzusammenfall gibt es im Deutschen auch die gegenläufige Erscheinung, die der Wortspaltung nämlich. Das vielleicht bekannteste Beispiel soll hier angeführt werden. Die Wörter *dann* und *denn* waren ursprünglich nur Varianten ein und desselben Wortes. Das *-e-* in *denn* beruht auf einer umgelauteten Variante von *dann.* Beide konnten unterschiedslos verwendet werden. Seit dem 18. Jahrhundert setzt eine allmähliche Spaltung ein. *Dann* bezeichnet eine Aufeinanderfolge (*erst ein Hund, dann eine Katze, dann auch noch ein Meerschweinchen*) oder eine Bedingung (*wenn er seine Hausaufgaben gemacht hat, dann bekommt er ein Eis*). *Denn* wird hauptsächlich zur Einleitung von Begründungen (*er muss gehen, denn sein Zug fährt gleich*) oder zur Intensivierung (*hast du denn überhaupt Hunger?*) verwendet. Heute liegen deutlich zwei Wörter vor. Diese Wortspaltung haben die Dialekte allerdings nicht in der Konsequenz mitgemacht, denn im Ostmitteldeutschen und dem Norden wird nahezu ausschließlich *denn* verwendet; Sätze wie *erst ein Hund, denn eine Katze, denn auch noch ein Meerschweinchen* stoßen zumindest sprechsprachlich nicht auf Verwunderung.

Anders als die eben beschriebenen semantischen Wandelerscheinungen, die in einer Wiederbelebung eines Wortes, einem Wortzusammenfall oder einer Wortspaltung resultieren können, aber nicht müssen, sind lautliche Wandelprozesse stets von einer begrenzten Dauer. Ihre Produktivität endet irgendwann. Es kommt jedoch vor, dass der gleiche Lautwandel zu unterschiedlichen Zeiten auftritt. Auch hier bietet die Gegenwartssprache ein erhellendes Beispiel. Gelegentlich hört man bei der Aussprache von Wörtern wie *Massaker* oder *Cassette* ein weiches, stimmhaftes *-s-* (wie in *singen, sauber, Hose* etc.). Dieses weiche *-s-* beruht auf einem Lautwandel, der viele Jahrhunderte zuvor schon einmal stattfand. Ein ursprünglich stimmloses *-s-* konnte dann stimmhaft werden, wenn der Hauptakzent des Wortes hinter diesem *-s-* lag. In letzter Konsequenz wandelte sich das stimmhafte *-s-* zu einem *-r-*. Lag der Hauptakzent vor dem alten *-s-*, blieb es (stimmlos) erhalten. An den Wörtern *frieren* und *Frost* kann dieses Wandelphänomen festgemacht werden. *Frost* behielt das alte *-s-*, bei *frieren* trat erst ein stimmhaftes *-s-* und dann der Wandel zu *-r-* ein. Das Englische hingegen zeigt mit *freeze* (aufgrund anderer Akzentverhältnisse) das alte *-s-*. Da sich im Deutschen wie in den anderen germanischen Sprachen früh die Erstsilbenbetonung durchsetzte, sind die alten Akzentverhältnisse nicht mehr erkennbar. Mit der Aufnahme von Lehnwörtern, die wie *Massaker* oder *Cassette* nicht auf der ersten, sondern gemäß ihrer Gebersprache (dem Französischen) auf der zweiten Silbe betont werden, gelangen nun wieder Wörter in das Deutsche, bei denen ein solcher Lautwandel möglich wäre. Und in der Tat findet teilweise zumindest die Erweichung des stimmlosen *-s-* statt. Der letztliche Wandel zu einem *-r-* hingegen dürfte in naher Zukunft kaum noch vollzogen werden, da sowohl Orthographieregeln (es wäre ja auch die Schreibung betroffen) wie stabilisierender Einfluss der Sprechergemeinschaft dieses verhindern werden. Zudem ist die Betonungsverlagerung zum Beispiel bei *Massaker* zu beobachten, die dem beschriebenen Lautwandel zuwiderläuft. Das Wort wird inzwischen häufig auch auf der ersten Silbe betont.

Entstammten die bislang angeführten Beispiele und Wandelphänomene der deutschen Sprache – sind also real –, sollen zur Illustrierung der Zufälligkeit und Nichtprognostizierbarkeit der Sprachentwicklung im Weiteren drei fiktive Szenarien kurz umrissen werden, die – wären sie eingetreten – weitreichende Konsequenzen für die gesamte deutsche Sprache gehabt hätten.

Während des Mittelalters etablierte sich eine Vereinigung von Kaufleuten verschiedener norddeutscher Städte, die unter der Bezeichnung *Hanse* den Handel mit anderen europäischen Städten vorantrieben. Hansekontore entstanden unter anderem im norwegischen Bergen, im russischen Nowgorod oder im heute estnischen Tallinn (früher Reval). Norddeutsche Städte wie Lübeck, Rostock, Bremen oder Hamburg blühten auf, da der von der Hanse forcierte Fernhandel große Geldmengen, Luxusgüter, aber auch Waren des täglichen Bedarfs in die Städte brachte. Zeitweise gehörten mehr als 70 Städte der Hanse an, darunter auch zunehmend im Binnenland gelegene Städte wie Braunschweig oder Coesfeld. Gegenüber den alten, an den Meeren gelegenen Hansestädten erlangten sie zwar nicht die gleiche Bedeutung, waren aber im Hanseverbund eingeschlossen. Entscheidend ist für das Szenario, dass die übliche Sprache innerhalb der Hanse nicht das Hochdeutsche, sondern das Niederdeutsche war. Zwar kann keineswegs – wie früher in der Forschung noch üblich – von einer einheitlichen Hansesprache ausgegangen werden. Gleichwohl ist das Verbindende die mittelniederdeutsche Sprache. Diese wurde im Übrigen nicht nur im deutschen Raum gesprochen, sondern war auch in den anderen europäischen Hansestädten mindestens im Umgang mit den Hansekontoren eine Verkehrssprache. Seit dem 15. Jahrhundert begann der Einfluss der Hanse allmählich zu schwinden, bedingt unter anderem durch die Entdeckung Amerikas und den stärkeren Machteinfluss der landesherrlichen Gewalten vor allem im Ostseeraum. Was aber wäre passiert, wäre die Hanse nicht allmählich bedeutungslos geworden bzw. hätte sie ihre Bedeutung noch ausgebaut? In diesem Falle wäre das Niederdeutsche wohl keineswegs als Dialekt auf den Norden beschränkt und seit dem 17. Jahrhundert nach und nach durch das Hochdeutsche ersetzt worden. In der Folge wird das Niederdeutsche in vielen Bereichen heute nicht mehr gesprochen bzw. ist auf den heimischen Bereich vor allem in der Kommunikation älterer Leute beschränkt. Neuerdings wird Niederdeutsch zwar als (Wahl-)Schulfach in niedersächsischen und Hamburger Grundschulen angeboten, um den Schülern erste Kenntnisse zu vermitteln. Zu einer wirklich gesprochenen Sprache wird das Niederdeutsche jedoch kaum wieder werden. Wäre die Hanse aber länger dominierend geblieben oder hätte sie gar ihren Einfluss noch weiter auf das südlichere Binnenland ausgedehnt, so wäre Niederdeutsch heute möglicherweise eine mehr oder weniger verbreitete Schriftsprache. Wahrscheinlicher wäre zumindest das heutige Hochdeutsch erheblich stärker mit niederdeutschen Anteilen durchsetzt als es das de facto ist. Neben typisch norddeutschen Wörtern für Objekte, die nur an der Küste vorkommen wie *Robbe, Ebbe* oder *Matjes,* der streng genommen niederländisch ist und auf *maeghdekens haerinck* (mittelniederdeutsch bereits *mêdekens hêring*) zurückgeht (wobei *maeghdekens/mêdekens* das mittelniederdeutsche bzw. niederländische Wort für *Mädchen* ist, der *Matjes* also den noch nicht ausgewachsenen Hering bezeichnet), haben nur wenige niederdeutsche Wörter oder Varianten ihren Einzug in die Standardsprache gefunden. Die bekanntesten dürften die Wörter *Süden* und *südlich* sein. Die reguläre hochdeutsche Form wäre *Sund.* Beide Varianten gehen auf eine germanische Form **sunþ* zurück, dessen *-þ-* (ein stimmloser Reibelaut wie in englisch *south*) sowohl im Niederdeutschen wie Hochdeutschen regelmäßig zu *-d-* wurde. Zuvor aber fand im Niederdeutschen wie im Englischen (und im späteren Niederländischen) ein Lautwandel statt, bei dem ein *-n-* schwand, das vor einem Reibelaut wie *-s-, -f-* oder eben *-þ-* stand (und dabei den vorausgehenden Vokal zu einem Langvokal dehnte). Aus diesem Grund heißt es hochdeutsch *fünf* und englisch *five,* hochdeutsch *Gans,* niederdeutsch und englisch hingegen *gôs* bzw. *goose.* Die Variante *Süd* ist also erkennbar eine niederdeutsche Form, gilt heute aber im gesamten (hochdeutschen) Sprachgebiet.

Auch das zweite Szenario betrifft das Niederdeutsche. Die im Mittelalter größte deutsche Stadt Köln liegt im ripuarischen Sprachgebiet. Das Ripuarische ist ein dem Niederdeutschen ähnlicher mitteldeutscher Dialekt. Vor allem aus der Tatsache, dass Köln neben seiner bedeutenden Stellung als Handelszentrum der Sitz eines Erzbistums war – das Heilige Römische Reich (nur zum Teil identisch mit dem heutigen Gebiet Deutschlands) verfügte um 1500 gerade einmal über 10 Erzbistümer, denen dementsprechend ausgedehnte Territorien zu- oder vielmehr untergeordnet waren –, resultiert der große Einfluss Kölns im Mittelalter. Die Schreibsprache des Klerus war natürlich lange das Lateinische, gesprochen wurde Ripuarisch. Mit dem allmählichen Einzug der Volkssprache auch in den Schriftverkehr fand das Ripuarische eine gewisse schriftsprachliche Verbreitung. Angesichts der Zugehörigkeit von zum Beispiel Gebieten bis Osnabrück hätte dadurch das Niederdeutsche – ähnlich wie bei dem oben genannten Beispiel der Hanse – in ausgedehnten Räumen nachhaltig gestützt werden können. Das passierte jedoch nicht, weil die Kölner Kanzleien zur hochdeutschen Sprache übergingen. Damit aber erfuhr das Hochdeutsche gegenüber dem Niederdeutschen eine erhebliche Stärkung. Den renommierten deutschen Sprachforscher Werner Besch veranlasste diese Entwicklung zu einer im streng wissenschaftlichen Kontext eher ungewöhnlichen Äußerung: „sein Anschluß an die nhd. Schriftsprache ist … vielleicht das erstaunlichste Faktum in der jüngeren Sprachgeschichte. Erstaunlich deshalb, weil der Anschluß an den niederländischen Typ der Schriftsprache von der Schreibtradition und Mundart her mindestens genauso organisch, wenn nicht organischer gewesen wäre."

Das dritte fiktive Beispiel hätte, wenn es nicht fiktiv geblieben, sondern eingetreten wäre, außerordentliche Konsequenzen nicht nur für das Deutsche gehabt. In den vergangenen Jahrhunderten wanderten Zigtausende Deutscher auf den neuen Kontinent Amerika aus, um dort bessere Lebenschancen zu haben. Ihre Sprache brachten sie mit, und gern schlossen sie sich zu größeren „Kolonien" zusammen. Das Texasdeutsch und Pennsylvaniadeutsch zeugen noch heute davon. Was aber wäre gewesen, wenn entweder noch mehr Deutsche ausgewandert wären oder sie stärkeren Einfluss gewonnen hätten? Bis heute besitzen die USA keine behördlich festgelegte Amtssprache. Es hätte aber bei einer entsprechenden Konstellation das Deutsche werden können (Aussagen, dass es eine Abstimmung gab, in der über Englisch oder Deutsch als Amtssprache entschieden wurde, sind in den Bereich der Legende zu verweisen). Zumindest den Status als dominierende Verkehrssprache hätte das Deutsche möglicherweise erlangen können. Das wiederum hätte starke Auswirkungen hinsichtlich der Stellung des Deutschen in der Sprachengemeinschaft gehabt. Vor allem seit den 50er Jahren des 20. Jahrhunderts mit dem Sieg über das nationalsozialistische Deutschland im Zweiten Weltkrieg, aber auch zunehmend der wirtschaftlichen Dominanz, den kulturellen Einflüssen, Erfindungen und technischen Neuerungen etc. integrieren Deutschland, aber auch andere Länder viele englische (oder genauer amerikanische) Wörter. Englisch (und das englisch basierte Amerikanisch) ist heute die *lingua franca* der Welt. Das wäre mit deutsch sprechenden Vereinigten Staaten von Amerika sicherlich nicht der Fall. Überspitzt gesagt, wären derzeit häufiger zu hörende Klagen über die Anglisierung des Deutschen, *Denglisch* usw. hinfällig, da der unbestrittene politische, kulturelle und technische Einfluss der USA keine Anglizismen, sondern – hier gar nicht bemerkte – „Teutonismen" zur Folge gehabt hätte.

Diese Ausflüge in einige fiktive Szenarien aus der näheren Umgebung der realen Sprachgeschichte zeigen, dass der Verlauf der Entwicklung der deutschen Sprache von den ältesten Zeugnissen hin zu einer Verkehrssprache, die breiten kommunikativen Anforderungen genügt, von zahlreichen „Wenns", d.h. Zufälligkeiten abhängig war. Außersprachliche Faktoren wie politische, finanzielle oder religiöse Macht sind maßgeblich und hätten ganz andere sprachliche Konsequenzen nach sich ziehen können.

Es mag der Eindruck entstehen, nach einer durch große Vielfalt und große Normentoleranz geprägten Vergangenheit mit einem gewissen „Wildwuchs" wäre mit der Schaffung einer verbindlichen Norm zu Beginn des 20. Jahrhunderts endgültig eine variationsfreie und einheitliche deutsche Sprache entstanden. Doch dieser Eindruck ist falsch. So haben sich bis heute bestimmte regionale Besonderheiten gehalten. Die Benutzung der Hilfsverben *haben* oder *sein* bei zum Beispiel *ich habe gesessen* oder *ich bin gesessen* mag zwar standardsprachlich zugunsten von *ich habe gesessen* normiert sein, dennoch ist süddeutsch *ich bin gesessen* keineswegs nur dialektal bzw. umgangssprachlich, sondern die Regel.

Wege und Umwege begegnen bei der Betrachtung des Deutschen allenthalben. Es ist nicht alles so einfach und so klar, wie es grundsätzliche Aussagen über die „Sprache als System" suggerieren. Irreführend ist im Grunde auch die Rede von sprachlichen Regularitäten oder „Lautgesetzen". Denn auch wenn viele Sprachwandelprozesse sich im Nachhinein in systematischen Übersichten darstellen lassen, sind die jeweils aktuellen Wandelprozesse vielfach doch durch ein Hin und Her gekennzeichnet. Einige weitere Beispiele (vor allem aus dem gegenwärtigen Deutschen) können dies belegen und die Wichtigkeit nichtsprachlicher Einflüsse hervorheben. Ein von klugen Werbetextern entworfener Slogan *Da werden Sie geholfen,* der eklatant gegen die Regeln der deutschen Sprache verstößt, ist nicht nur sehr bekannt, sondern wird inzwischen aus dem Werbekontext gelöst. Sprachspielerische, ironische Sprachverwendung ist häufig genug Impuls für Neuerungen in einer Sprache. Ob sich diese durchsetzen, hängt von der Aufnahme und Weiterverbreitung in der Sprachgemeinschaft ab.

So wie Kleidung nicht allein dazu dient, den Körper vor Witterungseinflüssen zu schützen, sondern daneben die in vielen Fällen vermutlich wichtigere Funktion des sozialen Signals übernimmt, verfügt auch die Sprache über eine sozialsymbolische Funktion. Durch die Wahl unserer Kleidung können wir sehr gut eine äußerliche Zuordnung zu einer bestimmten sozialen Gruppe, zu bestimmten Strömungen und Positionen vornehmen. Umgekehrt ordnen wir unwillkürlich ein unbekanntes Gegenüber anhand seiner Kleidung bestimmten Kriterien zu, entwickeln wir eine Vorstellung davon, ob jemand eher reich oder arm, eher modern oder unmodern, eher gepflegt oder ungepflegt, eher angepasst oder weniger konform ist usw. In den 60er Jahren des 20. Jahrhunderts fand der amerikanische Sprachwissenschaftler William Labov heraus, dass die Sprecher sich in der alltäglichen Kommunikation an bestimmten Vorbildern orientieren und ihre eigene Sprache dabei unter Umständen so stark an der als Vorbild empfundenen Sprache ausrichten, dass sie dieses sogar übertreffen. Für viele gilt gegenwärtig die Sprache in den öffentlich-rechtlichen Medien, insbesondere in der „Tagesschau" als besonders vorbildlich. Doch auch populäre Künstler oder Politiker können als Vorbilder die Sprache prägen. So hat beispielsweise der äußerst beliebte erste deutsche Bundespräsident Theodor Heuss, dem seine schwäbische Herkunft deutlich anzuhören war, mit seinen Reden und seinen öffentlichen Auftritten dazu beigetragen, dass mit der schwäbischen Einfärbung der hochdeutschen Standardsprache positive Assoziationen verbunden wurden. Von der charakteristischen norddeutschen Sprachform des ehemaligen Bundeskanzlers Helmut Schmidt, der als gebürtiger Hamburger zumindest zeitweise sehr prononciert die *s*-Aussprache vor *p* und *t* vertrat (*Ein S-tudent in S-tulpens-tiefeln s-tolpert über'n s-pitzen S-tein* ...), kann man annehmen, dass sie sich möglicherweise weiter verbreitet hätte, wenn Schmidts Kanzlerschaft nicht bereits 1982 zu Ende gegangen wäre. Nach seiner Abwahl ging seine Medienpräsenz deutlich zurück. Die von Schmidt als einem sehr angesehenen Politiker regelmäßig in politischen Reden und Interviews öffentlich verbreitete norddeutsche Sprechweise hatte mit seinem Ausscheiden aus der aktuellen Tagespolitik einen wichtigen Multiplikator verloren.

Prestige und Anerkennung in einem Bereich spielen eine wichtige Rolle bei sprachlichen Phänomenen. Dass dies nicht erst in der Gegenwart wichtig geworden ist, zeigen einige Lehnwörter im Deutschen. So wurde *Robe* in der Bedeutung '(langes) Frauenoberkleid; Amtstracht; festliche Kleidung' im 16. Jahrhundert aus dem Französischen in das Deutsche entlehnt. Das französische *robe* stammt allerdings seinerseits aus dem älteren Deutschen. Das Wort *Raub,* althochdeutsch *roub* 'Beute, Raub' gelangte als altes Lehnwort in das Lateinische und Romanische, wurde dort lautlich angepasst und veränderte sich von 'Beute' über 'bewegliche, bei sich befindliche Habe' allmählich zum französischen Wort für 'Kleidung'. Von hier aus nahm es seinen Rückweg in das Deutsche. Ähnlich verhält es sich mit den Wörtern *Loge, Loggia* und *Lodge.* Das englische *lodge* 'Gästehaus, Hotel (vor allem in Naturreservaten)' geht auf das altfranzösische *loge* 'Unterkunft in der Natur; Jagdhütte; Vorhalle (einer Burg); überdachte Tribüne' zurück. Italienisch *loggia* 'überdachter Balkon, Bogenhalle' hat hier wohl ebenfalls seinen Ursprung. Altfranzösisch *loge* ist nun aber wiederum aus dem Deutschen in das Romanische entlehnt worden. Ausgangspunkt ist nämlich die *Laube,* althochdeutsch *louba* 'Hütte, Vorbau, Schutzdach'. Dieses *louba* wurde den französischen Lautverhältnissen angeglichen, so dass *Loge* entstand. Jeweils aus dem Französischen, Italienischen und Englischen wanderten die Wörter dann wieder in das Deutsche zurück, so dass es nun neben der *Laube* für das 'Gartenhäuschen' mit der *Loge* über ein 'Separée im Theater', der *Loggia* über 'einen in das Gebäude eingelassenen überdachten und nach vorn offenen Balkon' und schließlich mit der *Lodge* über eine 'Übernachtungsmöglichkeit für Reisende in Reservaten' verfügt. Anders als die *Laube* dienen die drei (rück-)entlehnten Wörter eher gehobenen Ansprüchen, sind prestigeträchtiger.

Auch ein „augenzwinkerndes“ Anerkennen kultureller Besonderheiten, von Mentalitäten etc., die nicht auf der Sprache als solcher beruhen, führt zu einem interessanten Austausch. Sprichwörtlich sind inzwischen die im Englischen integrierten Lehnwörter *Kindergarten* und *Rucksack,* gesprochen als *raksäk.* Selbst das Französische, das als äußerst konservativ gilt, was die Übernahme von Wörtern aus anderen Sprachen anlangt, hat *le Waldsterben,* wenn auch ironisch und auf die deutsche Befindlichkeit anspielend, in seinen Wortschatz aufgenommen. Etwas positiver ist da schon *le leitmotiv,* das neben das französische *motif principale* getreten ist. Den weiten Geltungsbereich von Sprache und kulturellen Eigenheiten in diesem Zusammenhang mögen einige „Exporte“ deutscher Wörter verdeutlichen. So wurde das Verb *schleppen* ‘viel, schwer tragen’ mit gleicher Bedeutung als *to shlep, to schlep* in das Englische und vor allem Amerikanische entlehnt. Auch *kaffeeklatsching* findet sich im Englischen. Der *Schlagbaum* wurde genauso in das Russische übernommen. Das *Butterbrot* gehört zum russischen Wortschatz, meint hier aber keineswegs eine mit Butter bestrichene Stulle, sondern ein mit Käse, Wurst etc. belegtes Brot. Der finnische *vahtimestari* hat anders als der deutsche *Wachtmeister* eher die Funktion eines Hausmeisters und Portiers. Das französische *karchériser* ‘kräftig reinigen’ entstammt der deutschen Firmenbezeichnung *Kärcher,* die Hochdruckreiniger herstellt. In der Wendung *nettoyer quelque chose au karcher* bekommt es übertragene Bedeutung, da hier ‘rigorose Maßnahmen einleiten; mit eisernem Besen kehren’ gemeint ist. In der französischsprachigen Schweiz wird offenbar seit den 80er Jahren des 20. Jahrhunderts das Verb *schubladiser* populärer, um auszudrücken, dass etwas auf die lange Bank geschoben wird oder auch gänzlich unter den Tisch fällt.

Dass sich Menschen für die „Muttersprache“ interessieren und ihr große Aufmerksamkeit widmen, ist nicht neu. Das zeigen die Sprachgesellschaften des 17. Jahrhunderts wie die noch existierende „Gesellschaft für deutsche Sprache". Waren das allerdings lange Zeit Zirkel, in denen sich vornehmlich einige wenige Gelehrte bewegten, so hat sich dies inzwischen stark gewandelt. Die Alphabetisierung, die Teilhabe an Medien, der selbstverständliche Umgang mit Sprache und besonders Schrift, die durch Kommunikationsformen wie Telefon, Fernsehen und vor allem Internet ausgelöste breite Beteiligung an der Sprache bewirken eine intensive Auseinandersetzung mit dem primären Verständigungsmittel der Menschen – ihrer Sprache.

Kaum jemand hätte noch vor wenigen Jahren damit gerechnet, dass Bücher über die deutsche Sprache Rekordauflagen erzielen könnten oder dass sich gar mit unterhaltenden Bühnenprogrammen zur deutschen Grammatik und zum vermeintlich fehlerhaften Sprachgebrauch ganze Hallen füllen ließen. Die breite Publikumswirkung in Sachen Sprachkritik ist verbunden mit dem Namen Bastian Sick. Anders als die meisten seiner Vorgänger, die seit Jahrhunderten öffentlich den Verfall der Sprachkultur beklagen, hat Sick mit seinen Sprachglossen wirklich viele Zeitgenossen erreicht. Das ist bemerkenswert und liegt vermutlich vor allen Dingen an der für viele Leser kurzweiligen Form, in der der Autor seine Sprachkritik vorbringt. Genauso bemerkenswert ist jedoch die Tatsache, dass auch größtmögliches öffentliches Interesse für sprachkritische Betrachtungen nicht den sprachlichen Wandel aufzuhalten vermag, der in den „Zwiebelfisch"-Kolumnen (Spiegel online) und in den Büchern Sicks als sprachlicher Verfall gebrandmarkt wird. Diese Beobachtung aus der jüngsten Vergangenheit macht deutlich, dass Sprachwandel sich kaum lenken lässt. Zwar vollziehen sich die meisten Sprachwandelprozesse, ohne dass sie jemandem bewusst werden. Doch auch wenn sie durch öffentlichkeitswirksame Sprachkritik auf die Ebene des Bewusstseins gehoben werden, ändert das nichts an ihrem Verlauf. Sprachwandel ist, so hat der deutsche Linguistik Rudi Keller in Anlehnung an die Terminologie der wirtschaftswissenschaftlichen Arbeiten von Adam Smith (1723–1790) gezeigt, sehr überzeugend als ein „Phänomen der dritten Art" zu beschreiben – zwar vom Menschen verursacht (und daher nicht „natürlich" wie etwa der Gezeitenwechsel o. Ä.), aber nicht absichtlich (und daher nicht „intentional" wie etwa das Öffnen eines Fensters). Die Kraft der sogenannten „unsichtbaren Hand" (*invisible hand*) bewirkt bei diesen Phänomenen der dritten Art, dass sie – wie etwa die Entstehung eines Verkehrsstaus oder eines Trampelpfades – zwar als Folgen menschlichen Handels, aber nicht als geplante und absichtsvolle Handlung ablaufen.

Immer wieder tun sich neue Möglichkeiten auf, zeigen sich Wege, die die sprachliche Entwicklung nehmen kann. Ob es tatsächlich dazu kommt, hängt von vielen Unwägbarkeiten ab und ist deshalb kaum vorherzusehen. Im Zusammenhang mit der Fußballweltmeisterschaft 2006 zum Beispiel kam das *Final* (sprich [*fainəl*]) im Deutschen als ein neues Wort in Gebrauch. Es trat an die Stelle des Wortes *Endspiel*. Inzwischen ist *Final* zumindest im Bezug auf große internationale Turniere im Deutschen weitgehend etabliert. Ob die sprachliche Entwicklung bei *Gänsehaut, Gänsehautfeeling* oder *Gänsehaut pur,* einem Neologismus aus dem Umfeld der Berichterstattung zu den Olympischen Spielen 2012, ähnlich verlaufen wird, ist ungewiss. Interessant ist, dass nun nicht mehr negative Emotionen oder Kälte die Gänsehaut auslösen, sondern sie als positive Erfahrung wahrgenommen wird. Ganz neu ist auch die Bildung *katastrophisch* in der Begründung des Verfassungsgerichtsurteils zum Einsatz von Bundeswehr-Einheiten im Inland vom

August 2012. Immerhin zeigen Beispiele wie *public viewing*, dass die Wege zur Integrierung sehr kurz sein können und manchmal ein bis zwei Jahre ausreichen, wobei Marketing und Publizität enorm befördernd wirken können.

Für ein weiteres aktuelles Phänomen, das in der öffentlichen Auseinandersetzung über die deutsche Sprache immer wieder thematisiert wird, kann dieses Buch als Beispiel dienen. Es geht dabei um geschlechtsspezifische Sprache und speziell um die Frage, ob ein sogenanntes „generisches Maskulinum" akzeptabel ist. Damit ist gemeint, dass zum Beispiel bei einem Wort wie *Leser* oder *Sprecher*, formal handelt es sich dabei um Maskulina, durchaus auch weibliche Personen mit eingeschlossen sind. Erst wenn es nicht mehr um eine geschlechtsneutrale Bezeichnung geht, wird auf der Ebene der Wortbildung durch das Suffix *-in* eine feminine Form gebildet. Der sprachwissenschaftliche Terminus hierfür ist „Movierung". Neben den Formulierungen *Sprecherinnen und Sprecher* finden sich Konstruktionen wie *Sprecher/innen*, *SprecherInnen* und neuerdings auch *Sprecher_innen*. Während Letztere möglicherweise „Eintagsfliegen" sind oder dezidiert feministische Positionen zum Ausdruck bringen, hat sich der Typ *Sprecherinnen und Sprecher* mittlerweile im Bereich der öffentlichen Verwaltung etabliert. In allgemeineren Sachbüchern dagegen ist das generische Maskulinum nach wie vor üblich.

Trotz ihrer notwendigen Stabilität, die sie benötigt, damit die Menschen miteinander kommunizieren können, besitzt die deutsche Sprache gleichzeitig ein hohes Maß an Wandelbarkeit. Da diese Veränderungen nicht vorhersagbar sind, bleibt die Beschäftigung mit der Sprache höchst reizvoll.

Weiterführende Literatur zu den einzelnen Abschnitten

Die hier zusammengestellten Literaturhinweise dienen als Nachweis für Darstellungen, die herangezogen wurden. Sie sind zugleich als Hinweis auf empfehlenswerte weiterführende Literatur zu lesen. Die Kurztitel werden im Literaturverzeichnis (S. 261ff.) aufgelöst

I. Die deutsche Sprache in Raum und Zeit

1. Deutsch – was ist das eigentlich?
Brockhaus Wahrig: Deutsches Wörterbuch (1 Bd.).
Unesco, Jahr der Sprachen 2008.
Sonderegger: Althochdeutsche Sprache und Literatur.

2. Wie teilt man die deutsche Sprachgeschiche ein?
Borst: Alltagsleben.
de Boor, Wisniewski: Mittelhochdeutsche Grammatik.
Deutsche Lyrik von den Anfängen bis zur Gegenwart.
Kluge: Etymologisches Wörterbuch.
Lexer: Mittelhochdeutsches Taschenwörterbuch.
Müller: Quellenschriften.
Sanders: Sachsensprache.
Schmidt: Geschichte der deutschen Sprache.
Sonderegger: Althochdeutsche Sprache und Literatur.

3. Wo wurde und wird Deutsch gesprochen?
Bickel, Landolt: Duden Schweizerhochdeutsch.
Born, Dickgießer: Deutschsprachige Minderheiten.
Keller: Die deutsche Sprache.
Zürrer: Sprachinseldialekte.

4. Latein, Jiddisch, Englisch: Wie beeinflussen andere Sprachen das Deutsche?

Eisenberg: Das Fremdwort.
Kluge: Etymologisches Wörterbuch.
von Polenz: Sprachgeschichte.
Tschirch: Sprachgeschichte.

II. Der Wandel der deutschen Sprache und ihrer Formen

1. Sprache ändert sich: mal schneller, mal langsamer, mal gar nicht Warum?

Bach: Geschichte der deutschen Sprache.
Bynon: Historische Linguistik.
Keller: Sprachwandel.
Nübling u. a.: Historische Sprachwissenschaft.

2. Vom *apful* zum *Apfel*: Der Wandel von Lauten und Formen

Schmidt: Geschichte der deutschen Sprache.
Speyer: Deutsche Sprachgeschichte.

3. Schreib, wie du sprichst, aber sprich nicht wie gedruckt

Müller: „Schreibe, wie du sprichst!"
Schrift und Schriftlichkeit.

4. Lange Sätze gab's auch schon im Mittelalter: Eigenheiten des deutschen Satzbaus

Admoni: Historische Syntax.
Betten: Grundzüge der Prosasyntax.
Fleischer, Schallert: Historische Syntax.
Spiel mit Worten.

5. Weder Schall noch Rauch: Namen als wesentlicher Teil der Sprachgeschichte

Deutsches Ortsnamenbuch.
Duden Familiennamen.
Kohlheim: Lexikon der Vornamen.
Kunze: dtv-Atlas Namenkunde.

III. Die wichtigsten Faktoren der Sprachentwicklung

1. Der Glaube versetzt Berge: Wie formt die Kirche die Sprache?

Klausmann, Kunze, Schrambke: Kleiner Dialektatlas.
Kluge: Von Luther bis Lessing.
Kluge: Etymologisches Wörterbuch.
Moser: Sprache und Religion.
Schmidt: Geschichte der deutschen Sprache.
Schröder: Die Bugenhagenbibel.
Schulz: Beschwörungen im Mittelalter.
Sprache und Konfession.

2. Fürstenlob und Wahlpropaganda: Wie beeinflussen Politik und Gesellschaft die Sprache?

Bork: Mißbrauch der Sprache.
Ehlich: Sprache im Faschismus.
Hellmann: Wörter und Wortgebrauch.
Klemperer: LTI.
Maas: Als der Geist.
von Polenz: Deutsche Sprachgeschichte.
Schmitz-Berning: Vokabular.
Sprachgeschichte.
Sternberger: Wörterbuch.

3. Deutsch macht Schule oder macht Schule Deutsch?

Besch, Wolf: Geschichte der deutschen Sprache.
Bruchhäuser: Kaufmannsbildung.
Elspaß: Sprachgeschichte von unten.
Götz: Anfänge der Grammatikschreibung.
Kintzinger: Wissen wird Macht.
Müller: Quellenschriften.
von Polenz: Deutsche Sprachgeschichte.

4. Erfindung, Empfehlung, Vorschrift: Wie wird das Deutsche geschrieben?

Düwel: Runenkunde.
Faulmann: Schrift.
Friedrich: Schrift.

Nerius: Orthographie.
Schlaefer: Grundzüge.
Schlaefer: Einheitsorthographie.

5. Was die Sprache trägt und prägt: Medien vom Pergament zum LCD-Schirm

Füssel: Gutenberg.
Geldner: Inkunabelkunde.
Mummendey: Bücher.
Wattenbach: Schriftwesen.
Wilke: Ebstorfer Weltkarte.

IV. Die Sprachentwicklung in der Gegenwart

1. Die Sprachen der Fächer: Wie kommen Wissenschaft und Technik zur Sprache?

Jakob: Maschine.
Möhn, Pelka: Fachsprachen.
Niederhauser, Adamzik: Wissenschaftssprache.
Roelcke: Fachsprachen.

2. Technik macht Sprache: Der Einfluss von Technik und neuen Medien auf die Sprache

Burger: Mediensprache.
Degenhardt: Europäisches Fernsehen.
Dussel: Rundfunkgeschichte.
Schmitz: Moderne Medien.
Telemagie.
Weingarten: Computer.

3. *Tempo* = Taschentuch? Wie Namen zu Wörtern werden und Wörter zu Namen

Hornbruch: Deonomastika.
Kluge: Etymologisches Wörterbuch.
Koß: Warennamen.
Pfeifer: Etymologisches Wörterbuch.

Literaturverzeichnis

Wladimir Admoni: Historische Syntax des Deutschen. Tübingen 1990.
Hans Peter Althaus: Kleines Lexikon deutscher Wörter jiddischer Herkunft. München 2003.
Adolf Bach: Geschichte der deutschen Sprache. 8. Auflage. Wiesbaden 1986.
Stefan Bargstedt: Platt! Wo und wie Plattdeutsch ist. Bremen 2008.
Werner Besch, Norbert Richard Wolf: Geschichte der deutschen Sprache. Längsschnitte – Zeitstufen – Linguistische Studien. Berlin 2009.
Anne Betten: Grundzüge der Prosasyntax. Stilprägende Entwicklungen vom Althochdeutschen zum Neuhochdeutschen. Tübingen 1987.
Hans Bickel, Christoph Landolt: Duden Schweizerhochdeutsch. Wörterbuch der Standardsprache in der deutschen Schweiz. Mannheim, Zürich 2012.
Helmut de Boor, Roswitha Wisniewski: Mittelhochdeutsche Grammatik. 10. Auflage. Berlin, New York 1998.
Siegfried Bork: Mißbrauch der Sprache. Tendenzen nationalsozialistischer Sprachregelung. Bern, München 1970.
Joachim Born, Sylvia Dickgießer: Deutschsprachige Minderheiten. Ein Überblick über den Stand der Forschung für 27 Länder. Im Auftrag des Auswärtigen Amtes herausgegeben vom Institut für deutsche Sprache. Mannheim 1989.
Otto Borst: Alltagsleben im Mittelalter. 14. Auflage. Frankfurt/M. 2008.
Brockhaus Wahrig. Deutsches Wörterbuch. Gütersloh, München 2011.
Hanns-Peter Bruchhäuser: Kaufmannsbildung im Mittelalter. Determinanten des Curriculums deutscher Kaufleute im Spiegel der Formalisierung von Qualifizierungsprozessen. Köln, Wien 1989.

Harald Burger: Mediensprache. Eine Einführung in Sprache und Kommunikationsformen der Massenmedien. Mit einem Beitrag von Martin Luginbühl. 3., völlig neu bearbeitete Auflage. Berlin/New York 2005.

Hadumod Bußmann (Hg.): Lexikon der Sprachwissenschaft. 3., aktualisierte und erweiterte Auflage. Stuttgart 2003.

Theodora Bynon: Historische Linguistik. Eine Einführung. München 1981.

Daut Niehe Tastament Plautdietsch. Fonn J. J. Neufeld äwasat. Winipeg, Kansas 1987.

Wolfgang Degenhardt: Europäisches Fernsehen bis 1970. Eine Idee wird zum Laufen gebracht; eine kleine Geschichte der Europäischen Rundfunkunion und der Eurovision. Siegen 1996.

Deutsch und seine Nachbarn. Herausgegeben von Michael Elmentaler. Frankfurt/Main, Bern, New York 2010.

Deutsche Lyrik von den Anfängen bis zur Gegenwart. Herausgegeben von Walther Killy. Band 1: Gedichte von den Anfängen bis 1300. Nach den Handschriften in zeitlicher Folge herausgegeben von Werner Höver und Eva Willms. München 2001.

Deutscher Wortatlas (DWA). Von Walther Mitzka und [ab Band 5] Ludwig Erich Schmitt. [Ab Band 18:] Redigiert von Reiner Hildebrandt. 22 Bände. Gießen 1956–1980.

Deutsches Ortsnamenbuch. Herausgegeben von Manfred Niemeyer. Berlin/Boston 2012.

Deutsches Wörterbuch von Jacob Grimm und Wilhelm Grimm. 16 Bände. Leipzig 1854–1971 [Nachdruck in 33 Bänden München 1984]. Neubearbeitung herausgegeben von der Akademie der Wissenschaften der DDR, jetzt Berlin-Brandenburgische Akademie der Wissenschaften und der Akademie der Wissenschaften zu Göttingen. Band 1ff. Leipzig/Stuttgart 1965ff.

Duden Familiennamen. Herkunft und Bedeutung. Bearbeitet von Rosa und Volker Kohlheim. Mannheim 2005.

Konrad Dussel: Deutsche Rundfunkgeschichte. 3., überarbeitete Auflage. Konstanz 2010.

Klaus Düwel: Runenkunde. 4., überarbeitete und aktualisierte Auflage. Stuttgart 2008.

Konrad Ehlich (Hg.): Sprache im Faschismus. Frankfurt/Main.

Peter Eisenberg: Das Fremdwort im Deutschen. Berlin, New York 2011.

Stephan Elspaß: Sprachgeschichte von unten. Untersuchungen zum geschriebenen Alltagsdeutsch im 19. Jahrhundert. Tübingen 2005.

Karl Faulmann: Illustrirte Geschichte der Schrift. Wien 1880.
Jürg Fleischer, Oliver Schallert: Historische Syntax des Deutschen. Eine Einführung. Tübingen 2011.
Johannes Friedrich: Geschichte der Schrift unter besonderer Berücksichtigung ihrer geistigen Entwicklung. Heidelberg 1966.
Stephan Füssel: Gutenberg und seine Wirkung. Darmstadt 1999.
Ferdinand Geldner: Inkunabelkunde. Eine Einführung in die Welt des frühesten Buchdrucks. Wiesbaden 1978.
Dieter Geuenich: Soziokulturelle Voraussetzungen, Sprachraum und Diagliederung des Althochdeutschen. In: Werner Besch, Anne Betten, Oskar Reichmann, Stefan Sonderegger (Hgg.): Sprachgeschichte. Ein Handbuch zur Geschichte der deutschen Sprache und ihrer Erforschung. 2., vollständig neu bearbeitete und erweiterte Auflage. 2. Teilband. Berlin, New York 2000, S. 1144–1155.
Karl-Heinz Göttert: Deutsch. Biographie einer Sprache. Berlin 2011.
Ursula Götz: Die Anfänge der Grammatikschreibung des Deutschen in Formularbüchern des frühen 16. Jahrhunderts: Fabian Frangk – Schryfftspiegel – Johann Elias Meichßner. Heidelberg 1992.
Jacob Grimm: Deutsche Grammatik. 4 Bände. Göttingen 1819–1837. Nachdruck Hildesheim 1989.
Manfred W. Hellmann: Wörter und Wortgebrauch in Ost und West. Ein rechnergestütztes Korpus-Wörterbuch aus beiden deutschen Staaten 1949–1979. 3 Bde. Tübingen 1992.
Heike Hornbruch: Deonomastika. Adjektivbildungen auf der Basis von Eigennamen in der älteren Überlieferung des Deutschen. Studien zum Althochdeutschen 31. Göttingen 1996.
Markus Hundt: Einstellungen gegenüber dialektal gefärbter Standardsprache. Eine empirische Untersuchung zum Bairischen, Hamburgischen, Pfälzischen und Schwäbischen. Stuttgart 1992.
Karlheinz Jakob: Maschine, Mentales Modell, Metapher. Studien zur Semantik und Geschichte der Techniksprache. Reihe Germanistische Linguistik 123. Tübingen 1991.
Rudi Keller: Sprachwandel. Von der unsichtbaren Hand in der Sprache. 3. Auflage. Tübingen, Basel 2003.
Rudolf E. Keller: Die deutsche Sprache und ihre historische Entwicklung. Bearbeitet und übertragen aus dem Englischen, mit einem Begleitwort sowie einem Glossar versehen von Karl-Heinz Mulagk. Hamburg 1986.
Martin Kintzinger: Wissen wird Macht. Bildung im Mittelalter. Ostfildern 2003.

Hubert Klausmann, Konrad Kunze, Renate Schrambke: Kleiner Dialektatlas. Alemannisch und Schwäbisch in Baden-Württemberg. Bühl 1997.

Victor Klemperer: LTI. Notizbuch eines Philologen. Berlin 1947. 22. Auflage Stuttgart 2007.

Friedrich Kluge: Von Luther bis Lessing. Aufsätze und Vorträge zur Geschichte unserer Schriftsprache. 5. durchgesehene Auflage. Leipzig 1918.

Friedrich Kluge: Etymologisches Wörterbuch der deutschen Sprache. Bearbeitet von Elmar Seebold. 24. Auflage. Berlin, New York 2002.

Rosa und Volker Kohlheim: Duden. Lexikon der Vornamen. 5. Auflage. Mannheim 2007.

Gerhard Koß: Warennamen – Marken – Kunstnamen. Transposition und Kreation in der Wirtschaft. Ausgewählte Beiträge 1976–2006. Regensburger Studien zur Namenforschung 5. Regensburg 2008.

Konrad Kunze: dtv-Atlas Namenkunde. Vor- und Familiennamen im deutschen Sprachgebiet. 5. Auflage. München 2004.

William Labov: Sprache im sozialen Kontext. Beschreibung und Erklärung struktureller und sozialer Bedeutung von Sprachvariation. Hg. von Norbert Dittmar und Bert-Olaf Rieck. Band 1 Kronberg 1976. Band 2 Königstein 1978.

Matthias Lexer: Mittelhochdeutsches Taschenwörterbuch. 38. Auflage. Stuttgart 1992.

Utz Maas: „Als der Geist der Gemeinschaft eine Sprache fand“. Sprache im Nationalsozialismus. Versuch einer historischen Argumentationsanalyse. Opladen 1984.

Metzler Lexikon Sprache. 3., neubearbeitete Auflage herausgegeben von Helmut Glück unter Mitarbeit von Friederike Schmöe. Stuttgart, Weimar 2005.

Dieter Möhn, Roland Pelka: Fachsprachen. Eine Einführung. Germanistische Arbeitshefte 30. Tübingen 1984.

Monumenta Germaniae Historica. Scriptores Rerum Germanicarum in Usum Scholarum Band 44: Nithardi Historiarum Libri IIII. Herausgegeben von Ernst Müller. Hannover 1907.

Hugo Moser: Sprache und Religion. Zur muttersprachlichen Erschließung des religiösen Bereichs. Düsseldorf 1964.

Johannes Müller: Quellenschriften und Geschichte des deutschsprachigen Unterrichts bis zur Mitte des 16. Jahrhunderts. Gotha 1882. Nachdruck, mit einer Einführung von Monika Rössing-Hager, Darmstadt 1969.

Karin Müller: „Schreibe, wie du sprichst!“ Eine Maxime im Spannungsfeld von Mündlichkeit und Schriftlichkeit. Eine historische und systematische Untersuchung. Frankfurt/Main u. a. 1990.

Richard Mummendey: Von Büchern und Bibliotheken. 5., durchgesehene und ergänzte Auflage. Darmstadt 1976.

Dieter Nerius: Deutsche Orthographie. 2., durchgesehene Auflage. Leipzig 1989.

Jürg Niederhauser, Kirsten Adamzik: Wissenschaftssprache und Umgangssprache im Kontakt. Germanistische Arbeiten zu Sprache und Kulturgeschichte 38. Frankfurt/Main u. a. 1999.

Manfred Niemeyer: Deutsches Ortsnamenbuch. Berlin/Boston 2012.

Damaris Nübling u. a.: Historische Sprachwissenschaft des Deutschen. Eine Einführung in die Prinzipien des Sprachwandels. 3. Auflage. Tübingen 2010.

Ploetz Deutsche Geschichte. Epochen und Daten. Hg. von Werner Conze und Volker Hentschel. Mit einer Einführung von Carlo Schmid. 5., erweiterte und aktualisierte Auflage Freiburg, Würzburg 1991.

Peter von Polenz: Deutsche Sprachgeschichte vom Spätmittelalter bis zur Gegenwart. Bände II und III. Berlin, New York 1994 und 1999.

Thorsten Roelcke: Fachsprachen. Grundlagen der Germanistik 37. 3., neu bearbeitete Auflage. Berlin 2010.

Willy Sanders: Sachsensprache, Hansesprache, Plattdeutsch. Sprachgeschichtliche Grundzüge des Niederdeutschen. Göttingen 1982.

Michael Schlaefer: Grundzüge der deutschen Orthographiegeschichte vom Jahre 1800 bis zum Jahre 1870. In: Sprachwissenschaft 5 (1980) S. 276–319.

Michael Schlaefer: Der Weg der deutschen Einheitsorthographie vom Jahre 1870 bis zum Jahre 1901. In: Sprachwissenschaft 6 (1981) S. 391–438.

Hans Ulrich Schmid: Einführung in die deutsche Sprachgeschichte. Stuttgart, Weimar 2009.

Wilhelm Schmidt: Geschichte der deutschen Sprache. 10. Auflage. Stuttgart 2007.

Ulrich Schmitz: Sprache in modernen Medien. Einführung in Tatsachen und Theorien, Themen und Thesen. Berlin 2004.

Cornelia Schmitz-Berning: Vokabular des Nationalsozialismus. Berlin, New York 1998.

Schrift und Schriftlichkeit/Writing and Its Use. Ein interdisziplinäres Handbuch internationaler Forschung. Herausgegeben von Hartmut Günther, Otto Ludwig. Berlin/New York 1994.

Ingrid Schröder: Die Bugenhagenbibel. Untersuchungen zur Übersetzung und Textgeschichte des Pentateuchs. Köln/Wien/Weimar 1991.
Monika Schulz: Beschwörungen im Mittelalter. Heidelberg 2003.
Bastian Sick: Der Dativ ist dem Genitiv sein Tod. Ein Wegweiser durch den Irrgarten der deutschen Sprache. Die Zwiebelfisch-Kolumnen Folge 1–3. 11. Auflage. Köln 2008.
Stefan Sonderegger: Althochdeutsche Sprache und Literatur. Eine Einführung in das älteste Deutsch. Darstellung und Grammatik. Berlin/New York 1974.
Spiel mit Worten. Deutsche Sprachspielereien. Gesammelt und erläutert von Hans Weis. 6. Auflage. Bonn 1985.
Augustin Speyer: Deutsche Sprachgeschichte. Göttingen 2010.
Sprache und Konfession. Herausgegeben von Anna Maria Balbach, Sarah Horstkamp, Jürgen Macha. Münster 2011.
Sprachgeschichte. Ein Handbuch zur Geschichte der deutschen Sprache und ihrer Erforschung. 2., vollständig neu bearbeitete und erweiterte Auflage. Herausgegeben von Werner Besch, Anne Betten, Oskar Reichmann, Stefan Sonderegger. 3 Teilbände. Berlin, New York 1998, 2000, 2003.
Dolf Sternberger, Gerhard Storz, Wilhelm E. Süskind: Aus dem Wörterbuch des Unmenschen. Neue erweiterte Ausgabe mit Zeugnissen des Streits über Sprachkritik. Hamburg, Düsseldorf 1968.
Telemagie. Ein Telefonbuch der besonderen Art. Hg. von Thomas Hengartner und Kurt Stadelmann. Zürich 2002.
Fritz Tschirch: Geschichte der deutschen Sprache. 2 Bände. 3., ergänzte und überarbeitete Auflage bearbeitet von Werner Besch. Berlin 1989.
Unesco, Jahr der Sprachen. Dokumentation unter http://www.unesco.de/jahr-der-sprachen-2008.html.
Wilhelm Wattenbach: Das Schriftwesen im Mittelalter. 4. Auflage Graz 1958.
Rüdiger Weingarten: Sprachwandel durch Computer. Opladen 1997.
Peter Wiesinger: Zur Periodisierung der deutschen Sprachgeschichte aus regionaler Sicht. In: Werner Besch (Hg.): Deutsche Sprachgeschichte. Grundlagen, Methoden, Perspektiven. Festschrift für Johannes Erben zum 65. Geburtstag. Frankfurt/Main 1990, S. 403–414.
Jürgen Wilke: Die Ebstorfer Weltkarte. Veröffentlichungen des Instituts für Historische Landesforschung der Universität Göttingen 39. Bielefeld 1999.
Peter Zürrer: Sprachinseldialekte. Walserdeutsch im Aostatal (Italien). Aarau, Frankfurt/Main, Salzburg 1999.

Register und Glossar

A

Abfallentsorgungseinrichtungsverordnung 200
Abkürzung 145, 199, 201, 215, 217f., 235
Ablasszettel 185
Abrogans 22
ABS 61
Abschwächung 88
Absolutismus 37, 142
abspeichern – *einen Gedanken a.* 204
abszyt 71
Abwart 50
achtern 46
8-Volt 200
Adalbert I. 177
Adelshof 25, 27
Adelung, Johann Christoph 38f., 171
Admoni, Wladimir 104
Aerobic 145
Affrikate 165
Affrizierung 78
Afghane 226
aflet 15
-age 70
Agricultura 208
Aichinger, Carl Friedrich 39
Akku 201
Akkusativ: Vierter Fall als grammatische Kategorie wie bei *den Baum* 54, 82, 90f., 113f.
Akkuschrauber 200
A-Klasse 200
Albrecht III. von Österreich 181
Alemannisch 86, 148
alkoholfrei 200
Aller guten Dinge sind drei 97
allero selono 21
Alliierte 144
Alltagssprache 199, 219
Alltagswortschatz 195, 203
Alphabet 21, 160
Alphabetisierungsquote 154
Altar 130
Altenglisch 13
Althochdeutsch 14, 18, 85, 161
Altniederdeutsch 42
Altsächsisch 42, 160
Alzheimer 224
Amerika 54
Amerikaner 226
Amish People 56
Amtsdeutsch 12
Amtsorthographie, Schweizer 173
Amtssprache 49f., 248
Analogie 75, 83
Anglisierung 249
Anglizismus 68
anklagen 113
ankurbeln 204
Annolied 13
anti- 202
Antiblockiersystem 61
antifaschistischer Schutzwall 145
Antlitz 195

Anwendung finden 200
Aostatal 53
-apa 124
Appel 86
Apokope 135f.
Appellativ: substantivische Gattungsbezeichnung und Gegensatz zu Name wie *Tisch* gegenüber *Otto.* 117
Appenzeller 226
Aquarell 65
Arabisch 12
Arbeitssprache 49
Argentinien 57
Argumentation, politische 141
Arie 65
Arithmetik 149
-arius 70
Arkade 65
-arm 200
Armatura 208
Armeeflügel 204
Ärmel 46
Art 143
Artes mechanicae 208
Artikulationsart: Art, wie der Luftstrom zur Bildung der Laute gehindert wird oder nicht. Bei einem *-p-* wird durch plötzliche Lippenöffnung ein kurzer Laut gebildet, bei einem *-f-* ein Dauerlaut erzeugt. 86
Aschaffenburg 124
Astronomie 149
Atem 241
Atlasse 232
Attribut: Teil eines Satzgliedes, vor allem Adjektiv, das den Kern des Satzgliedes näher charaktierisiert, wie *schön* in *das schöne Haus.* 113, 116
Aubusson 226
auf dem Kerbholz haben 177
auf die Bremse treten 204
Auffahrt 50
Aufrechter Gang 146
Aufzug 63
Augsburg 169
aus dem Gedächtnis löschen 204
Ausdrucksseite 62
auseinander falten 230
Ausgleichstendenz 79
Aussagesatz 106f., 109
Australien 56
Austriazismus 49
Auto 195, 201
Autobahn 144
Autobus 202
Autocar 50
Automobil 209
Autoomnibus 202
awake 15
Axminster 226

B

Bäcker 70
backte 72
Bad Honnef 124
Baden-Württemberg 148
Bagger 65
Bahn 202
Bairisch-Österreichisch 86
Bakker 125
Balhorn, Johann 188
Balkon 163
Ball 63
ballastreich 200
Baltikum 52
Baltisch 16, 60
Bamberg 169
Banater Schwabe 53
bang 36
-bar 77
Bardowick 43
Barmherzigkeit 129
Basel 169
Basiswortschatz: Menge zentraler Wörter, über die (nahezu) jeder Sprecher einer Sprache verfügt. 195
Bauch 62
Baum 46, 195
Bayreuth 122
Bd. 201
Beck 125
Becker 125
Bedeutungserweiterung 234
Bedeutungsverbesserung 234

Bedeutungsverengung 234
Bedeutungsverschlechterung 234
Bedeutungswandel 233
Bedienungsanleitung 198, 207
Been 46
Beglaubigungsmittel 98
behände 175
behende 175
beichten 131
Beichtformular 131
Bein 46, 62
Belgien 49
Benrath 85, 122
Bergen 43, 245
Berlin 44, 86, 117, 143
Berndeutsch 12
Bernhard 130
Bernhard von Sachsen 122
bersten 135
Berthold von Mainz 132
Berufssprache 208
Besch, Werner 248
Beschreibstoff 176
beschuldigen 113
Beschwörungsformel 128
Besse, Maria 194
Betonungsverlagerung 245
Betriebsverkaufsstelle 145
beutel 135
bezichtigen 113
Bibel 34, 130, 183
Bibliothek 22
(bi)dernian 242
Bierdeckel 202
Bierglasdeckel 202
Bilingualismus 64
Billy 229
Bindestrichschreibung 236
binnen 46
Binnenkolonisation 28
bio- 202
Biopic 214
Birne 207
biscof 25
bivouac 66
biwake 66
Blatt – *nicht ein B.* 111
blau 175
blau-rot 235
Bleitafel 177
bleuen 175
Blockdruck 187
Blockflöte 146
Blume 202
Böck 125
Böhmen 52
Bohne – *nicht die B. interessieren* 111
Bohne – *nicht eine B.* 111
Bohrer 200
-bold 223
Bonbon 74
Bonifatius 22
Boom 46
Borg 35
Botanik 203
Bourgeoisie 62
Brasilien 57
Braunschweig 44, 245
BRD 145
Breakfast Burger 76
brechen 135
Bremen 44, 131, 245
brengen 35
brennbar 200
Brief 61
Briefwechsel 69
bringen 35
Bröcher, Josef 194
Broiler 146
Bruder 62
Buchdruck 18, 34, 101, 141, 168, 184, 208
Buchdruckerduden 174
Buchführer 189
buchhalter 71
Buchmanufaktur 33
Buchmesse 189
buchstabieren 74
bug 63
Bugenhagen, Johannes 134
bühel 135
Bühnenaussprache 213
buk 72
Bummelfritze 228
Bummelliese 228

Bundesautobahnmeistereiangestellter 200
Burg 35
Burgenland 52
Burger 76
Bus 75, 202
Buße 129
Butterbrot 253

C

calix 24, 63
Cambria 226
Camel, Georg Josef 224
camoufler 242
Campe, Heinrich 240
Canterbury 227
Cappuccini 62
carbon copy 218
caríbales 227
Cassette 244
Casting 70
Celle 78
cerebrum 60
Charakter 143
Chat 217
Chauvinismus 62
Cheeseburger 76
Chemie 74
Chickenburger 76
China 74
Chinesisch 12
chippen 219
Christianisierung 18, 129
Chronik 33
Churchill, Winston 225
City-Ticket 237
Codex 179
Codex Argenteus 181
Coesfeld 245
Cognac 226
Cola 62
com-passio 25
Computer 61, 214
community 219
Corvey 43
Country Burger 76
Cutter 62

D

daffodil 225
dagegen 141
Dahl, Andreas 223
Dahlie 223
Dalton, John 224
Daltonismus 224
Damaskus 226f.
Damast 226f.
Damm 65
Dampf – *unter D. stehen* 204
Dampf ablassen 204
Dampfmaschine 209
dan 60
Dänemark 48
dann 243
das 92
dass 92
dat 86
Dativ: Dritter Fall als grammatische Kategorie wie *dem Bauern.* 54, 90f., 113f., 239
DAU 219
DDR 145f., 237
Deern 46
dehnen 70
Dehning 70
Deich 65
Delikatesse 65
demgegenüber 141
demi-monde 63
Deng 125
Denglisch 249
denn 243
dens 60
Deonymisierung 220, 229
Deppendorf 117
Derrick, Thomas 227
Derrickkran 227
det 60
Deutsch 7, 11
Deutsche Sprachlehre 38
Deutscher Orden 52
Deutscher Sprachatlas 40
deutsch-französisch 235
Deutschland 49
Devon 225

Devonshire 225
dheomodi 22
Dialekt: regional gebundene und meist gesprochene Sprache. Gegenüber der Umgangssprache wird ein Dialekt kleinräumiger verwendet. 16, 32, 37, 40, 81, 156
Dialektik 149
Dialektraum 30
Dienstag 26
Dienstanweisung 207
Diesel 221
Dietrich 228
dietsc 13
digital versatile disk 201
Diglossie 64f.
dilmaç 71
Diminutiv: Verkleinerungsform eines Wortes, meist durch *-chen* oder *-lein* gebildet. 90
DIN 203
Ding 80
Diphthong: Langvokal, der aus zwei ineinander übergehenden verschiedenen Vokalen innerhalb einer Silbe besteht (*-ei-*, *-au-*, *-eu-*). 84
Diphthongierung, frühneuhochdeutsche 84
Diskuswerfer 200
Disputation 141
Disziplin 143
Dithmarschen 47
Dobermann 227
Dobermann, Friedrich Louis 227
Dokusoap 214
Dolby 225
Dollar 227
Dolmetscher 71
Dolomieu, Déodat de 225
Dolomit 225
Domänensprache 196, 199f., 204, 209f., 218
Döner 62, 70
Donnerstag 26
doppelte Verneinung 111
Dorp 86
Dr. 201
Drais von Sauerbronn, Karl Freiherr von 225
Draisine 225
Dream-Liner 237
Dreck – *einen D. angehen* 111
30-Jähriger Krieg 142, 170
Dresden 38
Dribbling 70
drinnen 46
Druckerorthographie 169
Druckersprache 169
drucksicher 200
Duden, Konrad 41, 172, 174
Duffel 226
Dufflecoat 226
dufte 66
Dum-Dum-Geschoss 225
durchdrehen 204
Durchgangszug 201
dutch 13
duutsc 13
DVD 201
D-Zug 201

E

Ebbe 65, 247
E-Book 191
echt 65
Eck, Johannes 135
Edamer 226
EDV-Berater 235
Eggen 200
Ehe 62
Ehre 143
Eichhoff, Jürgen 193
eigenstes und totales Erlebnis 144
Eike von Repgow 43
Einfluss, französischer 37
Einheitsorthographie 172
Eintopf 145
einzigartig 144
Eisenbahn 202, 209
Eisleben 34
Elbe 52
Elbschwanenorden 69
-elektro- 202

elektronische Post 69
Elsässisch 86
E-Mail 69, 210, 215
Emmeram 22
Emoticon 215
Emser, Hieronymus 134
Endspiel 255
Endsilbenvokal 88
Eneit 28
Engel 62
Engelbert von Köln 177
Engländer 198
Englisch 12, 15, 46, 68
engstich 36
eno 107
entartet 144
entgleisen 204
Entlehnung 64ff., 227
entschlafen 92
Entschlossenheit 143
Entsorgung 148
episkopos 25
E-Post 69
-er 70
Erdapfel 136
Erec 115
Erfurt 38
Erfurter Rechtschreibprogramm 174
es ist ein Kreuz 131
Eschborn 118
Eschwege 118
Eschweiler 118
Espressi 62
essbar 77
essen 75
Estrich 207
Eternelle 196
Euphemismus 147
-eur 70
Eurobonds 209
Evangelienbuch 22, 100
ewig 144
Expertenkommunikation 194
expletives *es* 110
extra- 234
ey alda 82

F

Fachchinesisch 193
Fachliteratur 29
Fachsprache 17, 67, 81, 146, 193, 196
Fahnenwort 146
fahren 75, 79f.
Fahrstuhl 63
Fakin'Fish-Burger 76
Fakt 146, 237
Faktor, außersprachlicher 241, 249
Familien-Angebot 236
Familienname 116ff., 124ff., 223
fanatisch 144
Fax-Gerät 214
Feige 207
fein 46
Feinwaschmittel 201
Fenster 65, 69
Fensterflügel 204
Fernglas 69
Fernsehen 42, 210, 213f., 219, 254
Fernsehfritze 228
Fernsehstube, öffentliche 214
Fewa 201
fien 46
Filet 70
filetieren 70
Filmfritze 228
Filosof 174
Final 255
Finanz 80
Finanztransaktionssteuer 209
finites Verb: Verb, das im Gegensatz zum Infinitiv Person, Zeit, Numerus etc. in seinen Verbformen anzeigt, wie *gehst* als 2. Person Singular Präsens. 104f., 107f., 110, 238
Fischburger 76
Fiskalpakt 210
five 247
Flandern 13
flasche 135
Flatrate 212
Flechter 196
fleischlos 200
fliegen 242f.
fliehen 242f.

Florentiner 226
Flugblatt 141
Flügel 204
Flügelhaube 204
Flügelkämpfe 204
Flügelschraube 204
Flügelspiel 204
Flugschrift: nicht regelmäßig erscheinende kurze Druckschrift, die in großen Mengen verbreitet wird und häufig politisch-agitatorischen Charakter hat. 104f.
Flurname 77
Fochezer 126
Fön 228
Forgetzer 126
Forsyth, William 224
Forsythie 224
Foto 201
Fragment 70
fragmentieren 70
Frangk, Fabian 152
Frankfurt am Main 117
Frankfurter 76
Fränkisch 148
Frankreich 224
Französisch 50
Fräsen 200
Frau 79f.
Freckenhorst 43
freeze 244
-frei 200
Freiheit 146
Freitag 27
Fremdwort 61ff.
Fresko 65
Freund 61
freundlich 61
Friedhelm 120
Friedrich I. 28
Friedrich II. 28, 185
frieren 244
Friseur 70
-fritze 228
Frost 244
Frucht 65
Fruchtbringende Gesellschaft 69, 101
Frühneuhochdeutsch 18, 31, 84
Fuchs, Leonhart 223
Fuchsie 223
Fuchsperger, Ortolph 152
Führer 145
Fulda 19, 22
füllen 70
Fülling 70
Fundament 69, 147
fünf 247
Funktionsverbgefüge: geläufige mehrwortige Verbindung aus einem substantivischen Objekt (häufig aus Verben gebildete Abstrakta) und einem Verb mit Hilfsverbfunktion, wie *in Anwendung bringen.* 200
fürchterlich 79
furlaz 15
Fürst-Pückler-Eis 226
Futur 108

G

Gabelstapler 200
Gallus 22
galvanische Zelle 200
Gans 247
Gänsehaut 255
Gänsehautfeeling 255
Garderobe 65
Garten 81
Gärtner 70
Gas geben 204
Gasse 62
Gaul – *Einem geschenkten G. schaut man nicht ins Maul* 97
Gebäck-Klassiker 236
Gebäudeflügel 204
Gebersprache 25, 61ff., 71, 163, 245
Gebetbuch 33, 44
Gebrauchswortschatz 195, 204
Gegenwartssprache 19, 32
gehen 75, 195
Gehorsam 143
geil 233f.
gemeyner man 147
Genesis 42

Genitiv: Zweiter Fall als grammatische Kategorie, wie *des Baumes.* 72, 88, 90f., 113f., 239f.
Geologie 204
Geometrie 149
Georg von Ostia 13
Georg von Sachsen 135
Gernegroß 116
Geschäftskorrespondenz 150
Gesellschaft für deutsche Sprache 254
Gesetz 207
gestad 36
gesti 88
Gestirnsname 224
gesto 88
Gesundung der Staatsfinanzen 147
gewesen 35
gewest 35
g^heu- 127
gigantisch 144
ginada 25
Glasnost 145
Glaube 22, 127, 144
Glossar 21
Glosse 21
glutenfrei 200
Gnade 129
Goethe, Johann Wolfgang von 39, 105, 116, 240
googeln 229
goose 247
Gorbatschow, Michail 145
gôs 247
Goslar 44
Gotha 155
Gotisch 14, 16
Gott 127
Göttingen 44
Gottsched, Johann Christoph 168, 171
gottverlassen 131
Grammatik 149
Graphem 163, 165
gratia 25
Griechisch 16, 24
Griffel 151, 178ff.
Grimm, Jacob 120, 157f., 167, 192, 207
Grimm, Wilhelm 192, 207
Grippe 205f.
groß 195
Großflughafen 236
Großschreibung 92, 157, 167ff., 215
Groth, Klaus 45
Grumbere 137
Grumbire 137
Grundstein 69
Gruppensprache 17, 81
Gryphius, Andreas 101
Gueintz, Christian 36
gülden 195
Gundhild 120
Gutenberg, Johannes 34, 141, 176, 184
**guþ* 127
guttenbergen 220

H

Haar – *nicht ein H.* 111
haben 250
Hadubrant 119
Hafen 65
halbieren 74
Halbwelt 63
Halle 38, 43
Halter 70
Hamburg 44, 245
Hamburger 76
Hand 175
handball 71
Handlungsanleitung 207
Handschrift 21, 29, 132, 166, 182ff., 187f.
Handwerk 198, 204, 207f.
Handwerkersprache 208
hängig 50
-hans 228
Hans Riegel, Bonn (Haribo) 201
Hanse 43f., 245
Hansekontor 246
Haribo 201
Harsdörffer, Georg Philipp 36, 101
Hartmann von Aue 25
hartzen 221
Haseder, Ilse 194
Hattuša 178
Haubrichs, Wolfgang 194
Hauptsatz 105, 116, 238f.

Haus 46, 195
Hausbeck 126
Hawaii-Burger 76
Heil 144
Heiligenverehrung 134
Heilkunde 208
Heimbeck 126
-heini 228
Heinrich 228
Heinrich der Löwe 28
Heinrich von Morungen 28
Heinrich von Veldeke 28
Heldenepik 183
Heldenepos 101
Heldengedenktag 144
Heliand 42
Helvetismus 50
Herdapfel 136
Heribrant 119
Hermann I. von Thüringen 27
Herrenbeck 126
Hethiter 178
Heulliese 228
Heulsuse 228
Heultrine 228
Heuschrecke 81
Heuss, Theodor 251
High Variety 64
Hilchenbach 86
Hildebrandslied 119
Hildebrant 119
Hildesheim 44
himmlisch 131
hinten 46
Hinz und Kunz 228
Hirn 60
Historienbibel 129
Hitler, Adolf 145, 174
Hochdeutsch 12, 19, 40, 45f.
Hochdruck – *unter H. stehen* 204
Hochsprache 37
höchstes Ziel 144
hoffen 15
Höfler, Otto 194
Hohe Tatra 52
Hokuspokus 131
Holland 13
Holz 177
Holzmodel 185
Homonymie: bezeichnet Wörter, die gleich ausgesprochen oder geschrieben werden, aber unterschiedliche Bedeutung und meist auch Herkunft haben wie *der Kiefer, die Kiefer.* 63
hope 15
hoppas 15
Hörbuch 191
Horde 71
Hörsprachgeschädigtenpädagogik 200
Hose 244
hrôth 120
hügel 135
Huus 46
hyper- 234
Hyperlink 218

I

Ickelsamer, Valentin 36, 152, 154
Idiom: Spracheigentümlichkeit eines einzelnen Menschen sowie vor allem einer dialektalen Sprachvariante. 39, 51, 54, 82
-ieren 70, 74
in 2012 237
Indikativ 108, 206
Indisch 16, 60
Indoeuropäisch 60
Indogermanisch 16, 60
Industrialisierung 212
Influenza 205
-ing 70
Inhaltsseite 62
ins Gebet nehmen 131
Institutionensprache 207
Interjektion: Wort, das dem Ausdruck von Emotionen oder zum Beispiel der Kontaktaufnahme dient wie *Hallo* oder *Autsch.* Interjektionen haben nicht selten lautmalenden Charakter (*Papperlapapp*) und sind in der Regel nicht in einen Satz eingebettet, sondern stehen allein. 113
Internationalismus 68

Internet 65, 191, 210, 214
Internetkommunikation 210
Interpunktion 92
Interpunktionszeichen 169
Intonation: In der gesprochenen Sprache Ausdrucksmittel wie Betonung, Sprechpausen, steigende oder sinkende Tonhöhe innerhalb einer mehrwortigen Äußerung. 92
invisible hand 255
Isidor von Sevilla 22, 107
Italienisch 50
Iwein 115

J

Jáchymov 227
Jakob 228
Japanisch 12
Jeans 163
Jiddisch 66f.
Job 163
Joghurt 70
Jude 144
Jugendsprache 233
Jungfernzwinger 69

K

kaffeeklatsching 253
Kalb 75
Kalifornien 54
Kalk 65
Kambrium 225
Kamelie 224
Kamerun 57
Kämmereiprotoll 44
Kannibale 227
Kanter 227
Kantergalopp 227
Kantersieg 227
Kanzlei 45, 140, 152, 166, 169, 184, 248
Kärcher 253
karchériser 253
Karfiol 50
Karibe 227
Karl der Große 131
Karl der Kahle 137
Karl IV. 132
Kasachstan 58
Kassler 226
Kasusform: Grammtische Kategorie bei nominalen Wortarten wie Substantiv oder Adjektiv. Das Deutsche verfügt über Nominativ, Genitiv, Dativ und Akkusativ. Die Kasusformen werden durch an das Wort angefügte Endungen erzeugt, wie *-en* bei *des Ochsen*. 62, 88, 91
Kasusnivellierung 91
katastrophisch 255
Kaviar 71
Kelch 24, 63, 130
Keller, Rudi 255
Kelter 65, 207
Keltisch 16, 60
Kelvin 225
keras 60
Kerbholz 177
kess 66
Keyboard 65
Kilian 22, 130
Kindergarten 71, 253
Kinematograph(ie) 202
Kino 202
Kiosk 71
kippen 70
Kipping 70
Kirche 130
Kirsche 62
Kirschgarten 202
Kiste 62
klein 195
Kleinschreibung 158, 161, 168, 175, 216
Klementine 224
Klemperer, Victor 143
Kleriker 151
Klippschule 150
Kloster 21f., 62, 69
Kluge, Friedrich 194
Köbes 228
Kobra 62
Kochbuch 207
Kochrezept 33
koffeinarm 200
Köfte 70

Kognak 226
Kollektivum: Ausdruck zur Bezeichnung einer Mehr- oder Vielzahl als Einheit, häufig durch bestimmte Wortbildungsmittel wie *-tum, -schaft, Ge-* erzeugt, wie *Gebirge* zu *Berg, Kaufmannschaft* zu *Kaufmann.* 112
Kölling 124
Köln 43, 131, 169, 226, 247
Kölsch 226
Kölsche Hecke 86
Kommata 62
Kommunikationssituation 118, 198, 210
Komposition: Im Bereich der Wortbildung Vorgang, der aus zwei oder mehreren Wörtern oder Stämmen ein neues Wort kreiert wie *Bratpfanne* aus dem Verbstamm *brat-* und dem Substantiv *Pfanne.* 236
Konfession 53, 136
Konfitüre 65
Konjunktiv: Kategorie des Verbs, die im Gegensatz zum Indikativ die Aussage relativiert oder die Möglichkeit ausdrückt, z.B. *er spreche* (Konjunktiv Präsens), *er spräche* (Konjunktiv Präteritum) gegenüber *er spricht* (Indikativ Präsens), *er sprach* (Indikativ Präteritum). Indirekte Rede wird durch den Konjunktiv wiedergegeben. 94, 108
konkret oberkrass 82
Konnotation: auch Nebensinn, Nebenbedeutung. Häufig emotional, stilistisch oder regional geprägte Bedeutung, die bei einem sprachlichen Ausdruck „mitschwingt", wie 'gutmütig' bei *Schaf.* 221
Konrad 228
Konrad von Megenberg 184
Kontrolleur 70
konzeptionell mündlich 95, 215, 217
konzeptionell schriftlich 95, 215
Kopfwort 201
Korb 65
Korbinian 130
Koreanisch 12
Korinthe 226
Korrespondenz 69
Krakauer 226
Krankheitsname 224
kratzfest 200
kreucht und fleucht 243
Kreuz 62
Küche 65
Kuhhaut – *das geht auf keine K.* 181
Kultur, literarische 25
Kulturpalast 145
Kulturschaffender 145
Küpper, Heinz 194
Kürbis 207
Kurzibold
Kurzwort 201f.

L

Labe 52
Labor 201
Labov, William 251
lägel 135
Lahmacun 70
Laienkommunikation 194
Lama 62
Lamm 90, 91
lan 70
lana 60
Langbehn, Julius 144
Lanificium 208
Lappland-Burger 76
Laptop 237
lassen 15
Lastkraftwagen 201
Late-Night-Show 65
Latein 20
Lateinisch 24, 128
Laube 252
Lauber, Diepold 33, 184
laufen 75, 195
Läufer 70
Lautgesetz 250
Lautgestalt 83
Lautwandel 77, 79, 83
Lautwandelprozess 15, 63, 79, 84, 86, 88, 130

Leben, literarisches 28
Leber 62
Leder 180
lefftzen 36
Legendar 44
Legendensammlung 33, 129
Lehnbedeutung 25
Lehnbildung 25
Lehnprägung: Oberbegriff für die Übernahme von Bedeutungen aus einer anderen Sprache, die mit heimischen Wortbildungsmitteln ausgedrückt werden. Dabei wird zwischen Lehnübersetzung (*Mitlaut* für *Konsonant*), Lehnübertragung (*Vaterland* für *patria*) und Lehnschöpfung (*Sinnbild* für *Symbol*) unterschieden. 25, 63
Lehnübersetzung 63
Lehnübertragung 63, 130
Lehnwort 24, 61, 63, 130, 170, 230, 237, 252
Leipzig 38
Leistungsgesellschaft 146
leitmotiv, le 253
Leitvarietät 32
Leopold V. 28
Leopold VI. 28
Lesefibel 152
Lessing, Gotthold Ephraim 240
Lexer, Matthias 159
-lich 61
Liechtenstein 49
Liederbuch 33, 129
-liese 228
lingua franca 249
lingua tertii imperii 143
Linke(e) 125
Linotype 190
Lippe 65
lippen 36
liquidieren 144
Liutbert von Mainz 24
Ljubljana 52
LKW 201
Lodge 252
Löffel 157
Loge 252
Loggia 65, 252
Lok 201
LOL 215
London 43
Lord Kelvin 225
Lörsch 125
-los 200
Lothar 137
Low Variety 64
Lübeck 44, 169, 245
Luchterhand 125
Ludger 130
Ludwig der Deutsche 137, 139
Ludwig der Fromme 137
Lügenbold 222
Lungenflügel 204
Luther, Martin 34f., 39, 105, 132f., 136, 147, 169
Luxemburg 49

M

machbar 77
machen 46, 86, 195
Mädchen 46, 112, 247
Magdeburg 43, 131
mähdreschen 200
Mähren 52
mahlen – *Wer zuerst kommt, mahlt zuerst* 97
Mainz 22, 122, 131
Mainzer Stadtprivileg 177
Majonäse 175
major airport 236
make 46
maken 46, 85
Makler 65
Mallorca 48
Mama 62
Mann, Thomas 104
Manschette 65
Marcus Tullius Cicero 182
Markenname 228
Märkisch 52
marode 147
Maskulinum, generisches 256
Massage 70

Massaker 244
Massel 66
Masseneinwanderung 54
Massenkommunikation 105
Massenmedien 213, 218, 240
Matjes 247
Matura 50
Mauen 46
Mauer 65, 207
Mauerspecht 146
mauscheln 66
Mauthner, Fritz 144
Mayonnaise 175
Mecklenburg 47
Mecklenburgisch 52
Medicina 208
Medizin 29, 204, 225
Meer 164
mega- 234
mehr 164
Meile 62
Meißen 142
Meißnisch 39
Mennonit 56, 58
Mentel-Bibel 34
Merseburg 43
Merseburger Zaubersprüche 99
Met 164
Metapher: sprachliche Figur, die auf einem verkürzten Vergleich beruht, wie *Fingerhut* für die Pflanze Digitalis, da die *Blüten wie ein Fingerhut aussehen*. Metaphern haben hohen Stellenwert für den Bedeutungswandel und Neubildungen. 35, 147
mies 66
Migrationsstrom 50
Minijob 69
Minne 28
Minnelyrik 101
Minuswachstum 148
Mischehe 145
Mischpoche 66
Missionierung 22, 24, 130
miteliden 25
Mitteldeutsch 12
Mittelhochdeutsch 14, 18, 25, 29, 67, 84
Mittelniederdeutsch 43f.
Mittwoch 26
Mobiltelefon 212
Modell 70
modellieren 70
Möhring 124
Monatsname 224
Monitor 65
Monophthong: einfacher Vokal, der im Gegensatz zum *Diphthong* nur aus einem einzigen Element besteht. 84
Monophthongierung, frühneuhochdeutsche 84
Monotype 190
Montag 26
Montage 70
Montagu, John 221
Morphologie: Teilgebiet der Sprachwissenschaft, das sich mit der Lehre von der Wortbildung und Formenbildung beschäftigt. 66, 83
Mörtel 207
Moscherosch, Johann Michael 72
Moselfränkisch 86
Most 65, 207
Motel 202
motif principale 253
Motorhotel 202
Movierung 256
Müller 117
Mundart: entspricht *Dialekt*. 13, 51f., 58, 84, 86, 248
Mündlichkeit 92, 103
Münster 44
Müntzer, Thomas 146
Münze 65
Murbach 22
Musik 149
Mutter 62
Muttersprache 7, 11, 40, 253
mysteriös 70

N

Nachruf 69
nackte Elektrode 200

Name 52, 77f., 100, 114, 116ff., 130, 154, 57, 159, 167, 178, 201, 220ff.
Namenforschung 122
Namibia 57
narcisse 225
Nasenflügel 204
Nationalsozialismus 143
Nationalsprache 49, 58, 139, 142
Navigatio 208
Nebensatz 105, 238
Negation: Verneinung. 104, 110
Negationspartikel 110
Negationspräfix 144
Nehmersprache 61, 63
nehmen 75
Nekrolog 69
nervös 70
Neubildung, analogische 76
Neuhochdeutsch 19, 37
Nibelungenlied 95
nicht 111
nichtarisch 144
nichtleitend 200
nichtrostend 200
Niederdeutsch 19, 35, 42, 45f., 246
Niederlande 48, 224
Niederländisch 13, 15
Niedriglohnarbeitsplatz 69
Nietzsche. Friedrich 144
Niklas von Wyle 152
Nomenklatur 203
Nominativ: Erster Fall als grammatische Kategorie, wie *der Baum*. Auch Nennfall, da die Substantive z. B. in Wörterbüchern im Nominativ als Stichwort angesetzt sind. 88, 90f.
Nonnenbeck 126
Nordniederdeutsch 44
Nordrhein-Westfalen 148
Norm, schriftliche 16, 49
Notbremse ziehen 204
Notker der Deutsche 116
Nowgorod 43, 245
NS-Zeit 144
Numerusprofilierung 90
nun 164
Nürnberg 169

O

ober- 234
Oberdeutsch 12
Obersächsisch 52, 86
oberste Priorität 234
Oberwalluf 124
obgleich 141
Oblater 126
Obrigkeit 147
obschon 141
Odem 195, 241
Officium beatae Mariae 188
Oflater 126
Oldenburg 44
Olpe 124
Ölzweig 202
Oma 62
Omnibus 202
ónoma 220
Onym: Name als Gegensatz zum Appellativ. 117f., 122
Onymisierung 220
Opitz, Martin 101
optimalste Auslastung 234
Orthographia 152
Orthographie 50, 103, 149, 157, 159, 169, 171ff., 216, 231, 238, 240
Orthographie-Duden 145
Orthographie-Konferenz, Berliner 41
Orthographiereform 174
Orthographische Konferenz 172
Ortsname 19, 124
-ös 70
Osnabrück 44
Österreich 11, 41, 49
Osterspiel von Muri 96
Ostfalen 47
Ostfälisch 44
Ostfränkisch 86
Ostfriesland 47
Ostkolonisation 28, 52
Ostmitteldeutsch 35, 52, 86, 244
Ostniederdeutsch 52
Ostoberdeutsch 86
Ostwestfalen-Lippe 59
Otfrid von Weißenburg 22, 139

P

Paddel 65
Palatalisierung 78
Palimpsest 181
Papier 33, 176, 191, 210
Papiermühle 185
Papyrus 179f.
Paradeiser 50
Parkinson 224
Parteigenosse 145
Partikel: auch Funktions- oder Füllwort, das nicht flektiert werden kann und kaum eigene Bedeutung besitzt wie *nur, allerdings, auch.* 80, 107, 110, 234
Parzival 104, 115, 184
Passiv, unpersönliches 109
Pastell 65
pasteurisieren 221
Pastor 136
pater 24, 60
path 46
Patt 46
Pdf-Dokument 235
peinigen 36
Pennsylvania 54
Pennsylvaniadeutsch 56, 248
Perborat 201
Père Clément 224
Perestroika 145
Perfekt: Zeitstufe der Vergangenheit beim Verb. Anders als beim Präteritum wird Abgeschlossenes, aber bis in die Gegenwart Hineinreichendes ausgedrückt (*er hat im Mai Abitur gemacht [und beginnt im Oktober sein Studium]*) 108
Pergament 176, 180, 185
Pergamentpreis 183
Perikopensammlung: Sammlung von Abschnitten des Bibeltextes zur Lesung im Gottesdienst. 44
Periodisierungsmodell 17
Perser 226
Persiflage 62
Persil 201
Persisch 16
Personenname 114, 117, 120, 227f.
Pest, Große 32
Petersen 124
Petri-Glossar 35
Pfad 46
Pfaffe 130
Pfannkuch 126
Pfarrer 136
Pfifferling – *keinen P. wert sein* 111
Pfingsten 130
Pfister(er) 126
Pflanzenname 224
Pflaume 62
Pflegevitamin 199
Pflichtenheft 50
Pfund 62
Phänomen der dritten Art 255
Phonologie: Teilgebiet der Sprachwissenschaft, das sich mit der Lehre von den Lauten beschäftigt. 83
photoshoppen 229
Piano 62
Pide 70
Piercing 62, 70
Pirmin 22
Pistor 126
Pistorius 126
pita 60
Pizza 62
Plaste 146
Plastikwort 199
Plattdeutsch 12, 45, 155
Plautdietsch 58
plech 71
Pleite 66
Pluralbildung 75
Plusquamperfekt 108f.
Polabe 52
Polarstern 225
Politik 143, 147, 204, 209f.
Polylux 146
Pop-Gymnastik 145
portofrei 200
Postwesen 141
Prahlhans 228
Präfix: nicht frei vorkommendes Element, das vor ein Wort oder einen

Wortstamm tritt, wie *ent-* oder *ver-* in *entlaufen, verlaufen.* 144
Präsens: Zeitstufe der Gegenwart beim Verb. Es kann Gegenwärtiges, aber auch Zeitloses, Vergangenes (historisches Präsens bei *da gehe ich gestern durch den Park und finde einen Geldbeutel*) oder Zukünftiges (*er kommt mit dem Zug*) ausdrücken. 108f., 206, 243
Präteritum: Zeitstufe der Vergangenheit, die Abgeschlossenes ausdrückt, heute aber zunehmend durch das Perfekt ersetzt wird. 109
Predigt 129
Preisabsprache 236
Premium-Burger 76
Prestige 81, 252
Preußen 38, 155
price agreement 236
Probiotisch 199
Pro-Calcium-Komplex 199f.
professional 202
Profi 202
Pro-forma-Rechnung 235
Pronomen: auch Fürwort, das als Stellvertreter für nominales (substantivisches) Satzglied steht. Je nach Aspekt wird zum Beispiel zwischen Demonstrativ- (*dieser*), Interrogativ- (*wer*) und Personalpronomen (*er*) unterschieden. 106f., 112
Propaganda 144
Propagandainstrument 213
Pseudofachwort 199
Public Viewing 62, 69, 219, 256
Pückler-Muskau, von 226
Puhl, Roland 194
pusten 65

Q

Quadrivium 149
quelen 36

R

Rad fahren 230
Radio 210
Ragout 65
Rap 65
Ratgeber 207
Ratke, Wolfgang 36
Rätoromanisch 50
Raub 252
Raubkopie 188
Raufbold 222
Raumer, Rudolf von 172
Rechenbuch 33
Rechtschreibnorm 42
Rechtschreibreform 41, 230f.
Rechtschreibung 38, 152, 158ff., 172, 230, 232
Rechtssprichwort 97
Rechtstext 29, 33
Rechtswesen 96
Redensart 50
Reformation 18, 34, 129, 168
Reformationszeit 154
Regensburg 22
Regenschirm 202
Regularität, sprachliche 250
Reibelaut: Konsonant, bei dem die Luft im Stimmapparat durch eine Engebildung eine längerandauernde Reibung erzeugt wie *-s-, -f-, -w-*. 12, 85f., 130, 247
-reich 200
Reichenau 22
Reichskammergericht 45
Reineke Fuchs 44
Reisebericht 44
Religion 96, 100, 144
Remagen 122
Rettich 207
Reuter, Fritz 45
Reval 245
Revolution, industrielle 41
Reynke de vos 44
Rheinfränkisch 86
Rhetorik 149
Ries(e), Adam 154
riestern 221
Ripuarisch 86, 248
Rittertugend 28
Robbe 247

Robe 252
roden 122
Roderich 120
Rodung 122
Roger II. von Sizilien 184
Romanisch 16, 60
röntgen 221
rororo 190
Rose 224
Rostock 245
Rothenburg ob der Tauber 36
Rotwelsch 67
Rucksack 253
rückstandslos 200
Rudelgucken 69, 219
Rüdiger 119
Rufname 119ff.
Ruhm 164
Rum 164
Rundfunk 212
Rundfunkausstellung 212
Runenalphabet 161
Runeninschrift 14
Russe 144
Rust, Bernhard 174
Ryff, Walter Hermenius 105

S

Sachsenspiegel 43
Sack 62
Saite 92
Salzburg 19, 131
Samstag 27, 131
Sancti Galli, Codex 21
Sandwich 221
Saterdag 27, 131
Satzglied: weitgehend selbstständiger zusammengehörender Teil eines Satzes, der gemeinsam innerhalb des Satzes verschoben werden kann, wie *er* in *er geht nach Hause* bzw. *geht er nach Hause.* Satzglieder können aus einem Wort, aber auch umfangreichen Gebilden bestehen. 106f., 116, 206
Satzhierarchie: Durch Über- und Unterordnung geprägter Aufbau des Satzes. In *Der Junge, dessen Roller, den er zum Geburtstag bekommen hatte, rot war, aß ein Eis* ist *dessen Roller ... rot war* dem Hauptsatz untergeordnet und *den er zum Geburtstag bekommen hatte* wiederum *dessen Roller ...* 104
Satzkomplexität 92, 95, 114, 211
Satzlänge 92, 104, 114, 116, 211
Satzzeichen 166, 215
sauber 244
Säulen 147
säurearm 200
schadstoffarm 200
Scheel 124
Schemata 62
Scherbengericht 178
Schiefertafel 152
schiffbar 200
Schiller, Friedrich 240
Schily 124
Schimmelpfennig 125
Schirm 202
Schirmer, August 194
Schlagbaum 253
Schläger 70
Schlagobers 50
Schlagwort 146
schlapp 65
schleppen 253
Schlesien 52
schlittschuhlaufen 231
schmalspurig 204
Schmidt, Helmut 251
schmusen 66
Schöffer, Peter 187
Schottelius, Justus Georg 36, 38
Schrapnell 225
Schreber, Moritz 227
Schrebergarten 227
Schreck(en) 81
Schreibdialekt 25
schreiben 93f.
Schreiber 182
Schreiberwerkstätte 184
Schreiblehre 169
Schreibmeister 151

Schreibnorm 41
Schreibort 19
Schreibschule 151
Schreibsprache 32, 37, 46, 65
Schreibstube 166
Schriftdeutsch 12
Schriftlichkeit 19f., 39, 43, 47, 49, 92, 100f., 103, 166, 170, 176, 180, 207f., 212, 214, 216
Schriftsprache 16, 30, 40, 95, 211, 239, 246
Schriftsystem 160
Schriftzeugnis 21
schubladiser 253
Schulbildung 148
Schulbuch 185
Schule, kirchliche 149
Schule, städtische 150
Schülerdeutsch 12
Schulorthographie 159, 173
Schulpflicht 38, 155, 209, 212
Schulunterricht 33, 36
Schulwesen 40, 154
Schwäbisch 86
Schwank 44
Schwanzwort 202
Schwedisch 15
Schweiz 11, 41, 49f.
Schwester 60
seckel 135
sein 250
Seite 92
semantischer Wandel 79
Semmelrogge 126
Septem Artes Liberales 149
shlep 253
Shôtokû 184
Shrapnel, Henry 225
Sibirien 58
Sick, Bastian 73, 254
Sickte 78
Siebenbürger Sachsen 53
Siebs, Theodor 213
Siemens, Werner von 211
Signal, soziales 250
Silbentrennung 169
Silikat 201
singen 244
Sinn – *das macht S.* 237
sitzen bleiben 175
sitzenbleiben 175
sky-scraper 63
Slawisch 16, 60
Smiley 215
SMS-Kommunikation 215
Soest 44
solide 147
sollen 109
Sondersprache 17
Sonnabend 131
Sonntag 27
soror 60
south 247
Sowjetunion 58
soziale Gerechtigkeit 146
Sozialprestige 41
spanbar 200
Spätzündung 204
Spediteur 70
Speicher 202
Spengler, Oswald 144
Speyer 45
Spiel, geistliches 44, 96
Spinat-Käse-Burger 76
Spionage 70
Spitzweg 126
Spracherwerb 74
Sprachfamilie: bezeichnet Sprachen, die miteinander verwandt sind und auf eine gemeinsame Ursprache zurückgeführt werden. Die Verwandtschaft wird durch Übereinstimmung in der Lautgestalt, dem Wortschatz oder der Formenbildung festgestellt. 16, 60
Sprachgeschichte 17
Sprachgesellschaft 69, 72, 171
Sprachinsel 48
Sprachkontakt 50, 61, 64, 74
Sprachkritik 255
Sprachkultur, Verfall 254
Sprachpurismus 69
Sprachraum 47
Sprachunterricht 38

Sprachwandel 75, 81, 241
Sprachwandelprozess 60, 250
Sprecherzahl 29
Sprechsprache 95, 239
spritzgießen 200
spuken 65
Spunk 61
St. Gallen 19, 22
St. Joachimsthal 227
Staatsverwaltung 212
Stadt 28
Stadtrechnung 44
Stadtrecht 44
Stalking 70
Stammbildungselement 90
Stammprinzip 175
Standardsprache: für den öffentlich angemessenen, formellen Gebrauch (verbindliche), meist festgelegte Sprachform. 16, 32, 35, 42, 49, 210
Standardwortschatz 195
Stapel 65
Steintafel 177
Stigmawort 146
Stimulift-Wirkkomplex 199
Störfall 148
stoßend 50
Stralsund 44
Straßburg 155
Straßburger Eide 137, 139
Straße 62, 65
Stream 65
Streichen 200
Streitschrift 141
Stromer, Ulman 185
Stuntman 62
Stuss 66
Substantiv, hybrides 112
Süden 247
südlich 247
Südmärkisch 44
Südtirol 49
sumaherilezidun 170
Sund 247
**sunþ* 247
Super- 234
Super-GAU 235
-suse 228
svasar 60
Synonym(ie): Wörter mit gleicher oder sehr ähnlicher Bedeutung bzw. das Verhältnis, in dem zwei bedeutungsgleiche oder -ähnliche Wörter stehen, wie *Aufzug, Fahrstuhl* und *Lift*. 63, 116
Syntagma 200, 230
Syntax: entspricht dem Begriff Satzlehre und meint das System von Regeln, mit Hilfe derer (korrekte) Sätze gebildet werden können. 83, 105, 193

T

Tabernakel 130
tabor 242
Täbris 226
Tabubereich 233
Tacheles 66
Tageszeitung 190
Tagleuchter 69
tago 88
Tähn 46
taiber 242
Taler 227
Talk 65
Talkshow 214
Tallinn 245
tand 46
Tansania 57
Taping 70
tarnen 241f.
Tarnkappe 242
Tarnkappenbomber 241
Tarnung 241
Tatian 15
Taufgelöbnis 42, 131
tausendjähriges Reich 144
Taxameter 202
Taxi 202
Techniksprache 207
Telefon 210f.
Teleskop 69
Tempo 229
tendenziös 70
Tenk 125

Teodisca lingua 13
teodiscus 13
Teutonismus 49, 249
Teutsche Grammatica 36
Texasdeutsch 54, 248
Theatrica 208
These 141
**þeudo* 12
thick 12
Thomasius, Christian 155
Thron 158
Thüringisch 52, 86
Thusnelda 227
Tierfabel 44
Tiergarten 81
Tirol 226
Tisch 117
Tobel 50
Tokaier 226
Tokaj 226
Tomaten Veggie Burger 76
Tontafel 178
Toponym: in der Namenkunde Bezeichnung für einen Ortsnamen im Gegensatz zu Personennamen. 118, 120
total 234
Toulouse, Konzil von 132
Träger 70
Traminer 226
Translationen 152
Transuse 228
trappfarben 242
Tremolo 65
trennschleifen 200
Treue 143
Trier 19, 131
trinken 75
Tristan 184
Trittbrettfahrer 204
Trivium 149
Trollinger 226
trombone 225
trotz 239
Trunkenbold 222
Tugendbold 222
tun-Umschreibung 108f.
T-Träger 200
Türflügel 204
Türkendeutsch 82
Türkisch 48
Tussi 227
Tüten-Suppe 236
TÜV-Stelle 235
Tweed 226
Tytel boeck 140

U

U-Bahn 201
überbrückbar 200
überführen 114
Überlieferung, schriftliche 18
Übersetzung 22
Ufer 36, 65
Uhu 229
Ulm 169
Umgangsdeutsch 12
Umgangssprache: regional begrenzte, nichtformelle Varietät, die unterhalb des Standards angesiedelt ist. Die Umgangssprache hat in der Regel eine größere Verbreitung als der Dialekt. 17, 41
Umlaut 88
undenkbar 77
undeutsch 144
Uni 201
Univerbierung 231
Universität 182, 208
unkaputtbar 76
unplattbar 76
Unterbruch 50
Untergrundbahn 201
Urkunde 29, 44
USA 53
User 219
**uulhna* 60

V

vahtimestari 253
Vanille Sauce 236
Variante 81, 88, 232
Varietät: regional, gruppen- und schichtenspezifisch, situativ und histo-

risch bedingte Ausprägung des sprachlichen Verhaltens. 36, 54
Vater 60, 62
Vater Unser 105
VDE 203
Veggieburger 76
Venatio 208
verballhornen 188
Verbcluster 108
Verbendstellung 105
verbläuen 175
verbleuen 175
Verbstellung 106
Vergebung 129
vergessen 113
Verkehrssprache 66, 249
Verklappung 148
Verlegen 200
Verordnung 207
Verschlusslaut: Konsonant, der durch plötzliche Unterbrechung des Luftstroms gebildet wird wie *-p-*, *-b-*, *-t-*, *-g-* usw. 85f.
Verschriftlichung des Lebens 33
versterben 92
40-Watt-Birne 200
Virgel 166
vitaminreich 200
Vochazer 126
Voges 126
Vokabular 29
Völkerbund 144
Volksbuch 44
Volksempfänger 213
Volksetymologie: nichtwissenschaftliche Umdeutung eines Wortes, die häufig auf Assoziationen beruht, wie *Maulwurf* aus älterem *moltwerp*, d. h. „Erdwerfer". 175
Volksschule 156
Volkssprache 14, 18, 20, 22, 24, 29, 149
Volkstrauertag 144
voll 234
voluminös 70
Vorname 119, 223
Vulgata 132
Vortragskunst 27

W

wach 15
Wachstafel 151, 179
Wachtmeister 253
Waldpilz Tütensuppe 236
Waldsterben, le 253
Walking 70
Walser 53
Walsrode 122
Walther von der Vogelweide 28
Wandel, lautlicher 244
Wanze 63
Ware 65
Warendorp 124
Warenname 228
Weber, Wilhelm 211
Weck 126
Weib 79, 80
Weichseldelta 58
Weihe 144
weil 238f.
Weimar 155
Wein 207
Weitenauer, Ignaz 136
Weltkrieg, Zweiter 42, 58
Wendehals 146
Wenker, Georg 40
Werbesprache 236
Werbung 199
Werden an der Ruhr 42
-*werden*-Passiv 108
wert 114
Westfalen 48
Westfälisch 44
Westmitteldeutsch 86
Westoberdeutsch 86
Wibbelt, Augustin 45
widersprechen 141
Wieland, Christoph Martin 39
Wiener 76
Wigbold 222
Wilhelm 120
Willehalm 28
Wilmanns, Wilhelm 172
Windoof 219
Winfried 120
wini 120

Winkelschule 150
Wissenschaftssprache 207
Wochentagsbezeichnung 224
Wolfram von Eschenbach 28, 104
Wolgadeutsche 58
Wolkenkratzer 63
Wolle 60
wollen 109
Worms 122
Wort 91
Wörterbuch 21
Wortkürzung 201
Wortschatz 29, 195
Wortspaltung 243
Wortstamm: nicht selbstständig vorkommendes, bedeutungstragendes Element eines Wortes, das erst durch das Hinzutreten von Wortbildungsmitteln und/oder Endungen zu einem frei vorkommenden Wort wird, wie *tret-*, *-en* (*treten*) für den Infinitiv oder *-e* (*trete*) für die 1. Person Singular. 38
Worttrennung 170
Wortzusammenfall, partieller 243
Wrack 65
wringen 65
Wucherpfennig 125
wulffen 220
Wulfila 14, 162
Wurmsegen 128
Würzburg 22

Z

zahlreiche Alternativen 234f.
Zahn 46, 60
Zelle 62
Zeltner 126
Zesen, Philipp von 101
Zeven 78
Ziegel 62, 207
Zips 52
Zocker 66
Zoff 66
zügeln 50
zum Teufel 131
Zunftrolle 44
zur Ausführung bringen 200
Zweiprachigkeit 64
Zweite Lautverschiebung 15, 84, 86
Zwiebel 62

Abbildungsnachweis

Seite 20:	Entwurf und Kartographie Uwe Ohainski, Göttingen (nach Geuenich 2000 und Sanders 1982)
Seite 23:	Stiftsbibliothek St. Gallen
Seite 47:	Christian Fischer
Seite 59:	Entwurf und Kartographie Uwe Ohainski, Göttingen (nach Deutscher Wortatlas, Bd. 20)
Seite 85:	Ewald Ahlering, Hilchenbach
Seite 87:	Christian Fischer
Seite 89:	Christian Fischer
Seite 102:	Stadtarchiv Erfurt
Seite 121:	Kirstin Casemir
Seite 123:	Hessisches Staatsarchiv Marburg
Seite 153:	Staatsbibliothek Hamburg Reproduktion der Nachzeichnung aus dem *Codex Argenteus* bei Faulmann 1880. Original: Universitätsbibliothek Uppsala
Seite 197:	Kirstin Casemir